新装版

# 消費社会の神話と構造

ジャン・ボードリヤール
今村仁司＆塚原史＝訳

La Société de Consommation
Ses Mythes, Ses Structures

Jean Baudrillard

紀伊國屋書店

Jean Baudrillard
LA SOCIÉTÉ DE CONSOMMATION
Ses Mythes, Ses Structures

# 消費社会の神話と構造　新装版　目次

# 第3部　マス・メディア、セックス、余暇　153

ONE WAY
STOP

試みに、ありとあらゆる地上の幸福を人間の頭から浴びせかけ、幸福というものの中にずんぶり沈めてしまって、その幸福の表面に、まるで水面にうかぶ泡のようなものが、ぶくぶくと浮きあがるような目に遭わして見たまえ、また人間に十二分の経済的満足を与えて、ただぐうぐう寝たり、生姜餅を食ったり、世界歴史の永続を心配したりするよりほかに、仕事がないような境遇に置いて見たまえ。

（ドストエフスキー『地下生活者の手記』米川正夫訳）

# 消費社会の神話と構造 新装版

# 序文

ジャン・ボードリヤール著『消費社会〔の神話と構造〕』は、現代社会学への大いなる貢献である。本書は疑いなく、デュルケムの『社会的分業論』、ヴェブレンの『有閑階級の理論』、デイヴィッド・リースマンの『孤独な群衆』といった著作の系列中に位置を占めている。ボードリヤール氏はアメリカ合衆国をも含めた現代西欧社会の分析を行っているが、この分析は、氏が『物の体系』（ガリマール書店版、一九六八年）においてすでに取り上げたモノの消費現象に集中している。同書の結論のなかで、氏は本書のプランを次のように設定している。

消費が関係（単にモノとの関係ばかりでなく集団や世界との関係）の能動的様式であること、すなわちわれわれの文化の全システムがその上に成り立っている体系的活動と包括的反応の様式であることを、最初からはっきりと認めなければならない〔TEL版二七五頁〕。

巨大なテクノクラート的企業がかつての階級間の相違に取ってかわる新しい社会的ヒエラルキーをいかにして創出し、抑制しがたい欲望を引きだすかを、氏は深い洞察力をもって示している。

こうして、新しい神話ができあがる。氏は次のように書いている。

電気洗濯機は道具として用いられるとともに、幸福や権威等の要素としての役割を演じている。後者こそは消費の固有な領域である。ここでは、他のあらゆる種類のモノが、意味表示的要素としての洗濯機に取ってかわることができる。象徴の論理と同様に記号の論理においても、モノはもはやはっきり規定された機能や欲求にはまったく結びついていない。というのはまさしく、モノは社会的論理にせよ欲望の論理にせよ、まったく別のものに対応しているのであって、それらに対しては、モノは意味作用の無意識的で不安定な領域として役立っているからである。

消費は、部族の新しい神話のように、現代世界のモラルとなり、人類の基盤、つまり古代ギリシャ以来ヨーロッパ思想が神話の根源とロゴスの世界とのあいだで保ってきた均衡を破壊しつつある。ボードリヤール氏は、われわれが冒している危険が何であるのか十分に理解している。もう一度引用しよう。

中世社会が神と悪魔の上で均衡を保っていたように、われわれの社会は消費とその告発の上で均衡を保っている。悪魔のまわりにはさまざまな異端とさまざまな黒魔術の流派が組織されえたが、われわれの魔術は白く、豊かさのなかには異端はもはや存在しえない。それは飽和状態に達した社会、眩暈《めまい》も歴史もない社会、自ら以外に神話をもたない社会の予防衛生的な白さなのである。

引き締まった文体で書かれた『消費社会』を、若い世代の人びとは注意深く研究すべきである。おそらく彼らは、マス・メディアとりわけテレビによって実に見事に維持されている、モノの豊かさの、卑猥なとはいわないまでも怪物じみた世界、われわれすべてを脅かすこの世界を粉砕することを任務とするだろう。

J・P・メイヤー〔ガリマール版トクヴィル全集（全二七巻）の編者（一九〇三～九二）〕

レディング大学トクヴィル研究センター

第1部

# モノの形式的儀礼

今日、われわれのまわりにはモノ（ＯＢＪＥＴ）やサーヴィスや物的財の増加によってもたらされた消費と豊かさというあまりにも自明な事実が存在しており、人類の生態系《エコロジー》に根本的な変化が生じている。すなわち、豊かになった人間たちは、これまでのどの時代にもそうであったように他の人間に取り囲まれているのではもはやなく、モノによって取り巻かれている。人間たちの日常的な交渉は、今ではこれまでと違って、むしろ統計的に増加曲線を描く財とメッセージの受け取りと操作となっている。きわめて複雑な集合住宅の内部組織とその十余の技術奴隷〔家電製品など〕から電話ボックスなどの「都市付属施設」やコミュニケーションと職業活動の物的装置全体まで、いたるところにうかがわれるのもこれである。さらに、広告とマス・メディアから毎日送られてくる数百のメッセージにおけるモノ礼讃の恒常的な光景もそうだし、いくぶん妄想を与えるようなガジェット*の群がりから夢にまでつきまとう夜を彩るモノが演ずる象徴的な心理ドラマにいたるまでがそうだ。「環境」とか「雰囲気」とかいう概念がこれほど流行するようになったのは、実をいえばわれわれが他人の近くに生きるよりもむしろ従順で眩惑《げんわく》的なモノの無言の視線のもとで生きるようになってからである。この視線は、いつも同じ言説――魔法をかけられたわれわれの力、潜在的な豊かさ、互いの不在などの言説——をわれわれに繰り返している。狼少年が狼たちと一緒に暮らすことによって次第に狼になってゆくように、われわれもまたこうしてゆっくりと機能的人間になってゆく。われわれはモノの時代に生きている。つまり、モノのリズムに合わせて、モノの絶えざる連続に従って生きているのだ。今日、われわれはモノが生まれ完成して死滅する過程を目にしているが、これまでのいかなる文明の場合でも、人間の世代のあとに生き残ったのはモノのほうであり、はるかに長い寿命をもつ道具や記念建造物のほうであった。

　モノは花でも獣でもないが、繁殖した植物群やジャングルのような印象をわれわれに与える。モノのジャングルのなかでは現代の新しい野蛮人たちは文明社会の反映を容易に見出せないほどである。もともと人間によってつくられたのだが、出来の悪いSFによくあるように人間を包囲して攻撃をしかけてくるこの獣や花の生態を、現在われわれがこの目で見ているとおりに手早く記録しておく必要がある——もちろん、いかに豊かさを誇ろうとも、モノは人間の活動の産物であって、自然の生態学的法則によってではなく交換価値の法則によって支配されているという事実を決して忘れてはならない。

---

＊　訳注・ガジェット（gadget）——もともと船の付属品や小型機械を指す英語。現在では、ライター付き万年筆などの「アイディア商品」のことだが、生活に直接必要のない〝無駄な〟発明（電気製品、カメラ、自動車のアクセサリーなどのほかコンコルドの開発などを指すこともある）に幅広く用いられている。この意味で、われわれ日本人は〝ガジェット・マニア〟だ。

ロンドンでいちばんにぎやかな通りではさまざまな店がひしめきあっていて、その視線を失ったガラスの目の奥には世界中のあらゆる富が並んでいる。インドのショール、アメリカの拳銃、中国の陶器、パリのコルセット、ロシアの毛皮、熱帯地方の香料。だが、多くの国々を通ってやって来たこれらの品物にはすべて白っぽい不吉な札がつけられ、£、s、d（英ポンド、シリング、ペンス）という簡単明瞭な記号のついたアラビア数字が記されている。流通過程に登場する商品の姿はこのようなものなのだ（マルクス『経済学批判』〔第二章第二節〕）。

## 豊富とパノプリ〔パッケージ〕

モノの累積と豊富とは明らかに最も目立つ特徴である。缶詰や衣類、食品や既製服で飾り立てられたデパートは豊かさの描く基本的な軌跡である。しかしデパートだけでなく、商品のあふれそうな輝くショーウィンドウ（どこでも必ず照明がある。照明なしでは商品はありのままの姿で目に映るだけだ）や肉類の陳列棚のあるすべての通り、そこで繰り広げられる食料品や衣類のお祭り騒ぎは魔法のように唾液腺を刺激する。こうしたモノの累積には生産物の総和以上の何か――明白な過剰、稀少性の魔術的かつ決定的な否定、母性的でぜいたくな夢の国の予兆が存在する。市場、商店街、スーパーマーケットは、異常なほど豊かな、再発見された自然を装う。それらは乳と蜜の代わりに、ケチャップとプラスチックの上をネオンの光が流れる現代のカナンの谷である。結構なことだ！　モノが十分にあるだけでなく誰のためにも十分すぎるほどあってほしいという乱暴な期待がそこには感じられる。あなたは牡蠣や肉類や洋梨や缶詰のアスパラガスの今にも崩れそうなピラミッドを手に入れたつもりで、そのなかから少しだけ買うのだ。全体のために部分を買うというわけである。消費物資や商品の、部分で全体を表すというこの換喩《かんゆ》的方法の繰り返しは、過剰そのもののおかげで集団的な一大隠喩によって、ふたたび贈与としての見世物的で無尽蔵の潤沢さのイメージとなるのだが、それは祭りのイメージにほかならない。

豊かさの最も基本的な、だが最も意味ありげな形態である山と積まれた商品の段階を越えて、モノはパノプリ*〔パッケージ〕やコレクションに組織される。ほとんどすべての衣料品店と家庭電化製品の販売店は、互いに求めあい応答しあう、ほんの少しだけ異なったモノのシリーズを提供している。骨董品店のショーウィンドウはこれらシリーズの貴族的で豪華な典型だが、そのなかにあるのは過剰な品物ではなく、選択され補いあい消費者の好みや心理的反応に応じて引き渡される一連のモノであって、消費者はそれらをひととおり眺めて値踏みをしすべてを単一のカテゴリーに属するものとみなすのである。相手として組み合わされる他のモノとまったく無関係

＊訳注・パノプリ（panoplie）——古くは騎士の武具一式を指す言葉。現在では装飾用の銃、剣、甲冑などのセットや、厚紙の台紙付きの変装用パッケージ（子どもの玩具で、警官ごっこや消防士ごっこなどに使う）を指すほか、「一国の軍備」や「個人や集団が利用できる一連の行動手段」の意にも用いられる。本書では、「パノプリ」〔パッケージ〕とした。

に、それだけで提供されるモノは今日ではほとんどない。このために、モノに対する消費者の関係が変化してしまった。消費者はもはや特殊な有用性ゆえにあるモノと関わるのではなく、全体としての意味ゆえにモノのパッケージと関わることになる。洗濯機、冷蔵庫、食器洗い機等は、道具としてのそれぞれの意味とは別の意味をもっている。ショーウィンドウ、広告、企業、そしてとりわけここで主役を演じる商標は、鎖のように切り離しがたい全体としてのモノの一貫した集合的な姿を押しつけてくる。それらはもはや単なるひとつながりのモノではなくて、消費者をもっと多様な一連の動機へと誘う、より複雑な超モノとして互いに互いを意味づけあっているが、このかぎりにおいてはモノはひとつながりの意味するものなのである。モノが絶対的無秩序状態において消費に供されることは決してありえないが、時にはより魅惑的になろうとして、無秩序を装うことがある。しかしどんな場合でも、消費者に手本を示して購買衝動をモノの網へと向かわせ、この衝動を誘惑し、自己の論理に従って最大限の投資と潜在的支払い能力の限界にまでたどりつかせるためにモノは並べられている。衣類とさまざまな器具と化粧品とはこうしてモノの購入順序をつくり上げ、消費者の内部に抵抗しがたい拘束を生じさせる。消費者は論理的にあるモノから他のモノへと手を伸ばし、モノの計略に陥ってしまうだろう。これは、商品の豊富さから起こる購買と所有の眩惑とはまったく別のものなのである。

ドラッグストア

豊富と計算が綜合されたもの、それはドラッグストアだ。ドラッグストア（あるいは新しいショッピング・センター）は多様な消費活動の総合を実現する。その最たるものはショッピングであり、モノとのじゃれあい、組み合わせの可能性である。この点で、ドラッグストアはデパートより特殊な現代的消費形態といえよう。デパートでは品物が量的に集中していて、戯れにぶらつく余地が少ないし、売場や品物の配置のせいで、目的をもって歩きまわらざるをえず、それらが生まれた時代、つまり幅広い階層の現代的消費財への接近が可能になった時代の名残りをとどめている。ところが、ドラッグストアのほうはまったく別の意味をもっている。ここでは商品がさまざまな種類別に並べられているのではなくて、記号を――消費の対象としての記号の一部をなすあらゆる財を――混合する。また、文化センターはショッピング・センターにとって必要不可欠なものだ。そこでは文化が「身を売っている」などと早合点してはならない。それでは単純すぎる。文化センターでは、文化は教養化しているのだ。同様に、商品（衣類、食料品、レストラン）もまた教養化している。というのは、それらの商品が遊戯的で差異表示的な品物、ぜいたくなアクセサリー、消費財の一般的なパノプリ〔パッケージ〕の単なる一要素となっているからである。日常生活にすっかり入りこんだ広告は語る。

新しい生活の知恵、新しい生き方、それは冷暖房完備の店で快適なショッピングをお楽しみになることです。日々の食料品、アパルトマンや田舎の別荘のための品々、衣類、花、最新の小説やガジェットが、ご主人やお子様たちが映画を見ているあいだにすべて一度にお買い求めになれ、そのあとで同じ場所でご家族一緒にお食事ができるのです。等々。

カフェ、映画館、書店、ホール、安物の雑貨、衣類、その他さまざまなモノがショッピング・センターにはあって、ドラッグストアはそれらすべてを万華鏡式に見せてくれる。デパートが露店市場的光景を提供するとすれば、ドラッグストアのほうは消費そのものの繊細なリサイタルのようなものだ。このリサイタルの全「芸術性」は、モノの曖昧な記号に従って演奏され、モノの有用性や商品としての地位が昇華されて「雰囲気」のゲーム、つまり一般化された新しい文化となることのうちに存在する。新しい文化とは、上等な食料品と画廊、「プレイボーイ」誌と『古生物学概論』とのあいだにもはやなんの違いもないような文化のことである。ドラッグストアは「灰色の物質〔知性〕」を提供するところまで現代化されようとしている。

品物を売ることだけが私どもの目的ではございません。品物にちょっぴり灰色の物質をつけてお売りしたいのです……四階建てのビル、バー、ダンス・ホール、そしていくつかの売場。雑貨類、レコード、ポケットブック、知的な書物――どんなものでも少しずつ揃っております。けれどもお客様にへつらおうなどというつもりはございません。お客様に本当に〝何か〟を提供したいのです。語学ラボは三階にありますし、取り揃えたレコードや本のなかには、現代社会を目覚めさせる偉大な潮流が見つかるでしょうし、前衛音楽や現代という時代を解説してくれる書物もあります。これらが品物につけた〝灰色の物質〟というわけです。

したがって、新しいスタイルの何か、たぶん知性と人間性をちょっぴり加えたひと味違うドラッグストアということになるでしょう。

ドラッグストアがひとつの都市全体にまで拡大されることがある。巨大なショッピング・センターのあるパルリー2〔パリ郊外の大ショッピング・センター〕がそうだ。そこでは「芸術と余暇が日常生活と溶けあって」いて、各々の住居用ビルが娯楽の中心であるプールとクラブハウスの建物から放射状に広がっている。円形の教会、テニスコート（「とくに強調することもありませんが」）、エレガントなブティック、それに図書館まで揃っている。また、パルリー2をモデルにして、ドラッグストアの「よろず屋的性格」を取り入れたスキー場も生まれている。ここでは、すべての活動が雰囲気という基本概念に沿って集約され体系的に組み合わされているが、こうしてスキーリゾート〝ゴージャスなフレーヌ〟は、全体的《トータル》でさまざまに楽しめる生活をあなたに提供するのである。

……私どものモンブランとモミの森――オリンピック用とお子様向きゲレンデ――芸術品のように刻まれ、削られ、磨かれた建物――きれいな空気――広場《フォーラム》の洗練された雰囲気（地中海沿岸の諸都市にならったこの広場《フォーラム》で、アフタースキーの生活が花開きます。カフェ、レストラン、ブティック、スケート場、ナイトクラブ、映画館、文化娯楽センター等はすべてこの広場のまわりに集められ、ひとまわり豊かでヴァラエティーに富んだアフタースキーがお楽しみになれます）――有線テレビ回路――そして私どもの人間的スケールの未来……（まもなく私どもは文化省によって芸術品に指定されるでしょう）。

今や「消費」が全生活をとらえ、あらゆる活動の組み合わせ様式に従って連鎖し、欲望の充足に達するための通路が一時間ごとに前もって引かれて、「環境」が全面的にエアー・コンディショニングされ整備され教養化されるに至った。消費の現象学において、生活と財、モノとサーヴィス、社会的行動と社会関係のこの全面的なエアー・コンディショニングは、純粋で単純な豊かさの段階から、モノの明瞭な組織網を経て、行動と時間の全面的条件づけ、ドラッグストアやパルリー2や現代的な空港などの未来都市的で体系的な雰囲気の組織化へと発展し、〝成就した〟段階に至っている。

パルリー2

「ヨーロッパ最大のショッピング・センター」

「プランタン、B・H・V、ディオール、プリズニック、ランヴァン、フランク父子商会、エディアール、二軒の映画館、ドラッグストア、スーパーマーケット・スマ、一ヶ所に集められたその他一〇〇あまりのブティック！」

食料品から高級衣料品までの商業活動の選択に関しては、ふたつの至上命令がある。商業のダイナミズムと美的センスだ——。「醜いものは売れにくい」という有名なスローガンは、ここではもはや乗り越えられて、「美しい環境は幸福な生活の第一条件」というスローガンに取ってかわることだろう。

中央「遊歩道《モール》」（二列の大通りからなる凱旋《がいせん》通り）を中心にした三階建てのビル、小型店舗と大型店舗の融合、現代的リズムと昔風のぶらぶら歩きとの融合……。

噴水や人造の樹木、キオスクやベンチが彩りをそえ、季節の変化や不順な気候から完全に解放された、リュ・ド・ラペでもありシャンゼリゼでもある遊歩道に沿ってぶらぶら歩きながら、ショーウィンドウでさえぎられていない店先に無雑作に陳列してある誘惑的な品々を見てまわることは、いまだかつて知られていなかった楽しみである。一三キロメートルにおよぶ換気パイプを要する特別な空調装置のおかげで、店内はいつも春の気候だ。

ここでは靴ヒモから飛行機のキップまでなんでも買えるし、保険会社、映画館、銀行、医療施設、ブリッジ・クラブ、絵の展覧会などなんでも揃っているばかりでなく、時間をまったく気にすることがない。遊歩道《モール》は、あらゆる街路と同様、閉店日もなく昼夜開かれている。

もちろん、パルリー2では最も現代的な支払い方法であるクレジット・カードの利用が始まっている。このカードは小切手も現金も不要にしてくれるし、困難な月末のやりくりからも解放してくれる……今後、あなたは支払いの際にクレジット・カードを見せて、伝票にサインするだけでいいのだ。毎月あなたは請求書を受けとり、その金額を一度にあるいは月賦で支払うことができる。

快適さと美と効率のこの結びつきのなかに、パルリー2の住民たちはわれわれの無政府的な都市が拒否している幸福の物質的諸条件を発見するのである……。

われわれは日常生活の全面的な組織化、均質化としての消費の中心にいる。そこでは、幸福が緊張の解消だと抽象的に定義されて、すべてが安易にそして半ば無自覚的に消費されるショッピング・センターや未来都市の規模にまで拡大されたドラッグストアは、あらゆる現実生活、あらゆる客観的な社会生活の昇華物であり、ここでは労働と金銭ばかりでなく、四季さえもが廃絶されようとしている──調和のとれた生活リズムの遠い名残りすらついに均一化されてしまったのだ！ 労働、余暇、自然、文化等の、かつてはわれわれの無政府的で「古風な」都市での現実生活のなかに分散し、苦悩と複雑さとを生みだしてきたあらゆる概念、分断されてもとのかたちに戻らなくなったこれらのあらゆる活動は、際限のないショッピングの移動撮影フィルムの一シーン中に混ざりあい、調整され、均質化され、モノセックス的な流行の雰囲気のなかでついに無性化してしまった。すべては消化されて均質なカスとなった（もちろん現実生活そのものの象徴であり、これまでの生活につきまとっていた経済的・社会的諸矛盾のあまりにも明白な象徴であった現金の消滅という運命のもとでだが）。こうしてついにすべては終わりを告げた。検査され、油をさされ、消費されたカスは、今後は品物のなかへと移動し、いたるところで品物と社会関係とのぼんやりしたつながりの内部へと拡散される。古代ローマのパンテオン（万神殿）ではあらゆる国の神々がごちゃまぜになって共存していたように、現代のパンテオンである膨大な「ダイジェスト」としてのショッピング・センター、われらのパンデモニウム（万魔殿）には、消費のあらゆる神々、いや悪魔たちが、つまり同じ抽象作用によって廃絶されたあらゆる労働、争い、季節が集まってくる。このようにして統合された生活の実体、この普遍的ダイジェストの意味を問うことはもはや不可能になった。夢の作業、詩的作業、意味の作業であったもの、すなわち区別された諸要素を生き生きと結びつけることの上に成り立つ、移動と凝縮の大いなる図式、隠喩と矛盾の偉大な形態はもう存在しない。均質な諸要素の永遠の交代があるばかりだ。象徴的な機能はすでに失われ、常春の気候のなかで「雰囲気」の永遠の組み合わせが繰り返されるのである。

## 1　消費の奇蹟的現状

メラネシアの原住民たちは、大空を横切って飛ぶ飛行機を見てうっとりした。しかし、このモノは未だかつて彼らのところに降りてきたことはなかった。白人たちがそれを捕えるのに成功したのは、彼らが地上に空地をこしらえて、空飛ぶ飛行機をおびきよせることができるようなものを置いたからだ。そこで、原住民たちは木の枝やシダの葉で飛行機らしきものをつくり、空地を区切って念を入れて夜通し照明を絶やさないようにしておき、本物の飛行機が降りてくるのを辛抱強く待つことにしたのだった。

　現代都市というジャングルをさまよう狩猟＝採集者である類人猿の仲間たちを原始的だと決めつけないでも（そう決めつけてもいいのだが）、この話のなかに消費社会についての寓話を見出すことができるだろう。消費という奇蹟を受けた者も、やはり幸福のまがいものとその特徴的な記号の仕掛をつくって、本物の幸福がそこにとまるのを（絶望的に、とモラリストならいうだろうが）待っているのだから。

この事実のうちに、ひとつの分析の原則をみようというのではない。ここで問題となるのは私的および集団的消費の心性なのである。いささか表面的ではあるがあえて比較すれば次のようになる。この心性は消費を支配する魔術的思考であり、日常生活を支配し奇蹟を待望する心性であり、それは思考が生みだしたものの絶対的力への信仰（ただし、われわれの考えによれば記号の絶対的力への信仰だが）の上に成り立つという意味での原始人の心性である。実際、豊富とか潤沢とかは、幸福の記号が積み重なったものにすぎない。モノ自体の与える満足は、メラネシア人たちのささやかな飛行機の模型と同じで、潜在的大満足や全面的豊富あるいは決定的な奇蹟を受けた者の最後の歓喜のあらかじめ予想された反映にほかならず、この歓喜への狂おしい希望こそが月並みな日常生活の糧《かて》となっている。こうしたささやかな満足は、今のところ、悪魔祓《ばら》い、全面的安楽と至上の幸福を捕えるための手段にすぎないのである。

日常生活の経験では、消費の恩恵は労働や生産過程の結果としてではなく、奇蹟として体験される。メラネシア原住民と、テレビの前に座ってスイッチを入れ全世界の映像が自分のほうに降りてくるのを待っている視聴者とのあいだには、たしかに違いがある。映像はふつう人間に従うものだが、飛行機のほうは決して魔術の命令に応じて降りてきてはくれない。とはいえ、技術のこの勝利だけでは、われわれの行動が現実の領域に属し、メラネシア人の行動が幻想の領域に属

していると は断言できない。なぜなら、同じ心理的機制〔メカニズム〕ゆえに、一方では、メラネシア人の魔術への信頼は決してなくならないし（うまくいかなかったのはなすべきことをしなかったからだ）、他方では、テレビの奇蹟は奇蹟であることをやめずに際限なく繰り返されるのである。それは技術のおかげなのだが、技術は社会的現実原則そのもの、つまりイメージの消費にたどりつく生産の長い社会的過程を、消費者の意識から消し去ってしまう。その結果、テレビ視聴者もメラネシア人も、何かを手に入れることを奇蹟的効果をもつやり方でだましとることだと思うのである。

## カーゴ（貨物船）の神話

消費の恩恵は、こうして労働の産物としてではなく、横どりされた力として現れる。もっと一般的にいえば、財の豊富さはその客観的定義から切り離されると、自然の恩寵として、マナ〔超自然的な力〕や天の賜物として感じられるようになる。メラネシア人は——またしても彼らだ——白人との接触からこのようにして一種のメシア崇拝、貨物船《カーゴ》崇拝を発達させたのだった。白人は豊かな暮らしをしているが、彼らは何ももっていない。なぜなら、世界の果てに退いた彼らの祖先が彼ら黒人のためにとっておいた品物を白人が横どりしてしまったからだ。いつの日か、白人の魔術が効かなくなったとき、祖先たちはすばらしい積荷とともに戻ってくるだろう。そして彼らはもう二度と欠乏を知ることはないだろう。

こんなわけで、「発展途上の」諸民族は西欧からの「援助」を、待ち望んでいたもの、なんの不思議もないもの、ずっと昔から彼らに帰すべきことになっていたものとして受けとることになる。それは、歴史や技術、絶えざる進歩と世界市場とは無関係の魔術による治療のごときものだ。だが、よく観察すれば、経済成長という奇蹟の恩恵を受けた西欧の人びとも、集団としては同じように振舞っているとはいえないだろうか。夢の国の幻覚に取り囲まれ、繰り返される広告に説得されて、自分たちには豊かさへの正当な、譲渡できない権利があるのだと思いこんでいるにもかかわらず、消費者大衆は豊かさを自然の結果として受けとっているのではないだろうか。消費への素朴な信仰は新しい要素であり、今後は新しい世代がその相続人である。彼らは財産だけでなく、豊かさへの自然権をも相続する。こうして、メラネシアでは衰えつつある貨物船《カーゴ》の神話が、西欧ではふたたび蘇ろうとしている。なぜなら、たとえ日常的で月並みになったとはいえ、豊かさは歴史的・社会的努力によって生みだされ、もぎとられ、獲得されたものとしてではなく、われわれ自身がその正当な相続人である好意的な神話的審級、つまり技術、進歩、経済成長等によって分配されたものとして現れ、このかぎりにおいては、やはり日常生活の奇蹟となっているのだから。

われわれの社会が何よりもまず、客観的にそして究極的に生産の社会、生産秩序、つまり政治的・経済的戦略の場所だというのではない。そうではなくて、記号操作の秩序である消費秩序が生産秩序と混ざりあっている、という意味である。この範囲では、魔術的思考についても（大胆ないい方かもしれないが）同じことがいえる。なぜなら、どちらも記号によって、記号に守られて存在しているからだ。現代社会のますます多くの基本的な面が、意味作用の論理や記号と象徴的体系の分析の領分に属するようになっている――だからといって現代社会が未開の社会だというわけではなく、これらの意味作用とコードの歴史的生産という問題が手つかずのまま残されている。もちろん、この分析はその理論的延長と同様に、モノと技術の生産過程についての分析に結びつかねばならない。

## 消費対象としての、カタストロフの眩惑

記号の働きは、常に両義的である。その機能は、二重の意味で祓いのける《コンジュレ》ことである。つまり記号（力、現実、幸福等々）を捕えるために何かを浮かび上がらせることであり、他方、否定し、抑圧するために何かを呼び起こすことである。よく知られているように、魔術的思考は自らつくりだした神話のなかで変化と歴史とを祓いのけることを狙っているが、ある意味では、イメージや事実や情報によって一般化された消費も、現実の記号によって現実を祓いのけ、変化の記号によって歴史を祓いのけることを目的としているといえよう。

現実をわれわれは前もって、あるいはあとから、いずれにせよ距離をおいて消費するが、この距離は記号がつくりだす距離でもある。たとえば、〔ド・ゴール〕将軍護衛の使命を帯びた秘密警察部隊がパリ警視庁の地下室で自動小銃の射撃訓練をしている写真を「パリ・マッチ」誌が掲載したとき、この写真は「ニュース」として、つまり政治的背景を究明するものとして読まれたの

ではない。われわれの誰にとっても、この写真は見事なテロ行為や桁《けた》はずれな暴力事件への誘惑を担っていた。テロ行為は実行されるだろう、それも近い将来に。「パリ・マッチ」誌の写真はそのことの前ぶれであり、あらかじめ予想された享受であって、こうしてあらゆる悪事はすでになしとげられたものとされてしまう。貨物船《カーゴ》の積荷のあのすばらしい豊かさへの期待と同じ効果なのだが、ただ、それとは反対のかたちをとっている。貨物船《カーゴ》にしてもカタストロフにしても、このように常に消費対象としての眩惑の効果を伴っている。

たしかに、イメージのなかで表現され消費されるのはわれわれの幻想だといえよう。しかしこの種の心理的側面は、イメージのなかに登場してはいるが、そこで消費されると同時に抑圧されるもの（つまり現実世界、出来事、歴史）ほどわれわれの関心を引かない。

消費社会の特徴は、マス・コミュニケーション全体が三面記事的な性格を帯びていることである。政治的・歴史的・文化的なあらゆる情報は、三面記事という当りさわりのない、しかし同時に奇蹟を呼ぶような形式で受け入れられる。これらの情報はまったく現実的なもの、つまり目につきやすいように劇的にされ、と同時にまったく非現実的なもの、すなわちコミュニケーションという媒介物によって現実から遠ざけられ記号に還元される。

だから三面記事は単なる一カテゴリーではなく、われわれの魔術的思考、われわれの神話の軸となるカテゴリーなのだ。

この神話は、現実や「真実」や「客観性」のひときわ貪欲な要求の上に立脚している。どこにでも、実録映画や現地ルポやフラッシュニュースや衝撃の写真や証言ドキュメント等々があり、いたるところで求められているのは「事件の核心」、「乱闘騒ぎの真相」、ナマの記事、「向かいあい」——事件の現場にいあわせたような幻覚、体験者だけの感じる大戦慄——つまり、またしても奇蹟である。なぜなら、テレビで見たり録音で聞いたりしたことは、本当はその場にいなかったことにほかならないのだから。けれども、重要なのは真実以上に真実らしいこと、いいかえればその場にいなくともそこにいること、つまり幻視なのである。

マス・コミュニケーションがわれわれに提供するのは現実そのものではなくて、現実の眩惑である。あるいは、言葉遊びではないが、眩惑なき現実といってもよい。というのは、アマゾンのジャングルの核心でも現実の核心でも情熱の核心でもあるいは戦争の核心でもなんでもいいのだが、マス・コミュニケーションの描く軌跡でありその眩惑的な感傷癖の源泉でもあるこの核心とは、まさしく何も起こらない場所なのである。「核心」とは情熱と事件の寓意的な記号であって、記号はこうして安心感を与える機能をもつことになる。

このように、われわれは記号に保護されて、現実を否定しつつ暮らしている。これこそまさに奇蹟的な安全というものだ。世界についてのさまざまなイメージを目にするとき、束の間の現実への侵入とその場にいあわせないですむという深い喜びとを誰が区別したりするだろうか。イメージ、記号、メッセージ、われわれが消費するこれらのすべては、現実世界との距離によって封印されたわれわれの平穏であり、この平穏は現実の暴力的な暗示によって、危険にさらされるどころかあやされているほどだ。

メッセージの内容、つまり記号が意味するものは、まったくといっていいくらいどうでもよいものだ。われわれはそれらの内容に関わりをもたないし、メディアはわれわれに現実世界を指示しない。記号を記号として、しかしながら現実に保証されたものとして消費することを、われわれに命じるのである。消費の実践を定義しうるのは、この点においてである。現実世界、政治、歴史、文化と消費者との関係は利害や投資=備給《アンヴェスティスマン》*や責任の関係ではなく、また完全な無関心の関係でもない。それは好奇心の関係である。同様の図式に従えば、われわれがここに定義したような消費の次元は、世界についての認識の次元ではないし、完全な無知の次元でもない。それは否認の次元である。

好奇心と否認は、両方とも現実に対する同一の全体的行動、マス・コミュニケーションによって一般化され体系化された、したがって「現代消費社会」の特徴である行動を指示する。この行動とは、記号に飢え記号によって増幅される不安という感情にもとづいた現実の否認である。

同時に、消費の場所についても定義することができる。それは日常生活である。日常生活とは、単に日常的な出来事や行為の総体、月並みと反復の次元のことではなくて、解釈のシステムのことである。また、日常性とは、超越的で自立した(政治や社会や文化の)抽象的領域と「私生活」の内在的で閉ざされた抽象的領域への、全体的な実践の分裂のことである。労働、余暇、家族、親族のすべてを、個人は、私生活という囲い、個人の形式的自由、環境への安全な適応と否認の上に成り立つ首尾一貫したシステムのなかで、世界と歴史の手前へと退行的なやり方で再構成する。全体性という客観的視点からみれば、日常性は貧しい残りカスにすぎないが、それは全面的自立と「内輪向けの」世界の再解釈の努力という視点からみれば、意気揚々として幸福感にあふれている。この点にこそ、私生活の日常的領域とマス・コミュニケーションとの深い有機的結びつきが見出されるのである。

囲い、つまり隠れ場所としての日常性は、まがいものの世界や世界に関わっているというアリバイなしには、耐えがたいものとなるだろう。だから日常性は、この超越性の増殖するイメージと記号とを絶えず栄養分としなければならない。すでにみたように、平穏無事な日常生活は現実と歴史が眩暈で隠されることを必要としているし、気分を高めるために、消費された恒常的な暴力を必要としている。これが日常性のいやらしさであり、ほどよい室温になったワインのように供されるなら、出来事や暴力が大好きなのだ。戯画的にいうなら、それはヴェトナム戦争の映像を前にしてくつろぐテレビ視聴者の姿である。テレビの画面は外から見た窓のように、まず部屋に面していて、部屋のなかでは、外の世界の残酷さが倒錯的熱っぽさを伴った親密なものとなっている。

したがって、体験的なレベルでは、消費は現実的・社会的・歴史的な世界をできるかぎり排除

＊ 訳注・アンヴェスティスマン（investissement）――精神分析の用語としては「ある量の心的エネルギーが、ある表象、表象群、あるいは身体の一部、ある対象などに結びつけられること」（ラプランシュ、ポンタリス『精神分析用語辞典』邦訳みすず書房）。ドイツ語では Besetzung だが、フランス語の場合には経済学的概念の「投資」と重なり合う（ボードリヤールもふたつの意味を踏まえて用いている）。訳語には「投資」、「投資＝備給」、「熱中」、「執着」を当てた。

することを安全のための最大の指標としている。消費は緊張の解除としての弱者の幸福をめざすのだが、やがてひとつの矛盾にぶつかることになる。この新しい価値のシステムのもつ受動性と、本質的に自発的で行動的であり有効性と犠牲を旨とする社会的モラルの規範とのあいだの矛盾である。快楽主義的なこの新しい行動スタイルにつきまとう深い罪の意識と、「欲望の戦略家たち」によって明確に規定された、受動性を免罪する緊急性とは、ここから生じている。苦労や心配事のない人びと、そしてそれを喜んでいる無数の人びとに、受動性からくる罪の意識を取り除いてやらなければならない。ここに、マス・メディアによる見世物的ドラマ化の操作が介入してくる（あらゆるメッセージの普遍的カテゴリーとしての三面記事＝カタストロフがそうだ）。ピューリタン的モラルと快楽主義的モラルとのあいだのこの矛盾を解決するためには、私的領域の平穏さは、カタストロフの運命に絶えず脅かされ包囲されている奪われた価値として現れなければならない。安全が（享受の枠のなかで）そのようなものとしてより深く生きられるためばかりでなく、そうした安全の選択が（救霊という倫理の枠のなかで）常に正当であると感じられるためにも外的世界の暴力と非人間性が必要なのである。日常性が自分とは正反対な偉大さと崇高さとを取り戻すには、運命や受難や宿命の記号が、保護地帯のまわりで花開かなければならない。その結果、宿命は、月並みな生活が希望と恩寵を見出すためにも、いたるところで暗示、かつ明示されることになる。ラジオやテレビでも、新聞でも、個人間の会話でも、国家的演説でも、自動車事故の話題が異常なほど受けがいいという事実はこのことの証拠である。自動車事故は「日常的な宿命」の最も見事な具体化であり、この話題が大変な情熱をもって取り上げられるのは、本質的な集団的機能を果たしているからである。自動車事故のニュースに太刀打ちできるのは天気予報くらいなものだが、両者は実に神話的な組み合わせである――太陽への執着と死についての繰り言とは切り離せないのだから。

こうして、日常性は社会的地位や受動性による幸福の正当化と、運命の犠牲者に対して感じられる「陰気な快楽」との奇妙な混合物を提供する。これらはすべて、ある種の心性、つまり特殊な「感傷」を構成している。消費社会は、脅かされ包囲された豊かなエルサレムたらんと欲しているのだ。これが消費社会のイデオロギーである。[1]

## 2 経済成長の悪循環

### 集団的支出と再分配

消費社会は個人支出の急速な成長によって特徴づけられるだけでなく、第三者（とくに行政機関）

1 この状況はベルリンのような都市によって、ほとんど理想といえるほどに実現されている。また、ほとんどすべてのSF小説は、外からにせよ内からにせよ、なんらかの強大な敵によって破滅の脅威にさらされた合理的で豊かな大都市の状況をテーマにしている。

による個人のための支出の増加をも伴っている。後者の支出のあるものは資源の分配の不平等をなくすことを目的としている。個人的欲求を満たすための集団的支出のこの部分が消費全体に占める割合は一九五九年の一三％から六五年には一七％に増大した。

一九六五年に第三者支出によって満たされた欲求の内訳は次のとおりである。

——食料品と衣類（生活手段）　一％
——住居、運輸・通信施設（生活環境）　一三％
——教育、文化、スポーツ、厚生部門（人格の保護と充実）　六七％

集団的支出は、人間が自由にできる財や物的設備に対してよりもはるかに多く人間そのものに向けられていることがわかる。同様に、公共支出は、今後の増加が最も予想される現在いちばん重要な部門である。だが興味深いことに、E・リールも指摘しているように、一九六八年五月の危機〔五月革命〕が勃発したのは、集団が支出の最大部分をまかない、集合体が非常に発達させたこの部門においてなのであった。

フランスでは、国家の社会予算は国民総生産の二〇％以上を再分配している（国民教育だけで個人所得税を使い果たしてしまう）。ガルブレイスが非難した私的消費と集団的消費のあいだの著しい不均衡は、ヨーロッパ諸国よりはアメリカ合衆国の特殊現象のようである。しかしながら、それは当面の問題ではない。真の問題は、それらの予算が社会的機会の客観的均等化を保障しているかどうかだ。ところで、この再分配が、あらゆるレベルでの社会的差別の解消にほとんど効果をあげていないことは明らかである。生活水準の不平等についていえば、一九五六年と六五年に行われた家計費に関する調査によれば、格差は少しも縮まっていない。教育面での諸社会階級間のなくすことができない世襲的格差については、よく知られている。経済的メカニズムよりもはるかに微妙なメカニズムが作用しているこの分野で、経済的再分配ひとつをとっても、文化的惰性の機構を非常に強化している。一七歳の少年少女の就学率は全体では五二％だが、上級管理職、自由業および教員の子どもの場合は九〇％、農民と肉体労働者の子どもの場合は四〇％となっている。前者の高等教育へ進む機会は三分の一以上だが、後者では一～二％にすぎない。保健部門では、再分配の効果は明らかでない。まるで各社会階層が少なくとも自分の負担分だけは取り戻そうとでもしているように、労働人口への再分配がないのかもしれない。

課税と社会保障については、E・リールの説をたどることにしよう。

増大しつつある集団的消費は、税と副次税の発展によって財政的に成り立っている。社会保障だけをとっても、給与全体に占める個人の分担費の割合は、一九五九年の二三・九％から六七年には二五・九％に増加した。こうして社会保障のための支出は、いわゆる〝雇用者〟の分担分は給与の源泉徴収、結局五％の一括払いの租税とみなしうるから、一般企業のサラリーマンにとっては収入の四分の一に相当する。この種の天引きの総額は、所得税として徴収される額を大幅に上まわっている。所得税は累進課税でも、社会保障の負担分と一括払いは結局のところ逆累進的だから、直接税と準直接税の効果もやはり逆累進的なものとなる。間接税（基本的には付加価値税）が消費に比例することを認めるとすれば、家計から支払われる大部分が集団的消費への融資にあてられる直接税および間接税と社会保障の個人負担分は、全体的にみれば不平等をなくす効果や再分配の効果をもたないであろう。

集合体の施設の有効性については、利用できるかぎりの調査の結果は、公的権力の意図からの頻繁な横すべりが起こることを示している。これらの施設が最も恩恵に浴していない人びとのために立案された場合でも、少しずつ〝お客〟が多様化し、それが財政的というより心理的理由から、貧しい人びとの感情的拒否反応を引き起こす。施設がすべての層に対して向けられようとすれば、最も弱い人びとははじめから除外されてしまう。誰の手にも届くようにするための努力は、ふつうは社会的ヒエラルキーを反映した選別として表れる。著しく不平等な社会では、形式的な機会均等を確保するための政治的行動は多くの場合不平等を倍化するだけであった（経済計画委員会編『消費と生活様式』）。

死を前にした不平等もまた非常に大きい。

したがって、もう一度繰り返すが統計的数値は意味がなく、豊かさへの青信号である可処分財の増加は、現実の社会的論理のなかで解釈されなければならないし、社会的再分配、とりわけ公共的活動の有効性についての再検討がなされねばならない。「社会的」再分配のこの「偏向」と、社会的不平等を取り除くはずのもの自身による不平等の復元のうちに、社会構造の固定化ゆえの一時的異常をみるべきなのだろうか。それとも反対に、特権階級の保護に大成功をおさめた再分配の機構は権力機構に欠かせない戦術的要素であり、教育制度や選挙制度と同じく権力の共犯者であるというラディカルな仮説を立てるべきなのだろうか。社会政策の失敗の繰り返しを嘆いてみても始まらない。むしろ、社会政策が完璧にその現実的機能を果たしていることを認める必要がある。

いくつかの結果にもかかわらず、再分配についても消費の方向づけについても、移転効果を評価することはきわめて慎重になされねばならない。移転の包括的効果のおかげで最終所得の格差は半減したかもしれないが、長期的にみれば、最終所得のこの分布の相対的安定性は、再分配される総額の著しい増加という犠牲によってしか獲得されなかったことがわかる。

## 公害

豊かさ、つまり常に増加する個人的および集団的財と設備の発展は、その代償として常に深刻化する「公害」を招くことになった。公害、それは一方では産業の発達と技術の進歩の結果であり、他方では消費の構造そのものの結果でもある。

経済活動による集合的生活環境の荒廃、騒音、大気と水の汚染、風光明媚な景色の破壊、新しい施設（空港、高速道路等）の建設による住宅地域の混乱。自動車の氾濫《はんらん》は巨大な技術的・心理的・

人的欠損をもたらした。だが、それはどうでもよい。というのは、必然的な過剰設備投資やガソリンの追加消費や交通事故にあった人びとの治療費などは、帳簿上はすべて消費として記録され、国民総生産と諸統計に組みこまれて、経済成長と富の指数となるだろうからである。ミネラル・ウォーターは都会の水不足をかなり和らげるのだから、ミネラル・ウォーター産業の繁栄は「豊かさ」の現実の増加を裏づけているというべきだろうか。経済成長の機構に内在する公害を一時的に緩和するだけにすぎない生産・消費活動をいちいち数えあげたらきりがない。生産性の増加は、いったんある段階に達すると、成長による成長の治療というこの類似療法によって、ほとんどすべて吸収され使い果たされてしまうのである。

もちろん、合理化と大量生産の技術的かつ文化的結果のもたらす「文化公害」は、厳密に計算することができない。それに、この場合には価値判断の問題があって共通の規準を設定できないので、たとえば劣悪な住宅群や俗悪な映画の「公害」の性格を、水の汚染の場合のように明らかにすることはできないだろう。最近のある会議でのことだが、ある行政監察官が「清浄大気省」の創設と同時に、センセーショナルな記事を売り物にする報道機関からの国民の保護と「知性侵害罪」の創設を提案することができたくらいなのだ！　しかし、これらの文化公害も豊かさのリズムに合わせて増加していることはたしかである。

製品や機械がどんどん廃棄され、特定の欲求を満たすための旧式の構造が破壊され、生活の役に立ちそうもない偽の新発明が次々に生まれている。これらの現象はすべて公害の一覧表に付け加えうるものである。

製品や装置の廃棄よりずっと深刻なのは、E・リールが警告している次の事実である。

富の生産の急速な進展の代償は、労働力の流動化とそれに伴う雇用の不安定であった。人間を取りかえ、再教育することは、非常に大きな社会的負担、とりわけ不安という普遍的強迫観念を生みだす。ポストの流動性や地位やあらゆるレベルでの（所得、権威、文化等の）競争の心理的かつ社会的圧迫はますます重い負担となっている。家庭と職場の往復、人口過密、絶えまない攻撃とストレスなどのさまざまな公害によって引き起こされる心理的・精神的消耗から回復し、体を休めてふたたび仕事にとりかかるためには、今までより長い時間が必要となる。結局のところ、消費社会の支払う大きな代償は、社会そのものから発生する普遍的な不安感である……。

この事実はシステムそのものの自己崩壊をもたらすことになる。

膨張する緊張を生みださずにはいられない……この急速な経済成長の渦中で、全人口のうちの無視できない部分が成長のリズムについていけなくなっている。これらの人びとは〝売れ残り〟となる。そして競争に勝ち残り、モデルとして提示された生活様式になんとかたどりついた人びとは、わが身をすり減らす努力という代償を払ってのみそうすることができたのである。したがって、社会は何よりもまず経済成長に奉仕するよう定められた社会的投資

（教育、研究、厚生）への、国民総生産からの再分配を増大させることによって、経済成長の社会的費用を償却せざるをえない（E・リール）。

ところで、積極的な満足を増加させるよりはむしろ調子の悪いところを直すためのこれらの私的および集団的支出、つまり補償としての支出は、すべて帳簿上は生活水準の向上という項目にいい加算される。麻薬やアルコールの消費や、その他あらゆる見せびらかし的なあるいは補償的な支出、それに軍事予算などについてはいうまでもないが、こうしたもののすべてが経済成長であり、したがって豊かさなのである。

社会にとって害にならないまでも負担となる階層（病気との闘いや死の後退〔高齢化〕は豊かさの一面、消費の要請のひとつである）の数は増加しつつあり、社会過程そのものにとってますます大きな障害となっている。この分でいくと、しまいにはJ・ブルジョワ＝ピシャのいうように「国民の健康を維持するための活動に従事する人びとのほうが、実際の生産に従事する人びとより数多くなるといった事態が想像されよう」

要するに、経済成長と豊かさの力学がいたるところで堂々めぐりや空まわりをし、システムが自己の再生産過程で次第に消耗するに至った。つまり生産性の向上分が、システムの存続のために使われるという閉塞的状況なのである。唯一の客観的結果は数字と統計上の病的な増加だが、本質的には原始段階への回帰が始まっている。つまり、生き残るために全力を使い果たしてしまう、動物や未開人の段階への回帰である。あるいは、ドーマルによれば「ジャガイモを食べるためにジャガイモを植え、食べたあとでまたジャガイモを植えられるようにしておく」人びとの段階である。ところで、代償が利潤と等しいかより大きくなったとき、そのシステムは効力を失う。われわれはまだそこまではいっていないが、公害とそれに対する社会的・技術的対策を通じて、システムの内部崩壊への一般的傾向がみえる。——「調子の悪いところを直すための」個人的または集団的消費が、「正常に機能する」消費よりも急速に増大している以上、システムは根底において自分自身に寄生しているのである。

## 経済成長の簿記化、あるいはGNPの神話

ここでは、現代社会の最も驚くべき集団的欺瞞《ぎまん》について、つまり実際には集団的呪いという「黒魔術」〔悪魔の力を借りる魔術〕を隠している、数字による「白魔術」〔悪魔の力を借りない魔術〕である簿記的幻想と国家会計のばかげた操作について語ることにしよう。経済的合理性という規準に従って測定しうる、目に見える要素だけしか取り入れないこと、これがこの種の魔術の原則である。この規準によれば、女性の家事労働も学術研究も文化もそこには入ってこないが、反対にまったく関係のないいくつかの項目がただ計量可能であるというだけの理由で姿を現すこともある。さらに、この種の会計はマイナス記号を認めず、完璧なまでの〔だがとうてい無害とはいえない〕非論理的なやり方で、公害も肯定的要素も何もかも一緒にしてしまうという点では、夢に似ていないこともない。

経済学者は、公共サーヴィスと私的サーヴィスをまったく区別しないであらゆる種類の生産物のサーヴィスを全部加えるが、そうすると公害も公害対策も、統計上は客観的に有用な財の生産という同一のものとなってしまう。「アルコールや漫画や歯磨の生産も……核弾頭の生産も、そこでは学校や道路や水泳プールの不足を拭《ぬぐ》い去ってしまう」（ガルブレイス）

機械の劣悪化や老朽化は統計には表れないし、たとえ表れても黒字として表れる！　職場までの交通費も帳簿上は消費支出として記録される！　それは生産のための生産の魔術的目的論の数字化された論理的帰結だ。生産されたものはすべて生産されたという事実によって神聖化される。生産されたもの、計量可能なものはすべて肯定される。パリの大気の明るさが五〇年間に三〇％も低下したという事実は、会計士の目から見れば取るに足らないし存在さえしないのだが、この事実が電気エネルギーや電球やメガネの支出の増加を招いている以上、それは実在するのであり、しかも生産や社会的富の増加として実在する！　生産と成長の神聖な原則に対するちょっとした攻撃でさえ、冒瀆への恐怖を引き起こすことだろう（「コンコルドには一本のネジにさえ触れてはいけない！」）。帳簿に書きこまれた集団的執念である生産性は、何よりもまず神話としての社会的機能をもち、この神話を成り立たせるならすべてが善となる。矛盾に満ちた客観的現実を、この神話を裏づける数字に変えることさえ許される。

しかし会計上の神話じみた算術のなかにも、おそらくひとつの深い真理が、経済成長を達成した社会の経済的＝政治的システムの真理がひそんでいる。

肯定面〔プラス、黒字〕と否定面〔マイナス、赤字〕がごちゃまぜに加算されるという事実は奇異に思えるけれど、たぶんまったく論理的なのだ。なぜなら、経済の牽引車の力動的役割を全体として果たしているのは、これらの「マイナス」財、補償された公害、システムを機能させるための内部費用、「調子の悪いところを直す」ための内部調整の社会的費用、役に立たない浪費の付随的セクターであるというのが、おそらくは真理だからである。システムにひそむこの真理は、もちろん数字によって隠蔽《いんぺい》されていて、魔術的な足し算は否定面と肯定面の描く驚嘆すべき円環を覆い隠してしまう（アルコールの販売と病院の建設等々）。あらゆる努力にもかかわらず、どのレベルにおいても否定面を除去することができないのはこのためかもしれない。システムはこの否定面によって生きているので、これと手を切ることができないのである。貧困に関して、この問題をふたたび取り上げることにするが、貧困という裾飾《すそかざ》りを、経済成長の社会は傷としてひきずっており、貧困こそは実際最も深刻な公害である。こうして、すべての公害は経済成長を続けさせるための肯定的要因、生産と消費の賭金として組みこまれているという仮説を認めなければならない。一八世紀に、マンドヴィルは『蜂の寓話』のなかで、社会が均衡を保っているのは美徳の力ではなくて悪徳の力であり、社会の平和と進歩と人類の幸福は、人類に絶えず規則を犯させようとする本能的背徳性によって獲得されるという（当時でもすでに冒瀆的で放縦であった）理論を唱えた。彼はもちろんひとつのモラルを説いたのだが、われわれは彼のモラルを社会的・経済的意味に理解することができる。現存するシステムが繁栄しているのは、その隠蔽《いんぺい》された傷、肯定面と否定面との釣り合い、公害など、合理的システムからすれば悪徳そのものによってなのである。人びとはマンドヴィルのシステムを非難したが、客観的にみて厚顔無恥なのは、社会と生産の秩序のほうである。[2]

## 浪費

豊かな社会の富がどれほど浪費と結びついているかは、よく知られている。人びとは「ゴミ箱の文明」について語り、「ゴミ箱の社会学」をつくろうとさえしたのだった。君が何を捨てるかいってみたまえ、君がどんな人間か当ててやろう〔「君が誰とつきあっているかいってみたまえ……」という諺《ことわざ》がある〕、というわけだ！　だが、がらくたやゴミ屑《くず》の統計は、それだけではちっとも面白くない。それは供給された財やその豊富さの量についてのくどくどしい記号にすぎない。消費のためにつくられたが消費されなかったもののカスしかそこに見ないなら、浪費もその働きも理解できはしない。この場合にもまた、消費の単純な定義――財の絶対的有用性の上に成立する道徳的定義が姿を現すことになる。われらのモラリストたちは、こぞって富の濫費《らんぴ》に対する闘いに立ち上がるというわけだ。この闘いは、モノの使用価値といってもよいような、モノ自体に内在するこの種の道徳法則やモノの耐久性をもはや尊重しないで、自分の持ちものを捨てたり生活程度や流行等の気まぐれに従って取りかえたりする私的個人に対する闘いから、国家的・国際的規模の浪費や地球的規模の浪費に対する闘いにまで及んでいる。こうしたことは、人類がその一般的な経済生活を営むなかで、また自然の富を開発する際にやってきたことだ、というわけだ。つまり、浪費は常に一種の狂気、錯乱、本能の機能障害とみなされている。人間に貯えを費やさせ、非合理的行動によって生存条件を危うくする、そんな狂気というわけだ。

　こうした考えからは、少なくとも次の事実が図らずも明らかになる。われわれが真に豊かな時代にいるのではなくて、現代に生きる個人や集団や社会や種としての人類そのものが稀少性の記号のもとにおかれているという事実である。ところで、豊かさの到来には逆えないという神話を支持する人びとと、威嚇的な稀少性の亡霊に結びついた浪費を嘆く人びととはたいてい同じなのだが、いずれにせよシステムの機能障害として浪費をとらえる道徳的なこの種のヴィジョンは、その真の機能を示してくれるであろう社会学的分析に委ねられなければならない。

　これまでのすべての社会は、いつでも絶対的必要の限界を超えて、浪費と濫費と支出と消費を行ってきたが、それは次のような単純な理由によるものだ。つまり、個人にせよ社会にせよ、ただ生きながらえるだけでなく、本当に生きていると感じられるのは、過剰や余分を消費することができるからなのである。このような消費は消耗、すなわち純粋で単純な破壊にまで達すること

2　この意味では、われわれの「豊かな社会」の浪費（経済システムに組みこまれた公害であり、集団的価値を生みださない機能的浪費）と、すべてのいわゆる「貧しい」社会が祭りや供犠《くぎ》の際に行ってきた破滅的ぜいたく（財の破壊が集団的・象徴的価値の源泉となるような浪費）とはまったく別のものである。時代遅れになった自動車を熔鉱炉に投げこんだり、蒸気機関車の釜で余ったコーヒー豆を焼いたりすることは、祭りとはなんの関係もない。それは戦略的目的をもった、意図的で体系的な破壊だ。軍事支出も同様である（たぶん宣伝もそうだろう……）。経済システムは独自の「合理性」をもっているので、祭り的な浪費へとはみだすことができず、生産性の打算を補足する計算された破壊を行いつつ、多少の恥じらいをみせながら富の増加分をむさぼることしかできない。

があるが、その場合にはまた別の特殊な社会的機能をもつ。たとえば、ポトラッチ〔北米インディアンのあいだの儀式化された贈与や破壊行為〕においては、貴重な財を競って破壊しあうことが社会的組織を固めるのである。クワキウトル族はテントの屋根やカヌーや紋章を刻んだ銅版を犠牲に供し、「自らの地位を維持するために」、つまり自らの価値を確認するために、焼いたり海に捨てたりする。また、これまでのどの時代でも、貴族階級は無駄使い的出費を行うことによって、自己の優越性を示したのだった。合理主義者や経済学者がつくった効用という概念は、もっと一般的な社会の論理に従って見なおされなければならない。この論理では、高度の社会的作用として合理的効用の概念と交代しつつ積極的な機能を果たし、ついには社会の本質的機能とみなされることになる――支出の増加、余剰、儀礼的で無駄な「役に立たない出費」等は、個人的領域でも社会的領域でも、価値と差異と意味とを生産する場所となるだろう。この見通しの彼方に、消耗としての、集団的浪費としての「消費」の定義が浮かび上がってくる――必要性と蓄積と計算の上に成り立つ「経済学」とは逆の見通しである。そこでは、余剰が必需品に先立ち、支出が〔時間的にではないにしても〕価値において蓄積と取得に先立つのである。「えい、必要をいうな！　最もみじめな乞食でさえ、最もつまらぬもののなかにほんのわずかばかりだが余分なものをもっている。自然を欠乏の状態に戻してしまえば、人間は動物になってしまい、人間の生活などなんの値打ちもなくなるのだ。わかるかな、われわれが人間らしく生きるには、ちょっとした余分が必要だということが」とシェイクスピアは『リヤ王』のなかで書いている〔第二幕第四場（ただしこの仏訳は原文と少し違っている）〕。

別のいい方をすれば、消費によって提起された根本的問題のひとつは、生物が有機体を形成するのは自分が生き残るためだろうか、それとも自己の生命に与える個体的あるいは集団的意味のためだろうか、という問題である。ところでこの「生きる（存在する）」ことの価値、この構造的価値は経済的価値の犠牲をも含みうる。また、この問題は形而上学的ではない。それは消費の中心にある問題であり、こういいかえることもできる。豊かさとは結局のところ浪費のなかでのみ意味をもつのだろうか、と。

ヴァレリーがしたように将来の予測と貯えという概念にもとづいて豊かさを定義しなければならないだろうか。彼は次のように書いている。

> 保存食糧の山々を見つめることは、余分の時間と省ける手間を見ることではないか。一箱のビスケットと言えば、まる一月の安逸と生活だ。乾肉の壺数個と穀物と木の実を詰めた繊維製の籠《かご》数杯は、心の安穏の宝物だ。長閑《のどか》なまる一冬がそれらの香のなかに潜在している。ロビンソン〔・クルーソー〕は自分のあばら屋の櫃《ひつ》と箱類との匂いのなかに未来の現存を嗅いだ。自分の宝物からは無為が発散していた。ちょうど或る種の金属から一種の絶対的熱が発するように、そこから持続が発していた……人類はただ長持ちするものの堆積の上にのみ徐《おもむ》ろに高まったのである。予見《プレヴィジョン》、貯蔵《プロヴィジョン》が次第にわれわれを、われわれの動物的必要のきびしさとわれわれの要求の逐語的満足とから解放した。自然がそれを暗示していた。自然は、出来事の無常にいささか抵抗するに必要なものを、われわれが自分と共に持ち合わせるように

した。われわれの身体各部にある脂肪、われわれの魂の厚みのうちに待機している記憶、これらは貯えられた資源の手本であり、われわれの産業はこれを真似たのである〔「未完の物語――ロビンソン」佐藤正彰訳、『ヴァレリー全集』第二巻、筑摩書房、一四六頁〕。

以上は経済〔節約〕原則だが、それに対して何よりもまず「自己の力を使い果たす」ことを願う生命体についてのニーチェ（そしてバタイユ）のヴィジョンが対立している。

生理学者たちは「自己保存の本能」をあらゆる有機体の基本的本能と規定する前に、もっとよく考えるべきであろう。生命体は何よりもまず、自己の力を使うことを願っている。「自己保存」はその数多くの結果のひとつにすぎない。余計な目的論的原則に気をつけたまえ！　「自己保存の本能」に関する概念とはそもそもこれらの原則のひとつなのである……。「生存のための闘争」――この定式は例外的状態を示すものであって、規則はむしろ力のための闘争、「より多く」「より早く」「よりしばしば」もちたいという野望である（ニーチェ『権力への意志』）。

価値がそれによって確認されるこの「余分な何ものか」は、「固有の何ものか」になることができる。本質的なものは常に必要不可欠なものの彼方にあるとするこの象徴的価値法則は支出や損失の面で最もよく示されるが、取得の面においても、それが増加分、「余分な何ものか」という他とは異なる機能をもちさえすれば、存在が確かめられるものである。ソ連の例がその証拠だ。肉体労働者、幹部《カードル》、技師、党員は、それぞれ自分の持ちものではないアパートに住んでいる。賃貸であれ終身貸与であれ、このアパートは労働者つまり勤労市民の社会的地位に付随する役割に結びついた住居であり、私人のものではない。したがって、この財は社会的サーヴィスであって世襲財産ではないし、まして「消費財」ではない。ところが、別宅である庭付きのダーチャ（田舎の別荘）は個人のものであり、終身貸与でもなければ取り上げ可能なものでもなく、自分の死後も存在し、相続されるものとなる。所有への個人主義的熱狂はここから生まれ、あらゆる努力はダーチャの獲得のために向けられる（西欧で「セカンド・ハウス」とほぼ同じ役割を果たしている自動車が手に入りにくいからだ）。ダーチャの威信の価値と象徴的価値こそ、「余分な何ものか」なのである。

ある意味では、豊かさについても同じことがいえる。豊かさがひとつの価値となるためには、十分な豊かさではなくてあり余る豊かさが存在しなければならず、必要と余分とのあいだの重要な差異が維持されなければならない。これがあらゆるレベルでの浪費の機能である。浪費を解消したり取り除いたりできると思うのは幻想にすぎない。なぜなら、すべてのシステムを方向づけるのは浪費だといえるのだから。それはガジェットと同様、定義づけたり限定したりできないものである（どこまでが役に立ち、どこからが無駄なのかわかりはしない）。生き残るために必要な量を超えた生産と支出は、すべて無駄づかいとして決めつけられるかもしれない（服装の流行や食料品の「ゴミ箱」、兵器という超ガジェットである「爆弾」、アメリカの一部の農民の過剰設備、機械のセットを減価償却する代わりに、二年ごとに買い替える実業家等々……。生産ばかりか、消費までも見せびらかし的過程に大幅に従っている

——政治についてはいうまでもないが）。そして、利益の上がる投資とぜいたく品への投資とが、いたるところで分かちがたく結びついている。宣伝に千ドル投資したある実業家はこう言ったものだ。「半分は戻ってこないだろうが、どちらの半分になるかはわからんな」。複雑な経済組織については、万事がこんな調子である。役に立つ部分だけを切り離して、余分を差し引くことはできないのだ。その上、（経済的意味で）「戻ってこない」半分にしても、長い目でみれば、あるいはもっと詳しくみれば、「失われた」ということによって価値を生みだすのかもしれない。

豊かな現代社会の莫大な浪費は、このように読みとられるべきである。稀少性に挑戦し、豊かさを逆説的に意味づけているのはこの浪費である。効用ではなく、この浪費の原則こそ、豊かさの中心的な心理学的・社会学的・経済学的図式なのである。

「ガラスの空きびんがポイと投げ捨てられる時代、それはすでに黄金時代ではないか」

リースマンとモランによって分析された大衆文化の大きなテーマのひとつは、この事実を叙事詩風に物語るのだが、それは消費の英雄たちのテーマである。少なくとも西洋では、生産の英雄たちの胸おどる伝記が、現在いたるところで消費の英雄たちの伝記に敗北を喫している。聖者や歴史上の人物の物語を受け継いだ、「裸一貫から身を起こした男」（セルフメイド・メン）や創業者や開拓者や探険家や植民者の模範的で偉大な生涯の物語は、今や映画スター、スポーツやゲームの花形、金持ちのプリンスあるいは世界を股にかける君主たち、つまり大浪費家の物語に取ってかわられた（彼らを日常生活の「素顔」のままで——買物をしているところなどを見せることがしばしば要求されるとしてもである）。雑誌やテレビのニュースの話題を提供するこれらの巨大な恐竜《ダイノザウルス》たちに関して、われわれの興味をそそるのは、いつでも彼らの並はずれた生活、途方もない出費の可能性である。彼らの超人的特性は、彼らのポトラッチの香りである。こうして彼らは、ぜいたくで無駄で度を越した支出という非常に明確な社会的機能を果たすことになる。彼らは、昔の王様や英雄や僧侶や大成金のように、この機能を全社会の代理として果たすのである。そして、昔の場合と同様、彼らは〔自動車事故で死んだ〕ジェームズ・ディーンのように自己の生命の尊厳という代償を支払ったときに、はじめて偉大な存在となる。

これまでの時代との本質的相違は、現在のわれわれのシステムでは、この種の見世物的濫費が未開人の祭りやポトラッチのような象徴的かつ集団的な決定的意味をもはやもたないということである。この種の見せびらかし的な消耗もやはり「擬人化」されマス・メディアに乗せられて、大量消費を経済的に活気づける働きをもっている（大量消費は、この消耗との関係においては、活動的なサブ・カルチャーと規定される）。スターがたった一度の夜会に身に着けるだけの豪奢なドレスの戯画は、ヴィスコース八〇%、アクリル二〇%の、朝着て夜捨てられ洗わずにすむ「使い捨てパンティー」というわけだ。とくに文化面においては、マス・メディアによってもてはやされているこのぜいたくで最高の無駄づかいは、経済過程に直接組みこまれたはるかに根本的で体系的な浪費を倍化させずにはおかない。それは物的財と同時に生産によって生みだされ、物的財と一体となった機能的で事務的な浪費であり、それゆえ消費対象の特性とあり方（脆弱性、計算された壊れやすさ、寿命の短さ）のひとつとして強制的に消費される浪費である。今日、生産されるモノはその使用価値や達成可能な持続性のために生産されるのではなくて、反対に価格のインフレ的上昇と同じ程度のスピードで早められるモノの死滅のために生産される。この事実だけでも、あらゆる経済学がつくる効用、必要等に関する合理主義的公準の再検討を促すには十分かもしれない。ところで、生産秩序は、倉庫でのモノの大量虐殺あるいは計算された「自殺」という代償を払ってしか生き残ることができないし、この操作は技術的サボタージュまたは流行の支配による組織的廃棄に依存しているということはよく知られている。ただひとつの目的のために、かなりの額の浪費が宣伝によって実現されるが、この目的とは、モノの使用価値を増加するのではなくて奪いとること、つまり、モノを流行としての価値や急テンポの更新に従わせることによって、モノの価値＝時間を奪いとることである。戦争のための予算やその他の見せかけのための国家的・官僚的支出に割かれる莫大な社会的富については語らないことにしよう。この種の浪費はもはやポトラッチの象徴的な香りをいささかもとどめず、滅亡に向かいつつある政治経済システムの絶望的な、だが死活に関わる救済策なのだから。最も高いレベルの「消費」は、個人の場合のモノへの病的な渇望と同じ理由で消費社会の一部をなしている。両者が一体となって生産秩序の再生産を保証しているのである。それゆえ、支出の象徴的行為とか、祭りの儀式とか、高揚した社会化の形態としての個人的・集団的浪費と、現代社会におけるその陰気で官僚的な戯画とを区別しなければならない。今日の社会では、無駄な消費が日常的義務、間接税のようなあまり意識されない押しつけられたひとつの制度となり、経済秩序の拘束に組みこまれているのである。

「あなたの自動車を壊しなさい。あとは保険が引き受けた!」　おそらく自動車は、日常的な、そして長い目でみれば個人的でもあり社会的でもある浪費の特権的な場のひとつだろう。その使用価値が計画的に減少させられ、その威信とモードの係数が徹底的に強化され、さらに投資される金額が桁はずれに大きいためである。そればかりではない。おそらく、より深い理由は、事故によって生じる板金《ばんきん》やメカニックや人命の、目を見張らせるような集団的犠牲にある。——交通事故、それは消費社会で最も美しい巨大なハプニングであり、消費社会は交通事故によって、モノと生命の儀式的破壊のうちにあり余る豊かさの存在を立証してみせるのだ(逆証明ではあるが、想像力の鋭い人にとっては蓄積による直接的証明よりずっと有効である)。

消費社会が存在するためにはモノが必要である。もっと正確にいえば、モノの破壊が必要である。モノの「使用」はその緩慢な消耗を招くだけだが、急激な消耗において創造される価値ははるかに大きなものとなる。それゆえ破壊は根本的に生産の対極であって、消費は両者の中間項でしかない。消費は自らを乗り越えて破壊に変容しようとする強い傾向をもっている。そして、この点においてこそ、消費は意味あるものとなるのである。現代の日常生活では、多くの場合、消費は導かれた消費性として、生産性の命令に服従している。それゆえ、ほとんどの場合、モノは場ちがいに存在しているので、モノの豊かさ自体が逆説的ではあるが貧しさを意味している。在庫品とは欠乏につけられた無駄な飾り、苦悩の刻印にすぎない。モノは破壊においてのみ真にあり余るほど存在し、姿を消すことによって富の証拠となる。いずれにしても、暴力的で象徴的な形態(個人的あるいは集団的ハプニング、ポトラッチ、破壊的行為)にせよ、系統的で制度的な形態にせよ、破壊は脱工業化社会の支配的機能のひとつとなるべく定められている。

# 第2部

# 消費の理論

## 1　消費の社会的論理

### 福祉の平等主義的イデオロギー

欲求をめぐるあらゆる議論は、素朴な人間観に支えられている。それは、人間には幸福追求の心情が生まれながらにそなわっているとする人間観である。カナリー諸島への旅行や入浴剤のちょっとした広告の背後にさえも火の文字で書きこまれている幸福は、消費社会を絶対的に保証するものであり、まさに救霊の同義語なのである。だが、これほど大きなイデオロギー的力をもって現代文明につきまとっている幸福とは、いったい何なのだろうか。

ここでもまた、自然発生的なあらゆるヴィジョンを点検しなおす必要がある。幸福という概念のもつイデオロギー的力は、もちろん個人が自分で幸福を実現しようとする自然にそなわった傾向に由来するものではない。それは、社会的・歴史的にみれば、現代社会では幸福の神話は平等の神話を集大成し具体化したものであるという事実に由来している。産業革命と一九世紀の何度かの政治革命以来、平等の神話を満たしていたあらゆる政治的・社会学的有毒性は幸福の概念のなかへ移転された。幸福が何よりもまず平等という意味とイデオロギー的機能をもつという事実は、その内容についてのいくつかの重要な結果をもたらすことになった。平等主義の神話の担い手となるには、幸福は計量可能なものでなければならない。幸福は、モノと記号によって計量することができる福利、物質的安楽でなければならない。ちなみにトクヴィルはもろもろの民主社会には、社会的宿命の解消とあらゆる運命の平等化として、より多くの福利を絶えず追求する傾向があることをすでに指摘していた。十全なあるいは内面的な享受としての幸福――幸福を表示する記号とは無関係のこの幸福つまり証拠を必要としない幸福――は、消費の理想からは一切除外される。消費が理想とする幸福とは、まず第一に平等(あるいはもちろん区別)の要請であり、そのために常に目に見える規準との関係で意味をもつべきものなのである。この意味では、幸福はあらゆる「祭り」や集団的高揚からはなおはるかに遠いところにある。というのは、平等主義的要請に裏づけられたこの幸福は、各個人に幸福への権利をはっきりと認めるフランス革命の人権宣言によって強化された個人主義的諸原則の上に成り立っているからである。

「福祉の革命」は、市民革命、あるいは実際には実現できないし望んでもいないのに万人の平等を原則とするようなあらゆる革命の後継者であり、遺言執行人である。そこでは民主主義の原則が、能力や責任や社会的機会、つまり（言葉の完全な意味での）幸福に対する現実的平等から、モノや社会的成功といった幸福の明白な記号を前にした平等へとすりかえられている。それは、スタンディング〔社会的地位や生活程度〕の民主主義、テレビや車やステレオの民主主義、うわべだけは具体的だが実はまったく形式的であり、社会的矛盾や不平等が存在するにもかかわらず、憲法上のかたちだけの民主主義に対応する民主主義である。これらふたつの民主主義は、一方が他方のアリバイとなりながら、結合して真の民主主義と平等の不在を全面的に隠蔽する民主主義的イデオロギーとなる。

平等の神話では、「欲求」の概念が福祉の概念と結合している。「欲求」は安心感を与える目的に満ちた世界を描きだし、その自然主義的人間学は普遍的平等を約束するが、そこには次のような説が暗示されている。すべての人間は欲求と充足の原則の前で平等である。なぜなら、すべての人間はモノと財の使用価値の前で平等だからだというわけである（ただし交換価値の前では不平等であり反目しているが）。欲求は使用価値に応じて定められるのだから、ここにあるのは、その前では社会的・歴史的不平等がもはや存在しないような客観的効用または自然的合目的性の関係である。使用価値としてのビフテキを前にしては、プロレタリアートも特権階級もないのである。

福祉と欲求の互いに補完しあう神話は、こうして不平等の客観的・社会的・歴史的意味を吸収し拭い去るという強力なイデオロギー的機能をもつことになる。福祉国家と消費社会の政治的作用のすべては、量による自動的平等化と最終段階での均衡（万人のための全面的福祉）の見通しのもとに、財の量を増加することによって内的諸矛盾を克服しようとする努力のうちに存在している。

共産主義社会にしても、均衡とか、あらゆる社会的差異や階級の観念から解放された「自然」で「調和のとれた」個人的または社会的欲求といった言葉を使っている。つまりここでもガラス張りの社会的交換の代わりに財の形式的平等を実現することによって、政治的解決を避けて豊かさによる最終的解決をめざしているのである。したがって社会主義国家においても「福祉革命」が社会的・政治的革命に取ってかわる現象がみられる。

　福祉のイデオロギーについてのこの見通しが正しいなら（このイデオロギーが財と記号の形式的平等という「世俗化された」神話の担い手であるなら）、いつも提起される次の問題自身が誤っていることになる。「福祉社会は平等な社会なのだろうか、不平等な社会なのだろうか。それは実現された、あるいは実現されつつある民主主義なのだろうか。それとも、反対に以前の社会の不平等と社会構造とを復活させているのだろうか」という問題である。潜在的消費力が平等になるという事実（所得の均等化、社会的再分配、みんなが同じ流行を追い同じテレビ番組を見て、地中海クラブ《クラブ・メッド》に集まる）を証明できるかできないかという問題は、なんの意味もない。なぜなら、消費の平等化といった言葉を用いて問題を提起することは、真の問題の論理的・社会学的分析をやめて、その代わりにモノや記号を追いかけることだからだ。要するに「豊かさ」を分析することは、数字の上で豊かさを確かめることではなくて（数字は神話と同じで真実を伝えてはくれない）、根本的に頭を切りかえて、豊かさの神話をその論理とは別の論理によって分析することなのである。

　もちろん、この分析は、福祉の統計的事実である数字によって豊かさを確かめることを要求するが、数字は自分からは何も語ってはくれないし、決して自己矛盾に陥ったりはしない。解釈だけが、時には数字と無関係に時には逆らって、何かを語ってくれる。だから、解釈の言葉に耳を傾けることにしよう。

最も根強く最もしつこいのは、次のような理想主義的解釈である。

——成長は豊かさである。

——豊かさは民主主義である。

たとえ数字の上だけにしても全面的な幸福が身近なところに存在しているという結論を引きださせないので、神話はより「現実的」になる。それは、観念論的改良主義の一変種となる。経済成長の最初の段階での大きな不平等はだんだん減少し、「賃金鉄則」は姿を消し、所得は均等化するというわけだ。いうまでもなく、平等へ向かっての絶えざる着実な進歩という仮定は、いくつかの事実(「もうひとつのアメリカ」である全人口の二〇%を占める「貧乏人」等)によって否定されている。しかし、これらの事実は、神話にとっては一時的な機能障害や子どもの病気のようなもので、経済成長はいくつかの不平等な結果と同時に、長い目でみれば全面的民主化をも含むのである。だから、ガルブレイスによれば、平等・不平等はもはや今日的課題ではない。かつて、この問題は富と貧困の問題に結びついていたが、「豊かな」社会の新しい構造は、再分配の不平等にもかかわらず、この問題を吸収してしまった。二〇%の「貧乏人」とは、ある種の理由によって工業化社会の外に、経済成長の外にとどまっている人びとのことである。成長の原則は誤っていない。

それは均質化の原則であり、社会全体を均質化しようとしている。

この段階で生じる根本的な問題は、「貧困」の問題である。豊かさを信奉する理想主義者にとっては、貧困は「残りカス」みたいなもので、成長の増加によってやがては吸収されることになっている。とはいえ、貧困は、脱工業化社会の世代においても決して姿を消すとは思われないし、貧困を取り除こうとするあらゆる努力（とくにアメリカ合衆国での「偉大な社会」構想）は、システムのある種の機構とぶつかっているようにみえる。発展のそれぞれの段階において、システムは、経済成長の余分な裾飾りや全面的豊かさへの一種の不可欠なバネとしての貧困を機能的に再生産するといえるかもしれない。説明できないこの残された貧困を、ガルブレイスはシステムの機能障害（無駄な軍事費の優先、私的消費に対する集団的サーヴィスの遅れ等）のせいにしているが、彼の言葉を信じるべきなのだろうか、あるいはまったく逆の推論から、進行中の経済成長さえもこの不均衡の上に成り立っているのだと考えるべきなのだろうか。この点で、ガルブレイスは非常に矛盾している。彼のすべての分析は、ある意味では経済成長のシステムでは「欠陥」がシステムの働きに含まれることを示そうとしているが、それにもかかわらず、彼はシステムそれ自体を告発することになるであろう論理的結論を前にしてたじろぎ、すべての問題をリベラリスト的な視角から手直ししている。

一般的にいえば、理想主義者たちは、次の逆説的事実を確認するだけで満足している。あらゆる対策にもかかわらず、経済成長はその目的（誰もが知っているようにいいことづくめの目的）を悪魔的に逆転することによって、社会的不平等、特権階級、不均衡等を生産し、再生産し、復活させている。ガルブレイスが『ゆたかな社会』で述べているように、結局のところ再分配の代わりをするのは生産の増加だということは認めてもよい（「生産が増加すれば……やがてすべての人びとにとって十分なモノが存在するようになろう」。ところが、流体物理学のそれと似ているこれらの原則は、流体がまさに逆方向に進む現実の社会関係においては決して真実ではない）。また、人びとはガルブレイスの著作から「特権をもたない階級」のために以下のような議論を引きだしている。「所得の再分配をどんな方法でおこなうにしても、むしろ高い成長率の方が貧乏人にとってさえも有利である」（『ゆたかな社会』鈴木哲太郎訳、岩波書店。この一文は、一九五七年にUSスティール会長ブロウが「増やして分けることを学ぶこと」と題する講演で引用したイェール大学教授ウォリッチの言葉であり、ガルブレイスは「生産の増加が平等化に代るものとして現われるに及んで、これが両者（実業家と経済学者）の和解の基礎となった」と述べている）。この種の説はいかにももっともらしいけれど、誤っている。なぜなら、たとえ経済成長がすべての人びとに、絶対量としてはより多くの所得と財への接近を可能にするとはいえ（それは社会学的にみて特徴的なことであるが）、まさに成長の中心において進行しているのはひずみの過程だし、成長に構造と真の意味を与えているのは、このひずみ率にほかならないのだから。ある種の極端な窮乏やいくつかの副次的な不平等の劇的消滅で満足したり、数字や総量あるいは絶対的な増加や国民総生産から豊かさを判断したりすることは、豊かさの構造を分析するよりはるかに簡単ではある！構造的にみて、意味をもっているのはひずみ率であり、これこそが国際的なレベルでは、発展途上国と高度に発達した国とのあいだに広がる格差を、さらに後者の国々の内部では、高所得に対する低賃金の、ピークに達したセクターに対する弱体化するセクターの、都市工業世界に対する農村世界の「失速状態」を明示している。慢性のインフレーションは、すべての名目価値を引き上げることによってこの相対的窮乏化を覆い隠すことに成功しているが、関数と相対的平均値を計算すれば統計表の下のほうに部分的な後退が見つかるかもしれないし、いずれにしても統計表全体からは構造的なひずみが読みとれるのである。固有の論理に従ってシステムがこのひずみのなかで自らを維持し、自己の目的を達成しようとすることがわかれば、ひずみが一時的でかりそめのものだとするいいわけはなんの役にも立ちはしない。このシステムが一定のひずみ率のまわりに安定していること、つまり富の絶対量がどうであろうとも、体系的不平等を含みつつ安定していることとは、とにかく認めることができるはずだ。

実際、理想主義者たちが迷いこんだシステムの機能障害の確認という陰気な袋小路から抜けだす唯一の方法は、そこにシステムの論理が働いていることを認めることである。それはまた、議会での信任投票のように、すべての問題を窒息させる機能をもつ豊かさと乏しさについての誤った問題設定を克服する唯一の方法でもある。

実をいうと、「豊かな社会」も「貧しい社会」も未だかつて存在したことはなかったし、現在も存在してはいない。というのは、どんな形態の社会であろうと、生産された財と自由になる富の量がどれほどであろうとも、あらゆる社会は構造的過剰と構造的窮乏とに同時に結びついているからである。過剰とは、神の取り分、生贄《いけにえ》の部分であり、あるいはぜいたくな支出、剰余価値、経済的利潤、見せびらかし的予算となるべきものである。いずれにせよ、ある社会の富と構造を決定するのは、あらかじめ差し引かれたぜいたくの部分だが、この部分は常に特権的少数者の取り分であって、カーストや階級の特権を再生産する働きをしている。社会学的な平面では、均衡などは存在しない。均衡という概念は経済学者の理想主義的幻覚にすぎず、社会状態の論理そのものによってではないにせよ、少なくともいたるところで確認しうる社会組織体によって反駁《はんばく》されている。あらゆる社会は社会的差異と差別とを生みだすのだが、社会というこの構造的組織体は、とりわけ富の利用と分配の上に成り立っている。ある社会が、われわれの工業化社会のように成長段階に入ったという事実は、この過程を少しも変化させはしない。むしろその反対である。ある意味では、資本主義（一般的には生産至上主義）のシステムは、この構造的デコボコと不均衡を、それをあらゆるレベルで合理化し普遍化することによって、極限にまで押し進めた。こうして、成長の螺旋《らせん》階段が同じ構造の軸のまわりにつくられることになる。豊かさの基本としてのGNP（国民総生産）の虚構を放棄する瞬間から、われわれは、成長がわれわれを豊かさから遠ざけもしなければ近づけもしないという事実を確認しなければならない。成長は、ここでは決定的審級である社会構造全体によって、豊かさから論理的に切り離されているのである。ある種の社会関係や社会矛盾、かつては極端な保守主義のなかで繰り返されていたある種の不平等は、今日では成長を通じて成長のなかで再生産されている。[3]

　以上の事実から、成長について別の見方をしなければならないことがわかる。楽観論者とともに「成長は豊かさを、それゆえ平等を生みだす」とはもういえないし、「成長は不平等をもたらす」という逆の極端な見解も採用できない。成長は平等なものか不平等なものかという誤った問題の設定を逆転して、成長自身が不平等の関数であるというべきなのだろう。「不平等な」社会秩序や特権階級を生みだす社会構造の自己維持の必要性が、戦略的要素として成長を生産・再生産するのである。別のいい方をすれば、技術的・経済的成長の内在的自律性は、社会構造によるこの規定性と比べれば、微弱で二次的なものにすぎない。

全体としてみれば、成長の社会は、民主主義の平等主義的原則（それは豊かさと福祉の神話によって支えられている）と特権と支配の秩序の維持という根本的至上命令との妥協から生じている。技術の進歩が成長の社会をつくったのではない。そうした機械論的見解が未来社会の豊かさについての素朴なヴィジョンをはぐくんでいるけれども、その反対に、技術的進歩の可能性をもたらしたのは、この矛盾した二重の規定なのである。そしてこの規定こそが、現代社会における、いくつかの平等主義的、民主主義的かつ「進歩的」過程の出現を命じている。しかしながら、これらの過程は、社会の存続のためにシステムによって調合された類似療法の薬の分量だけ、現代社会に出現するのだということを理解しなければならない。この体系的過程においては、平等自体が不平等の二次的で派生的な関数となる――成長とまったく同じように。たとえば、所得の平等化傾向は（平等の神話が演じられるのはとくにこのレベルにおいてである）成長過程の内在化のために必要であり、すでにみたように、この内在化は戦術的な意味で、特権と権力の構造にほかならない社会秩序を再生させる。以上のことから、民主化のいくつかの徴候はシステムの生存可能性に必要な

3 「不平等」という言葉は適当ではない。平等・不平等の対立は、イデオロギー的には現代的な民主主義の価値体系に結びついていて、経済的差異の概念をかろうじてカバーするだけであり、構造分析には役立たない。

アリバイということになる。

しかも、これらのいくつかの徴候自身が表面的で疑わしいものなのである。ガルブレイスは経済的（したがって社会的）問題としての不平等の減少を喜んでいるが、それは、彼がいうには、不平等が消滅したからではなくて、富がかつてもっていた本質的利点（権力、享受、権威、尊敬）をもはやもたらさなくなったからである。地主と株主の権力は終わりを告げた。今や、権力を行使するのは組織されたエキスパートや技術者、さらに知識人や学者なのだ！ 大資本家や「市民ケーン」の見せびらかし的な消費は終わり、大金持ちの時代は終わりを告げた。金持ちたちは控え目な消費を信条とするようになった。要するに、心ならずもガルブレイスは、平等が存在するのは（貧富がもはや問題でないのは）、まさしく平等がもはや現実的重要性をもたなくなったからであることをよく示してくれている。平等はもう問題にならない。価値基準はもっと別のところにある。今なお本質的意味をもつ社会的差別や権力は、純粋で単純な所得や富以外の場所へ移転されてしまった。これらの条件のもとでは、あらゆる所得が極端にいって、みな等しくなっても少しもかまわない。しかも、システムがこの方向にもっと突き進んでもかまわないのである。なぜなら平等な所得か否かということはもう「不平等」の根本規定ではないからだ。知識、文化、責任と決定の構造、権力などの基準は今なお富と所得水準とかなり結びついてはいるが、地位の外面的記号とともにこれらを価値の社会的決定因の階梯《かいてい》、すなわち「権威」の基準のヒエラルキーの低位に追いやった。ガルブレイスは、たとえば、金持ちの「控え目な消費」と金銭の上に成り立つ権威の基準の廃絶とを混同している。なるほど、2CV《ドゥ・シュボウ》〔シトロエン社製のフランス大衆車〕を乗りまわす金持ちの姿はもはや人の目をくらませないが、それはずっと微妙な効果を狙っている。彼は消費のやり方、スタイルによって、自分の地位をいっそう高めている。見せびらかしから超見せびらかし的な慎しみへ、量を見せびらかすことから差をつけることへ、金銭から教養へと移行することによって、彼は自己の特権を絶対的に維持するのである。

ところが、「経済的特権の傾向的低落論」とでも名づけられるこの説でさえ、信用のおけるものとはいえない。というのは、金銭はヒエラルキー上の特権や権力的・文化的特権へと絶えず変身するものだからである。けれども、金銭がもはや決定的要素でないということは認めてもよい（決定的要素だったことが一度でもあっただろうか）。ガルブレイスやその他の人びとが見落としているのは、（経済的）不平等がもはや問題にならないという事実自体がひとつの問題となっているということである。経済的分野における「賃金鉄則」の緩和の証明をいささか急ぎすぎて、彼らはそうした確認で満足してしまい、この法則のより大きな理論を構築しようと努めず、またこの法則が「豊かさ」の祝福を受けた所得や「消費」の分野から、もっとずっと広い社会的分野へとどのように移動しているのかを見とどけようともしないのである。このはるかに広い社会的分野ではその法則はより狡知《こうち》であるだけにより不可逆的である。

## 産業システムと貧困

成長と豊かさの儀礼を超えて、産業システム全体についての問題に客観的に取り組むとき、次のふたつの根本的選択が、考えられるすべての立場を要約することになる。

（一）ガルブレイス（およびその他の多くの人びと）の選択。理想主義的で魔術的なこの選択は、一切の否定的現象（システムの機能障害、公害、貧困）を、嘆かわしいけれど偶然的な、したがって長い目でみれば修正できるものとして、システムの外へ払いのけ、成長の魅力的軌道を守りぬこうとする。

（二）システムは不均衡と構造的窮乏によって生存し、その論理は偶然にでなく構造的に両義的であることを認め、システムは富と貧困を同時に生みだし、充足と同様不満を、進歩と同様公害をも生みだすことなしには存続できないと考える立場。システムの唯一の論理は生き残ることであり、この意味でのシステムの戦略は、人類の社会を不安定な状態、絶えざる欠損の状態に保つことなのである。生き残り復活するために、システムが伝統的に戦争を強力な手段としてきたことはよく知られているが、今日では、戦争の機構と機能とは日常生活の経済システムと機構のなかに組みこまれてしまっている。

成長の構造に内在するこの逆説（豊かさの矛盾と逆説はここから生じる）を認めるならば、貧しい人びとつまり人口の二〇％を占める、「特権をもたない」「売れ残り」の人びとの存在と社会の発展そのものの遅れの論理的プロセスとを混同するのは、素朴で欺瞞的な態度である。このプロセスは、現実の個人や場所や集団に限定することができない。群集に感涙を流させる社会的理想である「ニュー・フロンティア計画」[4]を旗印に掲げて、貧困追放と機会均等化のために底辺の階級に何十億ドルばらまいても、また大量の再分配を行っても、このプロセスは祓いのけることができないのだから。「偉大な社会」論者は本気になってこの種の理想を信じていることが多いので、自分たちの「熱心で寛大な」努力の失敗を目のあたりにして彼らがうろたえている様子は、いっそう滑稽というほかはない。

　貧困や公害を取り除くことができないのは、それらが貧民街のなかにではなく他のいたるところに、すなわちスラムのなかにではなく社会—経済構造のなかに存在しているからだ。しかしこれこそまさしく隠さなければならないこと、口にしてはならないことである。この事実を隠蔽するためには、何十億ドルつぎこんでも十分とはいえない（多額の医療支出は、真の病いが他のところ、たとえば心理的領域にあるのだといわせないようにするために必要なのだ、よくある誤解だが）。個人の場合と同じように、ある社会が分析から逃れようとしてかえって自滅することがある。たしかに、分析はシステムにとって命取りになりかねない。したがって、貧困の幻の姿にすぎないものに対する闘いに、無駄な金を何十億ドルつぎこんでも、もしそれによって成長の神話を救うことができれば、決して高すぎる代償とはいえない。さらに一歩進んで、現実の貧困は神話なのだと認めなければならない。貧困との闘いに熱意をもっているふりをしてしかもその隠された目的に従って貧困を

4　最近輸入された「偉大な社会」計画のフランス版。

心ならずも復活させながら、成長の神話がこの貧困の神話によって高揚されるのである。

とはいうものの、産業や資本主義のシステムが絶えず貧困を蘇らせたり、軍備拡張にやっきになったりするのは、これらのシステムが故意に血を好んだり醜悪だったりするせいだと思いこんではならない。道学者風の分析(リベラリストもマルクス主義者もこの分析から逃れられない)は、常に誤っている。失業や社会の発展の遅れた部分や軍事費以外の基礎の上に均衡を保って生き残ることが可能なら、システムは進んでそうすることだろう。事実、そのような事態が起こることもある。好運な社会的諸結果や「豊かさ」のおかげで、権力をむきだしにせずにすむとき、システムは必ずそうするのである。システムは社会の進歩からの「脱落者」にア・プリオリに敵対しているわけではなくて、市民の福祉も原子力も区別しないで同時に自己の目的とするのだが、それは結局、システムにとって両者は内容的に同じものであり、システム自体の目的は別のところにあるからなのである。

戦略的レベルだけで考えれば、システム全体の目的と存続のためにはたとえば軍事費や自動車やカラーテレビなどのほうが、教育や病院や子どもの遊び場などよりずっとたしかで管理しやすく有効である。この消極的識別は実際の集団的サーヴィスを対象としているわけではない。事態はもっと深刻である。システムは自分が生き残るための条件しか認識しようとせず、社会と個人の内実については何も知らないのだ。このことに気づいていれば、(典型的な社会改良主義的)幻想をもたずにすむのである。それは、システムの内容を変えればシステムそのものを変革できるとする幻想である(軍事予算の教育への振替えなど)。それに逆説的ではあるが、これらの社会的要請はすべてゆっくりと、だが確実に、システム自身によって引き受けられ実現されているので、これらの要請を政治綱領とする人びとを空振りさせることになる。消費、情報、コミュニケーション、文化、豊かさ――システムにとって非常に名誉なことには、これらはみな今日では、新しい生産力と同様にシステムによって発見・配置・組織されている。システムにしても、（相対的にではあるが）暴力的構造から非暴力的構造へと転換し、搾取と戦争の代わりに豊かさと消費をめざしているが、誰もシステムに感謝したりはしない。なぜなら、だからといってシステムは変質したわけではないし、自己の固有法則にしか従わないからである。

### 新しい差別

豊かさばかりでなく、公害をも社会論理が貫いている。都市と工業地帯の拡張によって新しい稀少性が姿を現す。空間と時間、きれいな空気、緑地、水、静けさ……かつてはただでふんだんに手に入ったいくつかの財は、特権階級にしか手の届かないぜいたく品になり、その一方で人工的に製造される財やサーヴィスが大量に提供されている。

生活必需品のレベルでの相対的均質化は、価値の「地すべり」的移動と効用の新しいヒエラルキーを伴う。ひずみと不平等は消滅したのではなくて、移転したのである。日常的消費財は社会的地位の象徴にならなくなっている。所得にしても、非常に大きな不均衡が減少するにつれて、差別基準としての価値を失ってゆく。（目に見えるモノへの支出と購買と所有という意味での）消費が、社会的地位の変わりやすい体系のなかで現在果たしている優越的役割を失って、それを他の基準や他の型の行動に譲ることも起こりうるのである。極端にいえば、消費が万人のものとなったときには、それはもはやなんの意味ももたなくなっているかもしれない。

社会的ヒエラルキーはすでにもっと微妙な基準にもとづいている。労働と責任のタイプ、教育・教養水準（日常的財を消費する仕方自体が一種の「稀少財」となりうる）、決定への参加などの基準だ。知識と権力は現代の豊かな社会における二大稀少財であり、あるいはそうなろうとしている。

しかし、これらの抽象的基準もあるがそれだけではなく、他の具体的記号のレベルで差別が増大していることが、今日でもすでに読みとれるのである。住環境における差別は目新しいものではないが、巧妙に仕組まれた土地不足と慢性的投機にますます結びつき、地理的差別（都市の中心部と周辺部、住宅地帯、高級住宅地、郊外のベッド・タウン等）によって、あるいは居住空間（住居の内部と外部）の問題やセカンド・ハウスの所有などによって、決定的になりつつある。現代では、モノよりも空間やその社会的性格のほうが重要なのである。おそらく、住環境はこのために他の消費対象とは逆の機能をもつのである。モノの場合には均質化の機能が働くが、住環境の場合には空間の面で差別化の機能が働く。自然、空間、きれいな空気、静けさなどの稀少財の追求とそれらの価格の高騰という現象は、最上層と最下層の支出の違いとなって現れている。肉体労働者と上級管理職の支出のあいだの差異は、生活必需品では一〇〇対一三五にすぎないが、住居設備では一〇〇対二四五、交通費では一〇〇対三〇五、レジャーでは一〇〇対三九〇となっている。ここに、均質な消費に関する量的な差をみるべきではなくて、これらの数字から、追求される財の質に結びついた社会的差別を読みとるべきなのである。

健康や空間や美や休暇や知識や文化への権利が口々にいわれている。これらの新しい権利が出現するたびに、新しい官庁が生まれている（保健省、余暇利用省）――美観やきれいな空気を保護する官庁というのも出てくるかもしれない。これは制度化された権利によって公認されるだろう個人的かつ集団的な一般的進歩を表現しているらしいが、この現象の意味は曖昧であり、そこに逆のものを読みとることが可能である。空間への権利が生まれたのは、万人のための空間がもはや存在しなくなり、空間と静けさが他人の犠牲の上に成り立つ一部の人びとの特権となったあとのことであり、同様に「所有権」が生まれたのは、土地をもたない人間が出てからのことであり、労働に対する権利が生まれたのも、分業の枠のなかで労働が交換可能な商品となり、その結果もはや特定の個人に属さなくなったあとのことなのだ。同じく、かつて労働がそうであったように、「余暇への権利」の出現も、悠々自適の段階から技術的・社会的分業の段階への移行、すなわち余暇の終焉を予告しているとはいえないだろうか。

豊かな社会のスローガンや民主主義の宣伝ポスターとして吹聴されているこれらの新しい社会的権利の出現は、したがってそれらの権利に関連する諸要素が、階級（あるいはカースト）の特権の差異表示記号の地位を得るようになったことの徴候である。「きれいな空気への権利」の意味するものは、自然の財産としてのきれいな空気の消滅とその商品の地位への移行、およびその不平等な社会的再分配という事実である。したがって資本主義システムの進歩にすぎないものを、客観的な社会の進歩（モーゼの律法表に刻まれるような「権利」）と取り違えてはならない。資本主義的システムの進歩とは、あらゆる具体的自然的価値が徐々に生産形態、つまり（一）経済的利潤、（二）社会的特権の源泉へと変質することなのである。

## 階級的制度

学校が文化的機会の均等化に役立たないように、消費もまた社会全体を均質化するわけではなく、むしろ社会内の差異を強化しさえするのである。この消費、つまり、ますます多くの人が物質的・文化的な同一の（？）財と同一の（？）製品を手にしうることは、社会内部の差異やヒエラルキー、権力と責任をめぐってますます増大する差別を緩和するものとみなしたい誘惑にかられる。だが実は消費のイデオロギーが、学校のイデオロギーと同様、この役割（書くことと読むことの前での完全な平等と同じように、電気剃刀《かみそり》や自動車を前にした完全な平等に対して人びとが抱いているイメージ）を十分に果たしているのである。もちろん、今日では、潜在的には誰でも読み書きができて、同じ洗濯機をもち（あるいはもつだろう）、同じポケットブックを買うわけだが、この平等はまったく形式的であって、最も具体的なものに関わりながら、実は抽象的なのである。しかも事態は逆で、この抽象的な同質性を前提として、つまり読み書きとテレビの受像機のこの抽象的民主主義を前提としてこそ、真の差別のシステムがよりよく機能しうるようになるのである。

　実は、消費のための製品というこの社会制度の記号が、そのように初歩的な民主主義的足場をつくるということさえも真実ではない。なぜなら、それらの製品はひとつひとつ切り離されたのでは（自動車でも電気剃刀でも）、それ自体としては価値をもたないからだ。それらの集合的配置や全体の輪郭、モノとモノの関係、総体的「遠近法」だけが意味をもっている。そしてそれは常に差異表示記号として機能するのである。モノは記号のかたちをとるときにこの構造的規定を受けとる――モノがこうした規定を受けないことはまず不可能なのである。消費のための製品は、学校と同じように他の制度と同一の社会的論理に従うので、ついには自分と正反対のイメージを与えることにさえなりかねない。

　学校もそうだが、消費はひとつの階級的制度である。経済的意味で、モノを前にした不平等（モノの購買や選択や利用が、現実の購買力や階級の上昇の関数としての教育水準によって決定されているのだから）が存在するばかりでなく――要するに、誰もが同じ教育を受ける機会をもたないように、誰もが同じモノをもっているわけではないということだが――、もっと深いところでは次のような根本的差別が存在している。つまり特定の人びとだけが、環境に内在する諸要素（機能的生活、美的素質、高い教養）の自立的で合理的な論理に接近できるという意味の差別だ。これらの人びとはモノとは関係がなく、正確にいえば「消費」しない。他の人びとは、魔術的経済を受け入れざるをえない、つまりモノ自体に価値を与え、他のすべてのもの（思想、余暇、知識、文化）にモノとしての価値を与えざるをえない。実はこの物神崇拝的論理こそが消費のイデオロギーにほかならないのである。

　同様に、知識と教養は、それを開く鍵をもたない（その合理的かつ有効で正しい使用を可能にする暗号を知らない）人びとにとっては、より苛酷《かこく》でより狡猾な文化的隔離の場にすぎない。なぜならば、人びとは知識と教養をただ学習や知的教育としてではなく、補足的マナつまり魔術的な力の貯蔵庫のようなものとして利用しているからである。[5]

## 救霊の次元

そのおびただしい数、そのさまざまな形態、流行の作用、さらにはその純然たる機能を越えたあらゆる性質によって、モノは今なおひたすら社会的価値（地位）を装う。地位、それはある種の人びとにとっては、生まれによってしか与えられない宿命の恩寵であり、大多数の人びとにとっては、その逆の定めによって決してたどりつけないものである。（血統的にせよ文化的にせよ）この世襲される正当性は、結局のところ地位の概念の根底にあるもので、社会的移動のあらゆるダイナミズムを方向づけている。あらゆる渇望の根底には、生まれながらの地位、恩寵と優越をもたらす地位という理想の目標が存在しており、この目標はモノのまわりにもつきまとっている。装飾品やガジェットなどの物神《フェティッシュ》に熱中する世間やこの種の妄想を生じさせるのもやはり地位の観念なのだ。これらのモノはすべて価値の永遠性を表現し、恩寵による救霊の代わりに行いによる救霊を証明しようと努めている。骨董品（それは世襲性や先天的価値や揺るぎない恩寵の記号である）のもつきわめて特殊な権威は、この点に由来するのである。

貴族的原則である恩寵と選択による救霊に対立する、モノによる救霊――つまり民主的原則である行いによる救霊――を強制するのはひとつの階級的論理である。恩寵による救霊は行いによる救霊より常に優れていることは広く認められている。中流以下の階級のあいだでみられるのもいくぶんこの傾向といってよく、そこでは「モノによる証明」と消費による地位とが、自己の価値を精神的に確かめようとする果てしない過程において個人的恩寵と天賦と運命の定めによる地位と肩を並べようという絶望的な試みに、すっかり息切れしてしまっているのである。恩寵による地位は、いずれにせよ上層階級のものであって、上層階級の人びとは文化と権力の行使によって自己の優越性を証明する。

## 差異化と成長社会

以上の事実は、したがって、欲求と豊かさの形而上学を越えて、消費の社会的論理についての真の分析をわれわれに指示する。この論理は、財とサーヴィスの使用価値の個人的取得の論理——奇蹟への権利をもつ者と奇蹟から取り残された者とが存在する不平等な繁栄の論理——とはまったく別のものであり、欲求充足の論理でもない。それは社会的意味をもつもの《シニフィアン》の生産および操作の論理である。この視点に立つと、消費過程は次のふたつの根本的側面において分析可能となる。すなわち、(一)消費活動がそのなかに組みこまれ、そのなかで意味を与えられることになるようなコードにもとづいた意味づけとコミュニケーションの過程としての側面。この場合消

5 この点については第3部第1章の「最小共通文化と最小公倍数」を参照のこと。

費は交換のシステムであって、言語活動と同じである。このレベルでの消費の問題に取り組むことは構造分析によって可能なのだが、この点についてはあとでまた触れることになろう。(一)分類と社会的差異化の過程としての側面。この場合、記号としてのモノはコードにおける意味上の差異としてだけでなく、ヒエラルキーのなかの地位上の価値として秩序づけられる。ここでは、消費が戦略的分析の対象となり、知識、権力、教養などの社会的意味をもつものとともに地位を示す価値として特定の比重を決定される。

分析の原則はやはり次のようなものである。人びとは決してモノ自体を(その使用価値において)消費することはない。──理想的な準拠としてとらえられた自己の集団への所属を示すために、あるいはより高い地位の集団をめざして自己の集団から抜けだすために、人びとは自分を他者と区別する記号として(最も広い意味での)モノを常に操作している。

しかしながら、社会の基本的過程である地位の上での差異化(誰もがこの差異によって社会に組みこまれている)には、生活的側面と構造的な側面とがある。前者は意識的で倫理的(生活程度や地位獲得競争や権威の尺度についてのモラル)であり、後者は無意識的で構造的である。それは個人を越えたところに解読の規則や意味上の制約が存在するといった、そのようなコード(言語の場合と同じだ)への絶えざる登録の過程でもある。消費者は自分で自由に望みかつ選んだつもりで他人と異なる行動をするが、この行動が差異化の強制やある種のコードへの服従だとは思ってもいない。他人との違いを強調することは、同時に差異の全秩序を打ち立てることになるが、この秩序こそはそもそものはじめから社会全体のなせるわざであって、否応なく個人を越えてしまうのである。各個人は差異の秩序のなかでポイントを稼ぎ、秩序そのものを再生産し、したがってこの秩序のなかでは常に相対的にしか記録されない定めになっている。各個人は差異による社会的得点を絶対的得点として体験するわけで、秩序内の位置が取りかえ可能であっても、差異の秩序はなんの変化もこうむらないという構造上の制約を体験するわけではない。

けれども、こうした相対性の強制は、それに準拠してコードへの差異の書きこみが無限に続くというかぎりで決定的である。この強制だけが消費の基本的性格、つまり限度がないという性格を解明できる。この性格は欲求とその充足に関するいかなる理論によっても説明できない。というのは、充足は熱量やエネルギーとして、あるいは使用価値として計算すれば、たちまち飽和点に達してしまうにちがいないからだ。ところが、今われわれの目の前にあるのは明らかにその反対の現象――消費の加速度的増加、つまり巨大な生産力とそれ以上に狂乱的な消費力（両者の調和のとれた均衡という意味での豊かさは果てしなく後退してゆく）のあいだにさえも距離を増大させる需要の攻勢という現象である。この現象は、欲求の充足に関する個人的論理を根本的に放棄して差異化の社会的論理に決定的重要性を与えないかぎり、説明できるものではない。この差異化の論理と威信の単なる意識的規定とを区別しなければならない。なぜなら、これらの規定は依然として欲求の充足であり、プラスの差異の消費だが、差異表示記号のほうは、常にプラスであると同時にマイナスでもある。したがって、これらの記号は他の記号を限りなく指示し、消費者の欲求を決して満たすことがない。[6]

消費システムの安定化が不可能だという事実、つまり消費の熱狂と限りない前進を前にした経済学者や理想主義的福祉論者たちの狼狽は、いつ見ても教訓的である。この種の狼狽は、関係とか記号による差異化ではなく財と所得の増加を中心に据えた見解において特徴的である。だから、ジェルヴァジはこう書く。「所得の上昇が消費の可能性を拡大するにつれて、成長は新製品の着実な導入を伴う」。「所得の増加傾向は新しい財の流れだけでなく、同じ財の質的向上をもたらす」（なぜ、どんな論理的関係でそうなるのか）。「所得の上昇は質の漸進的改良を導く」。またまた、同じ不明瞭なテーゼだ――「収入が多くなればなるほど、より多くより良いものを求める」。――この原則が社会全体にとっても各個人にとっても無差別的に有効であり、誰もが福祉の合理的最適条件をめざしているというわけである。

それに、非常に一般的ないい方をすれば、理想主義者たちにとっては、消費の領域とは均質な領域（所得や「文化」の差異が多少は存在するが）であって、統計的には平均的なタイプの消費者のまわりに割り当てられるものである。これはアメリカ社会を膨大な中間階級の社会とみなす結果出てきた見解だが、ヨーロッパの社会学もおおむねこの見解に従っている。しかしながら、消費の領域は、財のみならず欲求や文化の多様な特徴が、モデルとされている集団や指導的エリート層からその他の社会階層へと（これらの階層の相対的「昇進」に従って）移行する、構造をもった社会的領域である。「消費者の群」なるものは存在しないし、いかなる欲求も標準的消費者なるものから自然発生的に生じることはない。欲求は、それがすでに「セレクト・パッケージ」のなかに移ったあとではじめて「スタンダード・パッケージ」のなかに出現する機会を与えられるのである。モノや財と同様、欲求の順序は何よりもまず社会的選択に従う。欲求とその充足とは、記号による距離と差異化の維持という絶対的原則、一種の社会的至上命令によって、下のほうへ浸透してゆく（trickling down）。社会的差別をもたらす用具としてのモノのあらゆる革新の条件を決定するのはこの法則であり、消費の全領域を貫いているのも、差別をもたらす用具の「上から下への」更新というこの法則であって、その逆の（下から上へ、全面的均質化へと向かう）所得の上昇ではないのだ。

いかなる生産物も、それがもはや高級品の部類に属するものではなくなって他の（距離を保つのに役立つ）差別的な財や欲求に取ってかわられるまでは大量生産の系列に入ることはないし、いかなる欲求も大量に満たされることもない。大衆化現象は頂上での選別的な革新の結果としてのみ実現される。もちろんこの革新にしても、成長の社会ではモノや財の「差別効果の低下率」の関数として行われるのである。ここでもいくつかの先入観にもとづく見解が再検討されねばならない。大衆化現象は固有の機構（マス・メディアなど）をもっているが、その内容についての固有の論理をもっているわけではない。革新が行われるのは頂点においてであり、かつての差異表示記号が存在価値を失ったことへの反動であって、社会的距離を優先するためなのだ。だから中間

6　消費がこうした限りない広がりをもつのは、もちろん第二のレベル（社会的差異化のシステム）においてである。第一のレベル（コミュニケーションと交換）では、消費は言語と同一視することができるが、この場合にはサーヴィスの最終的な用具は（言語表徴のそれとまったく同じように）十分に存在している（未開社会の場合でもそうだ）。言語《ラング》は記号の両義性をもたないために自己増殖しない。この両義性は社会的ヒエラルキーおよび二重の同時規定にもとづいている。その代わりに、言葉《パロール》や文体《スティル》のある種の水準は差別の自己増殖の場となることができる。

層や下層階級の欲求は、モノの場合と同じように、上層階級の欲求に対して時間的・文化的に常に一歩遅れたりずれたりすることになる。これは民主主義社会における差別の最もささやかな形態どころか、重大な問題である。

経済成長に内在する矛盾のひとつは、財と欲求とを同時に生産するとしても、それらを同じリズムで生産するわけではないということである。――財の生産のリズムは産業および経済の生産性の関数だが、欲求の生産のリズムのほうは社会的差異化の論理の関数なのである。ところで、経済成長によって「解放された」（つまり産業システム自身によって、そこに内在する論理的制約に従って生産された）[7] さまざまな欲望が上のほうへ不可逆的に昇ってゆくという現象のうちには、それらの欲求を充足させるよう定められた物質的・文化的財の生産の力学とは別の固有の力学が存在している。都市における社会化や地位獲得競争や心理的離陸《テイク・オフ》が一定の段階に達すると、人びとの渇望はあと戻りできない際限のないものとなり、加速度的に拡大される社会的差異や一般化された相互相対性のリズムに従って増大することになる。「差異を生みだす」この消費の力学に関連した独自の問題がこの事実から生じる。もしこれらの渇望が単に生産力に一致し、それに従うだけなら別に問題はないのだが、実際には差異の論理にほかならない固有の論理によって、これらの渇望はコントロールできない変数となる。それは経済的に計算しうる変数やさまざまな状況に左右される社会的・文化的変数ではなくて、他のあらゆる変数を秩序づける決定的な構造的変数なのである。

たしかに欲求に関してはある種の社会学的惰性が存在することを（この点についての、とりわけ文化的欲求についての調査によれば）認めないわけにはいかない。現実の社会状況に応じて（これらの調査を行った理論家たちが考えるように供給された財に応じてではない）、欲求や渇望がスライドされていることを認めなければならない。このレベルでは社会的移動の場合と同じ過程がみられる。人びとはどんな社会的地位を占めていても、ある種の「現実主義」によって、合理的に望みうる限界をはるかに越える願望は抱かないものである。客観的チャンスよりほんの少しだけ上の願望を抱きつつ、彼らは成長の社会の公式的規範を内面化する。ところが実は、ある限度以上にはほとんど願望をもたずに、彼らはこの社会（拡大するという点ではマルサス主義的世界だが）の拡大の現実的規範を内面化しようとするが、それらの規範は常に可能性の手前にとどまっている。所有するものが少なければ少ないほど、望みも減少する（少なくともまったく非現実的な夢想が欠乏状態の埋めあわせをするような段階に達するまでは）。このように渇望の生産過程さえもが不平等なのである。なぜなら社会の底辺の層におけるあきらめと上層階級におけるより自由な渇望とは、欲求充足の客観的可能性を増大させることになるからだ。とはいえ、ここでもまた問題は全体的に把握されねばならない。職業上のあるいは文化面での渇望よりはるかに柔軟性をもつ（物質的または文化的な）純粋の消費願望は、ある種の階級にとっては上の階層にのし上がれなかったという事実を埋めあわせている。消費衝動は垂直的な社会階梯における満たされない欲求を埋めあわせることができるかもしれない。こうして（とくに下層階級の）「超消費」願望は、地位を求める要求の表現であると同

7　この点については第2部第2章の「新しい生産力の出現とコントロールとしての消費」の項を参照のこと。

時に、この要求の失敗を体験的に示すことになるだろう。

とはいうものの、社会的差別と地位の要求によって活性化された欲求や渇望は、成長の社会では入手可能な財や客観的チャンスにいつも少しばかり先行する傾向がある。それに、欲求の増加を前提とする産業システム自身が、財の供給に比べて欲求が常に超過していることを前提としている（これは労働力から引きだす利潤を最大にするために失業をあてにするのとまったく同じことであり、ここには欲求と生産力[8]との深い類似がみられる）。財と欲求とのあいだのこのひずみをあてにするシステムは、しかしながらひとつの矛盾にぶつかる。経済成長は単に欲求の増加や財と欲求のある種の不均衡だけを伴うのではなく、欲求の増加と生産性の増加とのあいだのこの不均衡自体の増加をも含むのである。この矛盾から「心理的窮乏化」と潜在的かつ慢性的危機の状態が生じる。この危機は構造的に成長と結びついていて、破局の入口、矛盾の爆発へと導きかねないものである。

欲求の増加と生産の増加とを比較すると、差異化という決定的な媒介的変数の存在が明らかになる。したがって、生産物に関する差異化の増大と権威の社会的需要に関する差異化の増大との関係をはっきりさせなければならない[9]。ところで、生産の増加には限界があるが、欲求の増加には限界がない。社会的存在（つまり意味の生産者であり、価値において他者に対して相対的である存在）としての人間の欲求には限度がないのである。食物の摂取量には限りがあり、消化器官の活動にも限りがあるが、食物に関する文化システムは無限であり、どちらかといえば偶然的である。宣伝の狡猾さと戦略上の価値は、まさに次の点に存在している。すなわち、誰にも自分の社会的威信を確認したいという気持ちを起こさせて他人と比較させることである。宣伝は決してひとりの人間だけに対して向けられることはなく、個人を他者との差異表示的関係において標的にしている。個人の「奥深い動機」をひっかけたようにみえるときでさえ、宣伝はいつもよく目立つやり方でそうしているのだ。つまり、彼と親しい人びとや集団あるいは階層化された全体を、読解と解釈の過程、宣伝がつくりだす自己顕示の過程へと呼び出すのである。

小集団の内部では、欲求や競争が安定することがあろう。地位を意味するものと差異を表示する用具のエスカレーションが、そこでは弱いからだ。こうした現象は伝統的な社会や小集団にみられる。われわれの社会のように産業の集中と都市への人口集中現象が著しく、人口密度が高く、人びとがひしめきあって生活している社会では、差異化への要求は物的生産力よりも急速に増大する。全社会が都市化され、コミュニケーションが完璧なものとなったときには、欲求は——欲望によってではなくて競争によって——タテ軸に近づく漸近線《ぜんきんせん》状に飛躍的に増大することになるだろう。

流行の完全な独裁に裏づけられたこのエスカレーション、この差異的連鎖反応の描く軌跡が都市である（この過程は逆に田園や都市周辺地域での急速な文化変容によって都市への人口集中を強めるのであって、

8 それは欲求の「予備軍」である。

9 この差異化の増大は社会階層の上下間の距離の増大や「尺度基準の歪み」を必ずしも意味するわけではなく、差別の増大、両極が接近したヒエラルキー内部での差異表示記号の減少傾向を意味している。均質化や相対的「民主化」は地位をめぐるそれだけいっそう激しい競争を伴うのである。

不可避的な現象である。この現象を阻止できると思うのは単純素朴な見解だ）。人口密度の高さはそれ自体としては魅惑的だが、都市の言説とはまさしく競争そのものである。動機、欲望、出会い、刺激、絶えず耳に入ってくる他人の意見、いつも興奮させられている性欲、情報、宣伝の誘惑、これらはすべて普遍化された競争という現実の基盤の上で、集団的参加という一種の抽象的運命となる。

産業の集中が常に財の生産の増大をもたらすのと同様、都市への人口集中もまた欲求の限りない発生をもたらす。これら二種類の集中現象は同時発生的なものだが、すでにみたようにそれぞれ固有の力学をもっていて、両者の結果は異なっている。都市への人口集中（つまり差異化）は生産力の発達より急速になされるが、この事実こそは都市における疎外現象の基礎である。とはいえ、精神の安定もやっとのことで保たれはするが、それも生産のより首尾一貫した秩序のおかげなのである。増殖する欲求は生産物の秩序のほうへ逆流して、どうにかこの秩序内にとどまることになる。

以上の事実を考えに入れるなら、成長社会は豊かな社会とは正反対の社会として定義されることになる。競争心をかきたてる欲求と生産とのあいだの恒常的なこの緊張、すなわち貧乏性的緊張である「心理的窮乏化」のおかげで、生産の秩序は自分に十分引き受けられる欲求だけを生じさせ、満足させるよう振舞うのである。経済成長の秩序においては、この論理に従えば自立的な欲求は存在しないし、また存在できない。存在するのは成長の欲求だけである。システム内の個人の合目的性を考慮する余地などはなく、システムそのものの合目的性だけが問題となる。ガルブレイス、ベルトラン・ド・ジュヴネル等が指摘しているシステムの機能障害は、すべて論理的に出てくる故障である。自動車と高速道路がシステム自身の欲求だということはわかりやすいが、中間管理職が大学で〔再〕教育を受けること、つまり大学の民主化にしても、自動車と同じくシステムの欲求なのである。[10] システムは実際には自らの欲求を生みだすだけなので、それだけいっそう系統的に個人の欲求というアリバイを楯《たて》にとるのであり、集団的サーヴィスよりもきわめて大きな私的消費の成長（ガルブレイス）はここから生じる。だが、これは偶然ではない。個人の自発性と自然の欲求の崇拝は、生産至上主義の立場に、とっぷりと身をひたしている。最も「理性的な」欲求（教育、文化、健康、交通、余暇）でさえも現実の集団的意味から切り離され、成長から派生した他の欲求と同じように成長の全体的見通しのなかへ引き戻されるのである。

　さらに、成長の社会はもっと深い意味で豊かな社会とは正反対だということができる。財を生産する社会である前に、この社会は特権を生産する社会なのである。そして特権と貧困とのあいだには、社会学的に規定しうる必然的な関係が存在する。どんな社会においても貧困を伴わない特権は存在しない。両者は構造的に結びついている。したがって、成長はその社会的論理からし

10　この意味では「現実的欲求」と「人為的欲求」とを区別することは誤りである。もちろん「人為的欲求」は「本質的」欲求が満たされないという事実（たとえば教育の代わりのテレビ）を隠蔽するけれども、それは成長（資本の拡大再生産）によって普遍化された決定に比べれば二次的なものにすぎない。この決定からみれば、欲求は「自然」でも「人為的」でもないのである。人間の合目的性に関する理論に必ず登場する自然と人為とのこの対立さえもが成長のイデオロギー的産物であって、成長によって再生産され、成長に機能的に結びついている。

て、逆説的にではあるが、構造的貧困の再生産によって定義されるわけである。この貧困は第一次的貧困（財の稀少性）とはもはや同じ意味をもたない。後者のような貧困は一時的なものとみなされるし、現代社会では部分的には吸収されている。しかし、この種の貧困に取ってかわる構造的貧困のほうは決定的なものとなる。なぜなら、それは成長の秩序の論理自身のうちに成長へと駆りたてる機能として、権力の戦略として体系化されているからである。

　結論として、次のようにいうことができるだろう。最も高度な社会的均質化という成長の社会のイデオロギー的仮説と構造的差異化にもとづいた具体的な社会の論理とのあいだには、明らかに論理的矛盾が存在している。この論理的に矛盾した集合体がある総体的な戦略を基礎づけているのである。

　最後にもう一度、あの大いなる幻想、偽の豊かな社会の根強い神話について、つまり「通底器《ヴァーズ・コミュニカン》」という理想主義的図式に従った分配の幻想について強調しておかねばならない。財と生産物の流れは潮の干満のように釣り合いがとれているわけではない。社会的な惰性は自然の慣性とは違って、ひずみと差別と特権にたどりつくことになる。成長は民主主義とは別のものだ。豊かさは差別そのものの関数なのだから、豊かさが差別をなくすことなどできるはずがないのである。

## 旧石器時代、あるいは最初の豊かな社会

あらゆる物質的（および文化的）欲求が容易に満たされる社会という、われわれが豊かな社会について抱いてきた固定観念は放棄されなければならない。なぜなら、この観念は社会的論理を一切捨象しているからである。その上で、マーシャル・サーリンズが「最初の豊かな社会」についての論文で取り上げた見解に従わねばならない。[11] それによれば、いくつかの未開社会の例とは反対に、われわれの生産至上主義的産業社会は稀少性に支配されており、市場経済の特徴である稀少性という憑依観念につきまとわれている。われわれは生産すればするほど、豊富なモノの真っ只中でさえ、豊かさと呼ばれるであろう最終段階（人間の生産と人間の合目的性との均衡状態として規定される）から確実に遠ざかってゆく。というのは、成長社会において、生産性の増大とともにますます満たされる欲求は生産の領域に属する欲求であって、人間の欲求ではないからである。そして、システム全体が人間的欲求を無視することの上に成り立っているのだから、豊かさが限りなく後退しつつあることは明らかである。それどころではない。現代社会の豊かさは稀少性の組織的支配（構造的貧困）が優先するために、徹底的に否定される。

サーリンズによれば、狩猟＝採集生活者たち（オーストラリアやカラハリ砂漠に住む未開の遊牧民）は、絶対的「貧しさ」にもかかわらず真の豊かさを知っていた。未開人たちは何も所有していない。彼らは自分の持ちものにつきまとわれることもなく、それらのものを次々に投げ棄ててもっとよいところへ移動していく。生産装置も「労働」も存在しないので、彼らは暇をみつけて狩りをし

11 「レ・タン・モデルヌ」誌、一九六八年一〇月号。

採集し、手に入れたものをすべて彼らの間で分かちあう。なんの経済的計算もせず貯蔵もしないで、すべてを一度に消費してしまうのだから、彼らは大変な浪費家である。狩猟＝採集生活者はブルジョアジーの発明したホモ・エコノミクスとはまったく無縁であり、経済学の基本概念など何ひとつ知らずに、人間のエネルギーと自然の資源と現実の経済的可能性の手前に常にとどまってさえいる。睡眠を十分にとり、自然の資源がもたらす富を信じて暮らすのである（これが未開人のシステムの特徴だ）。ところが、われわれのシステムのほうは、不十分な人間的手段を前にした絶望や、市場経済と普遍化された競争の深刻な結果である根源的で破局的な苦悩によって（それも技術の進歩とともにますます強く）特徴づけられることになる。

未開社会の特徴である集団全体としての「将来への気づかいの欠如」と「浪費性」は、真の豊かさのしるしなのである。われわれのほうには豊かさの記号しかない。われわれは巨大な生産機構によって、貧困と稀少性の記号を追放しつつある。だがサーリンズもいうように、貧困とは財の量が少ないことではないし、目的と手段との単純な関係でもなく、何よりもまず人間と人間の関係なのである。未開人の信頼を成り立たせ、飢餓状態におかれても豊かに暮らすことを可能にしているものは、結局、社会関係の透明さと相互扶助である。それは、自然や土地や道具や「労働」の生産物のいかなる独占も、交換を封じこめたり稀少性を生みだしたりはしないという事実である。常に権力の源泉となる蓄積は、ここには存在しない。贈与と象徴的交換の経済においては、ほんのわずかの、常に有限の財だけで普遍的富を生みだすのに十分なのだ。なぜなら、それらの財はある人びとから他の人びとへと絶えず移動するからである。富は財のなかに生じるのではなくて、人びとのあいだの具体的交換のなかに生じる。したがって、富は無限に存在することになる。限られた数の個人のあいだでも、交換のたびごとに価値が付加されるので、交換のサイクルには限りがないのだから。この富の具体的で関係的な弁証法が、文明化され、かつ産業化されたわれわれの社会を特徴づける競争と差異化のなかで、欠乏と無限の欲求の弁証法として逆転されてしまっているのである。未開社会の交換の場合には、それぞれの関係が社会の富を増加させるのだが、現代の「差別」社会では逆に、それぞれの社会関係が個人の欠乏感を増大させている。というのは、所有されたモノはすべて、他のモノとの関係において相対化されるからである（未開社会の交換の場合には、モノは他のモノと関係をとり結ぶことによってこそ価値を付与されるのだ）。

したがって、現代の「豊かな」社会では豊かさが失われ、失われた豊かさは途方もない生産の増大や新しい生産力の発展によっても取り戻すことができないだろうと考えることは、矛盾しているとはいえない。豊かさと富の構造上の定義は社会組織の内部に存在するのだから、社会組織と社会関係の革命だけがこの定義をはじめて打ち立てることができるのだといえよう。いつの日にか、市場経済を越えたぜいたくな浪費に立ち戻ることが、果たして可能なのだろうか。浪費の代わりに、われわれには「消費」がある。それは稀少性の双子の姉妹である永久に強制された消費だ。未開人たちに「最初の」（そして唯一の）豊かな社会を体験させたのは社会的論理であった。われわれにぜいたくで見世物的な貧困を強いるのも、やはりわれわれの社会的論理なのである。

Agfa
Free Sample

## 2　消費の理論のために

### ホモ・エコノミクスの屍体解剖《オートプシー》

こんな寓話がある。「昔あるところに、稀少性のなかに住むひとりの男がいた。経済学を通じて多くの冒険と長い旅をしたあげく、男は豊かな社会と出会い、ふたりは結婚した。するとふたりのあいだにはたくさんの欲求が生まれた」。A・N・ホワイトヘッドは「ホモ・エコノミクスの美しさは、彼が求めるものをわれわれが正確に知っているという点にあった」といったが、人間の本性と権利との幸福な結合の時代である現代に蘇ったこの黄金時代の化石人間は、形式的合理性という強力な原則を授けられている。この原則は次の二点に帰着する。

（一）なんのためらいもなく自分だけの幸福を追求すること。
（二）自分に最大限の満足を与えてくれるであろうモノを選好すること。

消費についての（門外漢のあるいは学者の）あらゆる議論は、次のような神話的寓話によって要約される。――人間は欲求を授けられるが、この欲求は彼に満足を与えてくれるモノへと人間を導くという寓話である。そうはいっても、人間というものは決して満足しないわけで（この性格がいつも非難されるのだが）、同じ物語が昔のおとぎ話の古くさい明白さを伴って無限に繰り返されることになる。

ある種の人びとの見解からは、当惑が顔をのぞかせている。「欲求は経済学が関与するあらゆる未知の要素のなかでも、最もしつこく未知なるものである」（ナイト）。しかし、こうした当惑は、マルクスからガルブレイス、ロビンソン・クルーソーからションバール・ド・ローヴにいたる人間学的学説の主張者たちが、欲求についての長ったらしいお説教をあきもせずに繰り返すことを妨げはしない。経済学者にとって、欲求とは「効用」のことである。それは消費を目的とした、すなわち財の効用を消滅させることを目的とした、しかじかの特殊な財への欲求ということだ。だから欲求は手に入る財によってそもそものはじめからすでになんらかの目標＝終わりにふり向けられており、選好もまた市場で供給される生産物の選び抜きによって方向づけられているわけで、欲求とは結局支払い能力のある需要〔有効需要〕である。心理学者たちはもう少し複雑な理論をつくり上げ、それほど「モノ志向」的ではなくそれ以上に本能志向的で、いわば生得的で不明確な必然的性格をもった動機を欲求だとする。最後に登場する社会学者と社会心理学者にとっては、欲求は「社会＝文化的」性格をもっている。学者たちは、個人は欲求を授けられ本性に従って欲求の充足に駆りたてられるものだという人間学的仮説や、消費者は自由で意識的であり自分が何を望んでいるか知っている存在だという見解を疑問視せずに（社会学者は深層心理的動機に疑問をもっている）、こうした観念論的仮定にもとづいて欲求の「社会的力学」の存在を認めようとしている。その上で、集団内の関係から引きだされた順応と競争のモデル（「ジョーンズ一家に負けるな」）や社会と歴史全体に結びついた大がかりな「文化モデル」を登場させるのだ。

彼らのなかには、大雑把にいって三つの立場がある。

マーシャルにとって、欲求は相互依存的で合理的である。

ガルブレイスにとって（彼についてはあとでまた触れることにしよう）、選択は説得によって押しつけられる。

ジェルヴァジ（およびその他の人びと）にとって、欲求は相互依存的だが（合理的計算の結果である以上に）見習い学習の結果である。

ジェルヴァジはいう。「選択は偶然になされるのではなくて社会的にコントロールされており、その内部で選択が行われる文化モデルを反映している。どんな財でもおかまいなしに生産されたり消費されたりするわけではなく、財は価値の体系との関連においてなんらかの意味をもたなくてはならない」。この説は消費を社会統合の視点からみる立場へとわれわれを導く。「経済の目的は個人のために生産を最大にすることではなくて、社会の価値体系との関連において生産を最大にすることである」（パーソンズ）。同様に、デューゼンベリーも同じ意味合いで、ヒエラルキーにおける自分の位置に応じて財を選好することが結局唯一の選択であると述べるだろう。消費者の行動をわれわれが社会現象とみなすようになるのは、選択という行為がある社会と他の社会では異なっていて同じ社会の内部では類似しているという事実が存在するからである。これが経済学者の考え方と異なる点である。経済学者のいう「合理的」選択は、ここでは一様な選択、順応性の選択となった。欲求はもはやモノではなくて価値をめざすようになり、欲求の充足は何よりもまずこれらの価値への密着を意味するようになっている。消費者の無意識的で自動的な基本的選択とは、ある特定の社会の生活スタイルを受け入れることなのである（したがってそれはもはや選択とはいえないのだ！――消費者の自律性や主権についての理論はまさにこのことによって否定される）。

この種の社会学は、アメリカ中間階級の基本的世襲財産を構成する財とサーヴィスの総体としてリースマンによって規定された「スタンダード・パッケージ」の概念において頂点に達する。それは統計的性格をもつ理念的最小限であり、中間層にふさわしいモデルであって、その水準は国民の生活水準指数に応じて規則的に上昇してゆく。それはまた、アメリカ的生活様式（アメリカン・ウェイ・オブ・ライフ）が要約されている理念であって、ある人びとにとってはすでに過去のものだが他の人びとにとっては今なお夢見られてもいるものだ。[12] この場合でもやはり、「スタンダード・パッケージ」は財の内実（テレビ、バスルーム、自動車など）というよりはむしろ順応の理想を意味している。

だが、こうした社会学はわれわれを少しも前進させてはくれない。順応の概念が結局おびただしい数の同語反復的表現を覆い隠しただけだったという事実は別にしても（ここでは「スタンダード・パッケージ」によって平均的アメリカ人が規定され、また「スタンダード・パッケージ」自体が消費財の統計的平均によって規定される――社会学的にいえば、ある個人がある社会に属しているのはある財を消費するからであり、また彼がその財を消費するのはその社会に属しているからだ）、すでにみたように個人とモノとの関係において経済学者たちが使っている形式的合理性という仮説は、この場合、個人と集団との関係に単純に移しかえられているにすぎない。順応と満足とは互いに結びついている。主体とモノ、主体と集団がそれぞれバラバラに設定されていて、さてそれから等価という論理的原則によって互いに適応させられる、というわけだ。「欲求」と「規範」という概念はそれぞれこの奇蹟的な順応の表現にほかならない。

経済学者の効用の概念と社会学者の順応の概念のあいだには、ガルブレイスがいう相違——利潤のための行動や「伝統的」資本主義システムの特徴である金儲け的動機と、組織とテクノストラクチュア〔技術的エリートによる意思決定構造〕の時代に特有の同化と適応の行動とのあいだにある相違——と同じ相違が存在している。順応の概念を主張する社会心理学者やガルブレイスの仕事のなかには顔を出しているが、経済学者の場合には（当然のことながら）姿を見せない根本的問題（経済学者にとっては消費者は相変わらず目的合理的な計算をする理念的に自由な個人にとどまる）、それは欲求の条件づけという問題である。

パッカードの『秘密の説得』とディヒターの『欲望の戦略』（およびその他のいくつかの著作）以来、

12 「リーダーズ・ダイジェスト・セレクション」〔仏語版〕の調査「ヨーロッパにおける消費の構造と見通し」（A・ピアティエ）によれば、ヨーロッパではアメリカ合衆国のような膨大な中間層の図式ではなくて、少数のエリート消費者の図式が現れてくる。この図式は、それなしにはその名に値するヨーロッパ人とはいえないような三種の神器（スポーツカー、ステレオ装置、セカンド・ハウス）にはまだ手が届かない多数者のためのモデルとしての役割を担っている。

とくに宣伝による欲求の条件づけというこのテーマは消費社会論のお気に入りのテーマとなった。豊かさを謳歌し、「人為的な」あるいは「疎外された欲求」を大げさに嘆いてみせるやり方は、いずれも大衆文化そのものを育て上げているのであり、この問題に関し学者がつくりだすイデオロギーに多くの養分を供給してさえいる。このイデオロギーは概して人間主義の伝統に立った古い道徳哲学や社会哲学のなかに根を張っているものだが、ガルブレイスの場合にはもっと厳密な経済的・政治的思索にもとづいているので、われわれはここで彼の見解を『ゆたかな社会』と『新しい産業国家』というふたつの著作をもとに検討してみよう。

手短に要約すれば、現代資本主義の基本問題はもはや「利潤の極大化」と「生産の合理化」とのあいだの矛盾（企業主のレベルでの）ではなくて、潜在的に無限な生産力（テクノストラクチュアのレベルでの）と生産物を売りさばく必要とのあいだの矛盾である。この段階に達したシステムにとっては、生産装置だけでなく消費需要を、価格だけでなくこの価格に応じて求められるだろう内容をコントロールすることが死活問題となる。一般的に狙われている効果は、生産行為に先立つ手段（世論調査、市場調査）やその後の手段（宣伝、マーケティング、条件づけ）によって「購買者から意思決定力――購買者のうちでこれは一切のコントロールを免れている――を奪いとり、それを自由自在に操作できる企業の側に移すことである」。もっと一般的にいえば、「このようにして個人の市場行動や社会一般の考え方は生産者の必要とテクノストラクチュアの目標に順応するのであって、この順応は大企業体制の本質的な特徴（論理的特徴といったほうがよいだろう――著者）なのである。それは大企業体制の成長に伴ってますます重要となる」〔『新しい産業国家』都留重人監訳、河出書房新社、二四六頁）。これはガルブレイスが「公認の因果連鎖」に対比して「逆転した因果連鎖」と呼んでいるものである。前者の場合には、イニシアティブははじめ消費者のほうにあって、市場を通して生産企業に影響を与えるけれども、後者の場合には、市場の動きをコントロールするのは逆に生産企業のほうである。それは、少なくとも傾向としては、生産領域の全面的独裁である。

この「逆転した因果連鎖」は、少なくとも次のような批判的価値をもっている。すなわち経済システムにおいて個人こそが権力を行使するのだという、古典的順序の根本的神話を粉砕するのである。個人の力をこのように強調することは、社会組織を肯定することに大いに役立っていた。つまり、生産領域に内在するあらゆる機能障害、公害、矛盾は、消費者が主権を行使する領域を拡大するという理由で正当化されてしまう。反対に、市場調査や動機調査等のあらゆる経済的ならびに社会心理学的装置（それらによって現実の需要や消費者の潜在的欲求が市場を支配できると人は主張するのだが）は、この需要を販売目的へと誘導するとともに、しかし実はその逆の過程を演出することによって、こうした客観的過程を絶えず隠蔽しておくことを唯一の目的としている。「自動車を売ることとのほうがつくることより困難になったときにはじめて、人間そのものが人間にとって科学の対象となった」というわけだ。

こうして、ガルブレイスはいたるところで、テクノストラクチュアがその帝国主義的拡張のなかで作動させる「人為的アクセル」によって需要がいやがうえにも昂進させられていることを非難する。「人為的アクセル」は、需要の安定化をすべて不可能にしてしまうからだ。[13] 所得、見せびらかし的購買、過剰労働は、狂った悪循環、つまりいわゆる「心理的」欲求の高揚にもとづいた消費の地獄のロンドを形成する。これらの欲求は「自由裁量的」所得や選択の自由の上に成り立っているようにみえるという点で「生理的」欲求とは異なり、こうして意のままに操作できるものとなる。この段階では、宣伝が明らかに主要な役割を果たす（これもまた月並みになった理念である）。宣伝は個人的欲求と財に調子を合わせているようにみえるが、実際にはガルブレイスがいうように、産業システムに調子を合わせているのだ。「広告はこの財貨を重要なものとすることによって、大企業体制を重要なものにしている。そして、これに伴って広告は、テクノストラクチュアに付属する社会的重要性ならびに威信を維持するのにも役立っている」〔『新しい産業国家』前掲訳書、二四二頁〕。宣伝を通じて、システムのほうこそ社会的諸目標を自己の利益のために誘導し、自分自身の目標を社会全体の目標として押しつけるのだ。「ゼネラルモーターズにとってよいことは……」というわけである。

　消費者の自由と主権はごまかしにすぎないということを認めるという点では、またしてもガルブレイス（およびその他の人びと）に同意しないわけにはいかない。「自由」文明全体の到達点である欲求の充足と個人による選択という（とりわけ経済学者たちによって）巧みに保たれているこの幻想は、産業システムのイデオロギーそのものであり、システムの恣意的性格およびあらゆる公害（環境の汚染、文化の堕落等）を正当化しようとしている。――実は消費者は醜悪さというジャングルのなかでは主権者であって、そこでは選択の自由が消費者に強制される。逆転した因果連鎖（つまり消費のシステム）は選挙制度のイデオロギー的補完物となり、これに取ってかわろうとさえしている。個人的自由の描く軌跡であるドラッグストアと選挙の投票所は、したがって体制のふたつの乳房となるのだ。

われわれが欲求と消費の「テクノストラクチュア的」条件づけの分析に多くの頁を割いたのは、今日ではこの分析が全能になってしまっており、さまざまなやり方で「疎外」に関するエセ哲学のテーマとなって社会全体の見解を代表し、それ自体が消費の一部となってしまっているからだ。だが、この種の分析は根本的な異論を受けざるをえない。つまりこの分析の観念論的な人間学的仮説が問題なのである。ガルブレイスにとって、個人のもろもろの欲求は安定化可能である。人間の本性には何かしら経済的原則のようなものが存在していて、「人為的アクセル」の作用がなかったなら人間の目的や欲求および努力にさえ限界を設定するだろうというわけだ。要するにガルブレイスによれば、そこには最大限の満足ではなくて、個人の領域でのバランスのとれた「調和ある」満足をめざす傾向が存在することになり、この傾向は上述の過度に多様化した欲求の充足の悪循環に巻きこまれる代わりに、集団的欲求のこれまた調和のとれた社会的組織に組みこまれるだろうというのだが、こうした見解はまったく空想的である。

（一）「本物」のあるいは「人為的」欲求の充足という原則に立って、ガルブレイスは経済学者たちの次のような「もっともらしい」推論に反論する。「浪費家の女性が新しいドレスから引き

13　これは宣伝がもつ「反凝固化」作用である（エルゴジーの言葉）。

だす満足と、飢えた労働者が一個のハンバーガーから引き出す満足が同一であることの証明は不可能だが、その逆も証明できない。したがって彼女の欲望は飢えた労働者のそれと同じように扱われなければならない」。これに対して、ガルブレイスは「そんな論議はばかげている」という。ところがばかげているとは決していえないのだ（この点に関しては古典経済学者たちのほうが正しいくらいである。ただ彼らはこの同一性を示そうとして単に有効需要のレベルにとどまり、他の問題を一切回避している）。消費者に固有な欲求の充足という点からみても、やはりどこまでが「作為」かという境界線を引くことはできない。テレビやセカンド・ハウスが与えてくれる楽しみは「真の」自由として体験されるので、誰もそれが疎外現象だとは思わない。そんなことをいうのは道徳的理想主義者の知識人くらいなものだが、その結果はせいぜい彼が疎外されたモラリストとみなされるくらいのところである。

（二）「経済的原則」についてガルブレイスはこう述べる。「いわゆる経済開発なるものは、人間が所得に関してその目標に限度を設け、したがってまたその努力についても限度を設けるというこの傾向を克服するための戦略を考案することを少なからず含んでいる」（『新しい産業国家』前掲訳書、三〇九頁）。そして彼はカリフォルニアのフィリピン人労働者の例を挙げている。「借金に迫られるし、いちばんぜいたくな人と張り合う気持が誰しもにはたらいたために、この呑気で幸福なフィリピン人労働者たちは近代的な信頼しうる労働力へと一変してしまったのである」（前掲訳書、三〇九頁）。西欧的なガジェットが経済的刺激の最良の切り札となっているあらゆる発展途上国の場合にも、同じことがいえる。「ストレス」あるいは消費のための経済的訓練の理論とでも名づけられるこの理論はなかなか魅力的だ。産業システムの発達とりわけ一九世紀以降の工場制生産過程において労働者が受けた時間と行動に関する訓練の発展の論理的帰結として、この理論は消費過程に強制された文化変容を明らかにしている。[14] とはいうものの、なぜ消費者が釣り針に「食いつく」のか、なぜシステムの戦略に対して無防備なのかについて説明する必要がある。消費者の「幸福で何ごとにも無頓着な」性質に訴えて、責任をシステムに機械的に転嫁するのはあまりにも安易なやり方である。無頓着に向かう「自然的」傾向などは存在しないし、強制に向かう「自然的」傾向も存在しないのだ。ガルブレイスが見落としたもの――そのために彼は個人をシステムのまったく受動的な犠牲者として登場させざるをえなかったのだが――、それは差異化の社会的論理であり、社会構造において根本的意味をもち「民主主義」社会でも完全に作動している階級やカーストの差異表示的過程である。要するに、ガルブレイスに欠落しているのは差異や地位等についての一切の社会学的考察であって、あらゆる欲求は記号と差別の客観的・社会的要求に従って再組織されることになるという社会学的考察なのだ。この社会的要求は「調和ある」（それゆえ「自然の」理想的規範によって制限可能な）個人的満足としての消費ではなく、無制限な社会活動としての消費の概念を確立するのだが、この点については少しあとでまた取り上げることにしよう。

(三)「欲求は現実には生産の産物である」とガルブレイスは何気なく述べている。曖昧さのな

14 この点については第2部第2章の「新しい生産力の出現とコントロールとしての消費」の項を参照のこと。

いはっきりしたいい方だが、この説は彼のいうような意味では、本物の欲求があってそれが人為的に呪縛されるという考えのより巧妙な表現にすぎない。ガルブレイスがいいたいのは、生産至上主義のシステムがなければ多くの欲求は存在しないだろうということである。一定の財やサーヴィスを生産することによって企業は同時にそれらを受け入れさせるためのあらゆる提案や手段を生みだし、したがって結局それらの財やサーヴィスに対応する欲求を「生産する」と彼はいいたいのだが、ここには心理学的な意味での重大な陥穽《かんせい》がある。ガルブレイスによれば、欲求は完いいいいいいいハ成されたモノとの関係においてあらかじめ狭く特殊化していて、あれこれのモノに対応する欲求しか存在しえず、消費者の心理は所詮ショーウィンドウやカタログのようなものにすぎない。人間についてこんな単純な見方をしてしまうと、経験的欲求は経験的モノの単なる鏡的反映でしかないといった心理的挫折にたどりつくほかはない。ところで、この段階においては欲求の条件づけという説は誤りなのである。消費者がそのような明確な命令にいかに抵抗するか、モノの「鍵盤」上で彼らが自分の「欲求」をいかに巧みに演奏するかということや、宣伝が決して全能ではなくてしばしば逆の反応を引き起こすこと、あるいは同一の「欲求」に関していくつものモノが次々と取りかえられること、などはよく知られている事実である。つまり、経験的レベルでは、心理学的および社会学的なタイプのあらゆる複雑な戦略は生産の戦略を貫徹しているといえるだろう。

だから真なる命題は「欲求は生産の産物である」ではなくて、「欲求のシステムは生産のシステムの産物である」なのである。このふたつの表現はまったく別のものである。欲求のシステムとは、欲求がモノに応じて個別に生まれるのではなく、消費力として、生産力のより一般的な枠内での全面的処分力として生産される現象のことであって、テクノストラクチュアはこの意味において自己の支配力を拡大するということができる。生産の秩序は享受の秩序（正確にいえばこの言葉は以下に述べる意味で正しくない）を自己の利益のために「横どり」するのではなく、享受の秩序を否定し、すべてを生産力のシステムに再組織することによって、これに取ってかわるのである。産業システムの歴史をたどれば、この意味での消費の系譜が明らかになる。

（一）生産の秩序が、伝統的な道具類とは根本的に異なる技術システムである生産力としての機械を生みだす。

（二）次に、以前の「富」や交換様式とは根本的に異なる投資と合理的流通のシステムである合理化された生産力としての資本を生みだす。

（三）さらに、伝統的「仕事」や具体的労働とは根本的に異なる体系的かつ抽象的生産力である賃金労働力を生みだす。

（四）こうして、生産の秩序は欲求と欲求のシステムを生みだす。それは、生産力と生産過程の全面的コントロールのプロセスにおいて上記の三つのシステムを補完する、合理化され、統合され、制御された総体となる生産力としての需要である。システムとしての欲求もまた享受と満足とは根本的に異なっている。これらの欲求はシステムの要素として生みだされるのであり、個人とモノとの関係として生みだされるものではない（同様に、労働力はもはや労働者と彼の労働の産物との関係とは無縁であり、この関係を否定さえするし、また交換価値はもはや具体的で人格的な交換とは関係がなく、商品形態も現実の財とは関係がない等々）。

以上は、ガルブレイスおよび消費に関する「疎外論者」のすべてが見落としていることである。彼らは人間とモノとの関係や人間と自己との関係がごまかされ、曖昧にされ、操作されていることを——モノと同じようにしてこの神話自身を消費しながら——示そうとやっきになっている。なぜなら、自由で意識的な主体を（物語の終わりにハッピーエンドとして再登場させるために）常に前提とするので、彼らは自ら指摘した「システムの機能障害」を悪魔的な力——この場合は宣伝やPRや動機づけ調査で武装したテクノストラクチュア——のせいにすることしかできないのだから。まったく魔術的な思考ではある。個別に切り離された欲求は無に等しく、欲求のシステムのみが存在するのだということを、あるいはむしろ欲求は個人の水準での生産力の合理的システム化のより進歩した形態（その場合「消費」は生産の論理的かつ必然的中継地点となる）にほかならないということを、彼らは理解していないのである。

これまで述べたことによって、敬虔な「疎外論者たち」には説明できない神秘のいくつかが明らかになるだろう。たとえば、彼らは「豊かさの時代」の真っ只中においてもピューリタン的倫理が放棄されず、享受の現代的精神が道徳的で自己抑制的で古風なマルサス主義に取ってかわらなかったことを憂えるのである。ディヒターの『欲望の戦略』全篇は、したがってこれらの古風な精神構造の向きを変え、「裏返し」にひっくりかえすことを狙っているが、たしかに道徳革命が起こらなかった以上、ピューリタン的イデオロギーは相変わらず健在なのだ。余暇の分析をみても、一見快楽主義的なあらゆる行動のなかにこのイデオロギーがどれほど深く浸みこんでいるかわかるだろう。ピューリタン的倫理が昇華や超越や抑圧（ひとことでいえばモラル）を伴って、消費と欲求につきまとっているのは明らかである。消費を内側から推進し、それに強制的で無制限な性格を与えているのはこの倫理にほかならない。そしてピューリタン的イデオロギー自身が消費過程によって活性化される。消費をよく知られているような社会的統合と統御の強力な要素としているのも、やはりこのイデオロギーである。ところで、こうした事実はみな、消費は享受なりとする遠近法に従えば逆説的で説明できない現象だが、反対に欲求と消費が実は生産力の組織的拡大なのだということを認めるなら、すべては説明がつく。そうすれば、欲求と消費が産業革命時代の支配的モラルだった生産至上主義的かつピューリタン的倫理に依存しているとしても、少しも驚くことはない。個人の「私的」領域（欲求、感情、渇望、衝動）を生産力として余すところなく統合することは、抑圧と昇華と集中の図式、システム化と合理化（そしてもちろん「疎外」！）の図式の個人的領域への全般的拡大を伴わないわけにはいかないが、これらの図式こそは数世紀にわたって、とりわけ一九世紀以来、産業システムの建設を支配してきたのだった。

## モノの動勢、欲求の動勢

消費に関するこれまでのあらゆる分析は、ホモ・エコノミクスかせいぜいホモ・プシコ＝エコノミクスという単純素朴な人間学の上に成り立っていた。それは古典経済学のイデオロギーの延長線上に位置づけられる欲求とモノ（最も広い意味での）と満足に関する理論だが、これは巨大な同語反復であってもはや理論とはいえない。「私がこのモノを買ったのは、それがほしかったからだ」という言葉は、火が燃えるのは燃素《フロジストン》があるからだというのと同じことである。こうした経験論的かつ目的論的思考（個人が目的であり、その意識的表象が出来事の論理となる）がマナの概念をめぐる未開人（および民族学者）の魔術的思弁と同類であることを、われわれは別のところで示したことがあった。[15] この種の思弁からは消費に関するいかなる理論も生まれはしない。欲求に関する自然発生的明証は、その分析的考察と同じく消費の凝縮した反映しか与えはしない。

　欲求とその充足についてのこのような合理主義的神話は、ヒステリー症状や心身相関症状に直面した伝統的医学と同じように素朴で無力である。この点について説明しよう。モノは、代わりのきかないその客観的機能の領域外やその明示的意味の領域外では、つまりモノが記号価値を受けとる暗示的意味の領域においては、多かれ少なかれ無制限に取りかえ可能なのである。こうして電気洗濯機は道具として用いられるとともに、幸福や威信等の要素としての役割を演じている。後者こそは消費の固有な領域である。ここでは、他のあらゆる種類のモノが、意味表示的要素としての洗濯機に取ってかわることができる。象徴の論理と同様に記号の論理においても、モノはもはやはっきり規定された機能や欲求にはまったく結びついていない。というのはまさしく、モノは社会的論理にせよ欲望の論理にせよ、まったく別のものに対応しているのであって、それらに対しては、モノは意味作用の無意識的で不安定な領域として役立っているからである。

あらゆる点を考慮に入れれば、モノと欲求はこの場合ヒステリー性のまたは心身相関的転換の徴候と同様、交代可能である。それらは地すべり《グリッスマン》、転移、恣意的にさえみえる限りのない可変性といった同一の論理に従っている。ある病気が器質的なものであれば、症状と器官のあいだには必然的な関係が存在する（それと同じで、道具としてのモノの場合、モノとその機能とのあいだの必然的な関係が存在する）。ヒステリー性の、または心身相関的症状の転換においては、徴候は記号と同様、相対的に恣意的である。頭痛、結腸炎、腰痛、口峡炎《こうきょうえん》、全身疲労、そこには身体的記号表現の連鎖があって、症候はこの連鎖に沿って「ぶらつく」——記号としてのモノあるいは象徴としてのモノの連鎖があり、そのまわりに欲求（モノの合理的合目的性に常に結びついている）ではなくて、欲望《デジール》が「ぶらつく」のとまったく同じことである。しかもその上に、無意識的な社会的論理の及ぼす決定作用という他のなんらかの決定もあるわけだ。

もし欲求をある場所に追いこんだとしたら、つまり欲求を文字通りにあるがままのかたちでとらえて（あれこれのモノへの欲求として）それを満足させようとするなら、症候が現れている器官だけに伝統的治療を施すのと同じ間違いを犯すことになる。その器官が治癒しても、症候はすぐに他の場所に転移するからである。

こう考えると、モノと欲求の世界は普遍化されたヒステリーの世界のごときものだといえるだろう。身体のあらゆる器官とあらゆる機能が変動しながら症候によって示される巨大なパラダイ

15 「国際社会学雑誌」（第四七巻、一九六九年）所載「欲求のイデオロギー的生成」を参照のこと。

ムとなるように、消費においてもモノは、そこでもうひとつの言語が語られ他の何かが語る広大なパラダイムとなる。しかも、こうもいえるだろうか――ヒステリーの場合、病気の客観的独自性を定義することが不可能である（その独自性が実在しないというまさにその理由で）のと同じく、欲求の客観的独自性を定義することが不可能となるようなこうした消失、こうした不断の可動性、つまりある意味するもの《シニフィアン》から他の意味するものへのかくのごとき消失は、欠如にもとづくがゆえに癒されえない欲望の表層面の現実でしかないし、まさに永遠に癒されえないこの欲望こそが次々と出てくるモノや欲求のかたちをとって現れるのである。

社会学的にいえば、次のような仮説を提出することができる（もっとも以下に述べる相反した立場を接合してみることも大変興味深いことであろうし、また基本的な作業ともいえよう）。すなわち、一方には、欲望が充足させられると緊張が和らいだり消えたりするという合理主義的理論とはとうてい両立しがたい事実、すなわち欲求の遁走《とんそう》、欲求の際限のない更新という事実を前にして絶えず素朴に狼狽ばかりしている立場があるが、これに反して、欲求とは決してある特定のモノへの欲求ではなくて、差異への欲求（社会的な意味への欲望）であることを認めるなら、完全な満足などというものは存在しないし、したがって欲求の定義も決して存在しないということが理解できるだろう、と。

だから、欲望の動勢には差異表示的意味作用の動勢が付け加えられることになる（とはいえ両者のあいだに隠喩的関係が果たして存在するだろうか）。両者のあいだで、個々の欲求は次々と現れる対流の中心としての意味しかもたない。この種の欲求は欲求が交代しあう過程においてこそ意味をもつのだが、同時に意味の真の領域――欠如と差異の領域――を覆い隠してしまう。意味の真の領域は欲求の範囲を越えでてしまうものなのだ。

## 享受の否認

モノ（OBJET）を独占したいという願望には対象（OBJET）がない（リースマンのいう「対象のない渇望」）。モノと享受のほうへ導かれるようにみえる消費行動は、実は欲望の隠喩的な遠まわしの表現、差異表示記号を通じた価値の社会的コードの生産といった他の目的に対応している。したがって、決定的な力をもつのはモノの集まりを貫く利害関心という個人的機能ではなくて、記号の集まりを通しての諸価値の交換・伝達・分配という直接的に社会的な機能である。

消費は享受の機能ではなくて生産の機能であって、それゆえモノの生産とまったく同じように個人的ではなくて直接的かつ全面的に集団的な機能だと考えるのが消費についての正しい見解である。伝統的見解をこうしてひっくりかえさないことにはいかなる理論的分析も不可能であり、どんなやり方でこの問題に取り組んでも必ず享受の現象学のほうに引き戻されることになる。

消費は記号の配列と集団の統合を保証するシステムであり、モラル（イデオロギー的価値のシステム）であると同時にコミュニケーションのシステムすなわち交換の構造でもある。消費の社会的機能と組織構造が個人のレベルをはるかに越えた無意識的な社会的強制として個人に押しつけられるという事実の上にこそ、数字の羅列でも記述的形而上学でもないひとつの理論的仮説が成り立ちうるのだ。

矛盾しているようにみえるかもしれないが、この仮説によれば、消費は享受を排除するものとして定義される。社会的論理としてのシステムは享受の否認という基盤の上に確立される。そこでは享受はもはや合目的性や合理的目的としてではまったくなく、その目的が別のところにあるプロセスの個人的レベルでの合理化として現れる。おそらく、享受とは自立的で合目的的な自己目的としての消費を定義するはずのものであろう。ところが、消費とは決してそんなものではないのだ。人びとは自分のために楽しむけれど、消費となると決して自分ひとりでというわけにはいかない（そうした見解は消費についてのあらゆるイデオロギー的論議によって巧妙に仕組まれた消費者の幻想である）。人びとはコード化された価値の生産と交換の普遍的システムに入りこみ、すべての消費者は知らないうちにこのシステムのなかで互いに巻きこみあっているからである。この意味で、消費は、言語や未開人の親族体系と同じように意味作用の秩序なのである。

## 構造分析？

ここでレヴィ＝ストロース的原則をふたたび取り上げることにしよう。消費に社会的事実としての性格を与えるのは、消費が見かけの上で自然から受けつぎ保存しているかにみえるもの（充足と享受）ではなくて、消費が自然から訣別する本質的な手続きである（この手続きが消費をコード・制度・組織のシステムとして規定する）。親族体系が最終的には血縁関係や家系つまり自然的条件によってではなく、任意の分類規則にもとづくのと同様に、消費の体系は最終的には欲求と享受にもとづくのではなくて、記号（記号としてのモノ）と差異のコードにもとづいている。

婚姻の規則は社会集団のなかでの女性の循環を保証する仕方、すなわち生物学的起源にもとづく血縁関係のシステムを婚姻関係という社会学的システムに置きかえる仕方を表現する。こうして、婚姻の規則と親族体系は一種の言語活動として、すなわち個人と集団とのあいだにある種のコミュニケーションを保証するための操作の総体としてみなすことができる。消費の場合にも同じことがいえる。財と生産物の機能的で生命＝経済的システム（欲求と生存の生物学的レベル）に記号の社会学的システム（消費独自のレベル）が取ってかわるのだ。モノと財の規則的流通の基本的機能は女性やコトバの場合と同じであって、やはりある種のコミュニケーションを保証することだといえるだろう。

これらのさまざまな型の言語間の相違についてはあとでまた取り上げることになるが、この相違は本質的には交換される諸価値の生産様式とそれに付随した分業の型にもとづいている。財は女性と違って明らかに生産されるものだし、コトバとは別の仕方で生産される。しかし分配の段階では、財とモノはコトバやかつての女性と同様、人為的で首尾一貫した記号の包括的なシステムを形成する。それは欲求と享受の偶然的世界に取ってかわる文化的システムであり、自然的で生物学的秩序に代わる価値と序列の社会的秩序なのである。

欲求や自然的効用が存在しないといおうとしているわけではない。――現代社会の独自の概念である消費はそんなこととは無関係であることを理解すべきだというのだ。なぜなら、欲求や自然的効用のあるなしの問題はあらゆる社会に当てはまるのだから。われわれにとっては社会学的な意味をもち、現代を消費という記号のもとで特徴づけているものは、ほかでもなくこの消費という一次的水準を記号体系へと全般的に再組織することである。この記号体系は、現代における自然から文化への移行のもろもろの独自な様式のひとつ、おそらくは独自な移行様式そのものである、ということがはっきりしている。

差異化された記号としての財やモノの流通・購買・販売・取得は今日ではわれわれの言語活動でありコードであって、それによって社会全体が伝達しあい語りあっている。これが消費の構造でありその言語体系《ラング》である。個人的欲求と享受はこの言語体系《ラング》に比較すれば話し言葉《パロール》的効果でしかない。

## 娯楽システム、あるいは享受の強制

消費の原則と目的が享受ではないことの最良の証明のひとつは、享受が今日では権利や楽しみとしてではなく、市民の義務として強制され制度化されているという事実である。

ピューリタンは自分自身の人格を、神を最大限に讃えるために利益を生ませるべき企てとみなしていた。彼がそれらの産出のために生活を賭けた「人格的」特質や「ひととなり」は、彼にとっては投機や浪費をせずに管理しておくべき、時期を見はからって投資すべき資本だった。それとは反対に、しかし同じやり方で、消費する人間は自分自身を享受を義務づけられた存在として、享受と満足の企てとしてみなすのである。すなわち、なんとしてでも幸福であろうとし、熱中しやすく、おもねたりおもねられたり、誘惑したり誘惑されたり、分け前にあずかろうとしたり、幸福に充ちて力動的な、そうした存在とみなしているのだ。それは接触や関係を倍化すること、記号とモノを集中的に使用すること、享受のあらゆる潜在力を体系的に開発することなどによる生存の極大化原理である。

消費者つまり現代社会の市民にとって、幸福と享受のこの強制から逃れることは論外だ。この強制は、新しい倫理においては労働と生産の伝統的強制と同じものである。現代人が労働を通して生産にかける時間はますます少なくなっているが、自分自身の欲求と安楽の絶えざる生産と改良にかける時間はますます多くなっている。彼はいつでも自分のあらゆる潜在力、あらゆる消費能力を動員するよう心がけなければならないのである。そのことを忘れると、彼は、どうしても幸福でなければならないのだと、穏やかに、だがしつこく思い知らされるだろう。だから、現代人が受動的だというのは正しくない。彼は常に活動しているし、活動的でなければならない。さもなければ、自分のもっているものに甘んじて反社会的存在になるという危険を冒すことになるだろう。

料理、文化、科学、宗教、セックス等に関する普遍的好奇心(この概念についてはもっとよく検討する必要がある)の再生力はここから生じる。「トライ、ジーザス！」〔さあ、やってみろ！〕というのはアメリカのある宣伝文句だが、「イエス(と一緒)に挑戦しろ！」というわけである。まったく、なんでもやってみなければならない。消費する人間はどんな享受にせよ何かを「しくじる」ことの恐怖につきまとわれているのだから。どんな接触でもどんな経験(カナリー諸島でのクリスマス、ウナギのウイスキー煮、プラド美術館、ＬＳＤ、日本式セックス）でも「興奮」を与えないとは限らない。ここで問題なのはもはや欲望でもなければ特殊な「趣味」やクセでもない。それは漠然とした強迫観念によって動かされた普遍的好奇心であり「娯楽《ファン》のモラリティ」である。そこでは遊ぶこと、自分をしびれさせ、楽しませ、満足させてくれるあらゆる可能性を徹底的に開拓することが強いられるのである。

## 新しい生産力の出現とコントロールとしての消費

したがって消費とは、デュルケムの定義によれば形式的規則に支配されるのではなくて個人的レベルでの欲求の無秩序や偶然に委ねられているようにみえるのだから、一見無規制的《アノミック》なセクターにすぎないかのようだ。消費はふつう考えられているように（このために経済学は結局消費について語るのがいやでたまらないのだが）、不確定的でマージナルなセクター（そこでは他のあらゆるところで社会的規則に縛られている個人が、自分だけの「私的」領域で自由や私的行動の余地を見出すといわれる）ではまったくない。それは活動的で集団的な行動であり、強制であり、モラルであり、制度でさえある。消費とはひとつのまとまった価値システムであって、システムという用語が集団統合と社会的管理の機能として含みもっているすべての要素を伴っている。

消費社会、それはまた消費の仕方を学習する社会、消費についての社会的訓練をする社会でもある。つまり、新しい生産力の出現と、高度の生産性をもつ経済的システムの独占的再編成に見合った社会化の新しい特殊な様式といえるだろう。

この社会では、クレジット（信用販売制度）が、まだ支出の一部を占めるだけとはいえ、決定的役割を果たしている。この制度は消費社会の典型的概念でもある。なぜなら、支払いに特典を与えたり豊かさへの接近を容易にするという謳《うた》い文句や、「古くさい節約のタブーから解放された」快楽主義的精神の旗印の下で、クレジットは実際、消費世代の人びとに強制的貯蓄や経済的計算についての体系的な社会経済的訓練を施しているからである。この訓練を受けなければ、彼らは生活に埋没して需要の計画化から洩れてしまっただろうし、消費力として開拓されることもなかっただろう。クレジットは貯蓄の略取と需要の調整の訓練過程である。——賃労働が労働力の略取と生産性の増大の合理的過程だったのとまったく同じことだ。ガルブレイスが挙げているプエルトリコ人（正確にはフィリピン人）の例（彼らは消費社会に投げこまれることによって、今までの受動的で何ごとにも無頓着な性格を捨て現代的労働力となった）は、現代の社会経済秩序における調整され、強制され、教育され、刺激された消費の戦術的価値についての輝かしい証明である。マルク・アレクサンドルが「ネフ」誌上（「消費社会論」）で述べているように、このことは、クレジット（それが強制する訓練と支出上の制約）を通じ、予測計算や投資や資本主義的「基礎」行動に向けて大衆を心理的に訓練することによって可能となった。ウェーバーが近代資本主義的生産至上主義の基礎にあるとした合理的で厳格な規律主義の倫理がこうしてこれまでそれを免れていた一大領域を占拠する。

現在行われている体系的で組織された消費に対する訓練が、実は一九世紀を通じて行われた農村人口の産業労働に向けての大がかりな訓練の二〇世紀における等価物であり延長にほかならないという事実は理解されていない。生産のセクターで一九世紀に起こった生産力の合理化の過程が二〇世紀に入って消費のセクターでひとつの到達点に達するのである。労働力として彼らを社会化した産業システムはさらに前進して完成されねばならなかったし、消費力として大衆を社会化（つまりコントロール）しなければならなかった。消費するしないが自由であった戦前の小額貯蓄者や無統制な消費者は、このシステム内では御用済みなのである。

われわれは新しい時代に入った。決定的な人間的「革命」が苦難に満ちた英雄的生産時代を克服して幸福な消費時代を産みだし、人間とその欲望の復権がついに可能になったのだ——消費に関するイデオロギーはわれわれにそう思いこませようとしているが、現実はまったく異なっている。生産と消費は、生産力とその統制の拡大再生産という唯一の同じ巨大な過程のことなのである。システムの至上命令は、ところがそれとは逆のかたちで、つまり欲求の解放や個性の開花や享受や豊かさなどのかたちで人びとの精神状態や日常的な倫理とイデオロギーのなかに入りこんでゆく。それは実に巧妙である。支出と享受と勘定抜き（「お買物は今すぐ、お支払いはあとで」）といったテーマが、節約と労働と資産という「ピューリタン的」テーマに取ってかわったのだ。だが、この交代が人間的な革命であるのは見かけだけである。実をいえば、それは従来の一般的過程と本質的には不変のシステムとの枠組みのなかで、（相対的に）無効になった価値体系を他の価値体系で置きかえることである。新たな目的性となるはずであったものは、その現実の内容を失ってシステムの再生産の強制的媒体となってしまったのである。

消費者の欲求とその充足は、今日では他の生産力（労働力など）同様強制され合理化された生産力となっている。これまで不十分ながらも検討してきたかぎりではどこでも、消費はいたるところで生きられたイデオロギーとは逆の強制の次元として現れた。消費は次の二種の強制によって支配されている。すなわち、

（一）構造分析のレベルでの意味作用に伴う強制

（二）戦略的（社会的・経済的・政治的）分析における生産と生産循環に伴う強制

したがって、豊かさと消費はすでに実現されたユートピアではない。それらは基本的には同一の過程によって支配されてはいるが、新しいモラルによって重層的に決定される新たな客観的状況であって、すべては同一の拡大されたシステムのなかで制御された再統合に向かって進みつつある生産諸力の新たな領域にまさに対応している。この意味では、客観的「進歩」なるものは存在しない（まして「革命」など存在するはずがない）。現実に起こっているのは、今までと同じことかせいぜい少しばかり違ったことにすぎない。それは日常性のレベルでさえ感知される、豊かさと消費の全面的な両義性という事実を産み落とした。すなわち豊かさと消費が常に（歴史とモラルの彼方の幸福の仮定という）神話として体験されるとともに、新しいタイプの集団的行動への適応の客観的過程として耐え忍ばれるのである。

市民的強制としての消費について、アイゼンハウアーは一九五八年にこう語った。「自由社会

では、政府は個人や私的集団の努力を励ますことによって、経済成長を最もよく奨励することになる。金《マネー》はもちろん国家によって有効に使われるが税金の重荷から解放された納税者によっても同じ程度に有効に使われるだろう」。まるで消費が直接に強制されなくとも社会的給付として有効に課税に取ってかわりうるかのようだ。「タイム」誌は次のように付け加えている。「国庫から割戻《わりもど》された九〇億ドルを手にした消費者たちは、二〇〇万の小売店へ豊かさを求めて殺到した。……扇風機をエアー・コンディショニングに取りかえることによって、自分たちの力で経済を発展させられるのだということを彼らは理解した。五〇〇万台の小型テレビと一五〇万台の電動肉切り機等を買うことによって、彼らは一九五四年のブームを保証したのだった」。要するに、消費者たちはこうして市民としての義務を果たしたわけである。「節約は反アメリカ的行為だ」とホワイトはいった。

　英雄時代の「労働力の鉱脈」の等価物である、生産力としての欲求についても同様だ――たとえばコマーシャル映画のための宣伝。「大スクリーンのおかげで、映画は製品の色やかたちや動きをありのままに見せてくれる。広告を流す契約を結んでいる二五〇〇軒の映画館には、毎週三五〇〇万人の観客が入っている。彼らの六七％は一五歳以上、三五歳以下である。彼らは最大限の欲求をもった消費者であり、買う気になれば実際に買うことができる力をもっている……」。まったくそのとおり、彼らは（労働の）力に満ちあふれた存在なのだ。

個人の演算機能

「個人は貯蓄ならびにその結果生ずる資本を供給することによって大企業体制に奉仕しているのではない。彼はその生産物を消費することによって大企業体制に奉仕しているのだ。宗教、政治、道徳等、いかなる他の事柄についても、個人はかくも大がかりに、巧妙に、費用をかけた教導を受けてはいない」〔ガルブレイス『新しい産業国家』前掲訳書、五四頁〕

システムは労働者（賃労働）としての、節約家（税金や債務による）としての人間を必要とするが、最近ではそれ以上に消費者としての人間をますます必要としている。労働生産性は技術や組織にますます依存し、投資も企業自身にますます依存するようになっている（ポール・ファブラの論文「大企業による超過利潤と蓄積の独占」〈一九六九年六月二六日付「ル・モンド」紙〉を参照のこと）。今日必要とされており、また実際かけがえのない個人とは、消費者としての個人にほかならない。したがって技術・官僚的《テクノピューロクラティック》構造が拡大を続けるかぎり、いつの日にか個人主義的価値システムが頂点に達するだろうということは予測できる。そしてこの価値システムの重心は競争段階の資本主義の先頭を切っていた企業主や個人的貯蓄家から個別的消費者へと移動し、技術・官僚的構造が拡大を続けるかぎり全個人に拡がる。

自由競争の段階では、資本主義は愛他主義と入り混じった個人主義的価値体系によってなんとか維持されていた。伝統的精神を受け継いだ愛他主義的社会道徳というつくり話が社会関係がつくる敵対関係を「吸収」していたのである。「道徳的法則」は「市場法則」が競争過程から生じたように、個人間の敵対から生じた。このモラルは社会の均衡というつくり話をどうにか維持していた。キリスト教徒の共同体における個人の救霊や他人の権利によって制限される個人の権利を、人びとは長いあいだ信じこんでいたのである。今日では、そんなことは不可能になった。「自由市場」が実質上姿を消して官僚的・国家的・独占的コントロールに座を譲ったのと同じように、愛他主義的イデオロギーはもはや最小限の社会的統合を取り戻すにも不十分となった。他のいかなる集団的イデオロギーも、これらの価値に取ってかわるわけにはいかなかった。国家による集団的制約だけが個人主義の増進を妨げようとする。「消費社会」としての政治的市民社会の深い矛盾はここから生まれる。システムは消費者の側の個人主義をますます助長させずにはいられないが、他方ではこの個人主義をますます厳しく抑圧しなくてはならない。この矛盾は愛他主義的イデオロギーの増加によってしか解決できないのである（このイデオロギー自身が官僚制化されている。つまり気づかいや再分配や贈与や無償給付、あるいはあらゆる慈善的な宣伝や人間関係などによって〝社会の潤滑油〟の役割を果たす）[16]。だが、こうしたイデオロギーはそれ自身消費の体系に入りこんでいるのだから、この体系の均衡状態を保つには十分とはいえないだろう。

消費はしたがって、個人消費者の細分化による社会的統御の強力な要素ではあるが、消費過程に絶えず強力に作用する官僚的強制を必然的に伴っている。この結果、こうした強制が自由の支配としてますます盛んに称揚される。どうにも手のつけようがない。

自動車と交通システムは、個人消費の果てしない増加、集団的責任と社会的モラルへの必死の呼びかけ、ますますひどくなる強制といったあらゆる矛盾の重要な範例である。ここには次のような逆説が隠されている。「消費水準は社会的貢献度の公正な尺度である」と個人に向かって繰り返しておきながら、同時に彼に別種の社会的責任をとるよう要求することはできない。というのは、個人的消費の努力をすることによって、彼はすでにこの社会的責任を十分に果たしているのだから。もう一度強調しておこう。消費はひとつの社会的労働なのだ。消費者は（今日ではおそらく「生産」のレベルでと同様に）このレベルにおいても、やはり労働者として必要とされ動員されている。けれども「消費の労働者」に対して、彼の賃金（彼の個人的満足）を集団の善のために犠牲にするようにと要求してはなるまい。何百万人もの消費者たちは社会的潜在意識のどこかに疎外された労働者としてのこの新しい地位について一種の実践的な直感をもっていて、社会的連帯への呼びかけを欺瞞的なものとみなすのであり、この呼びかけに対する彼らの執拗な抵抗は政治的自衛反応にほかならない。消費者の「猛烈なエゴイズム」は、豊かさと安楽な生活についてのあらゆる大げさな讃辞にもかかわらず、やはり彼が現代社会の新しい被搾取者であることについての漠たる潜在意識なのである。このような抵抗や「エゴイズム」がシステムを解決できない矛盾へと導き、システム自身はそれに対して強制を強めることしかできないという事実――これはひたすら消費が膨大な政治的領域であることを証明している。この政治的領域に関する分析は、生産に関する分析のあとで、またそれと同時にこれからなされなければならない。

16　この点については第3部第4章の「気づかいの秘蹟」を参照のこと。

消費についてのあらゆる言説は消費者を普遍的人間とすること、すなわち人類の一般的・理想的・究極的な体現者とすることをめざし、さらに消費を政治的・社会的解放の挫折の代わりにすること、またこの挫折にかかわらずなしとげられるであろう「人間解放」の前提にすることをめざしている。だが、消費者は決して普遍的存在ではない。彼は政治的・社会的存在であり、ひとつの生産力であって、そのような存在として根本的な歴史的問題をふたたび提起するのである——すなわち、消費手段(生産手段ではない)の所有、経済的責任(生産の内容についての責任)などの諸問題である。ここには深刻な危機と新たな矛盾がひそんでいる。

## 消費的自我(エゴ・コンスマンス)

アメリカの主婦たちのストライキあるいは消費財の散発的破壊(一九六八年の五月革命やアメリカの女性たちが自分のブラジャーを公然と焼き捨てたノーブラ・デー)を別にすれば、この新たな矛盾は意識的なかたちではこれまでほとんどどこにも姿を見せなかったが、今やすべてが逆転しはじめているといわねばならない。「現代社会で消費者が代表するものは何か。無である。彼は何になろうとしているのか。すべてに、ほとんどすべてにである。消費者は何百万という孤独な人びとの集団であり、互いに連帯していないので、あらゆる利害関係にもてあそばれているのである」(「コオペラトゥール」誌、一九六五年)。この点に関しても、個人主義的イデオロギーが(たとえ矛盾が隠蔽されている場合でも)非常に強く作用しているといわなければならない。労働力の自己喪失による搾取は、社会的労働という集団的セクターに関わっているので、ある一定の段階からは人びとを連帯させる。搾取は相対的意味での階級意識をもたらす。消費対象や消費財の管理された所有は個人主義的傾向をもち、没連帯的で没歴史的傾向をもつ。生産者たるかぎりでまた分業という事実によって、労働者は集団の一部である。したがって搾取は万人の搾取なのである。消費者たるかぎりでは、ひとはふたたび孤立し、バラバラに細胞化し、せいぜい互いに無関心な群衆となるだけである（家庭でテレビを見ている人びと、スタジアムや映画館の観衆など）。消費の構造は非常に流動的であると同時に閉鎖的である。自動車をもっている人びとが自動車登録税《ヴィニェット》に反対して同盟を結成したり、テレビの視聴者たちが番組に集団で抗議したりする事態が想像できるだろうか。何百万人もの視聴者がテレビのCMに個別的に抵抗することはありうるだろうが、しかしやはりCM放送は行われるだろう。したがって、消費はまず個人的対話として演じられ、個人的満足や失望とともにこのような最小限の交換のなかに姿を消してしまう。消費の対象は人を孤立させる。私的領域は具体的な否定性をもたない。なぜならこの領域は否定性をもたないモノだけからなる閉ざされた空間だからである。私的領域は生産システムによって外側から構造を与えられている。生産システムの戦略（この段階ではイデオロギー的ではなくて常に政治的な）、つまり欲望の戦略は今度はわれわれの存在の内容、その単調さと気晴らしを占拠することになる。あるいはすでにみたように、消費対象が社会的地位の階層化をつくりだすわけだ。消費対象は、たとえ人びとを孤立させないにせよ、やはり差別し、消費者をあるコードに集団的に割り当てるが、だからといって逆に集団的連帯を生みだすというわけではないのである。

要するに消費者は、消費者たるかぎりは一九世紀初頭の労働者がそうであったように、無自覚で未組織である。だからこそ、彼らは世論（神秘的で神がかってさえいる「至上の」世論）という欺瞞によって、いたるところでおだてられ、へつらわれ、ほめたたえられている。民衆が民主主義制度の内側にとどまるかぎり（政治・社会的場面に介入しないかぎり）民主主義によっておだてられているのと同じように、消費者もやはり社会的場面で何がしかの役割を演じないかぎりは主権者（カトーナによれば「強力な消費者《パワフル・コンシューマー》」）に祭り上げられている。民衆とは未組織状態におかれたかぎりでの労働者のことであり、公衆や世論とは消費だけに甘んじているかぎりでの消費者のことなのである。

## 3　個性化、あるいは最小限界差異

### 自分自身であるべきか否か、それが問題だ

どんなに要求の多い女性でも、メルセデス・ベンツがあれば個性的な好みと欲望をきっと満足させられるにちがいありません！　シートの皮の色や車体の色から、ホイール、スタンダードあるいはオプショナル仕様の数多くの便利な装置にいたるまでの付属品のすべてが彼女を満足させるでしょう。男性も、車の技術的特性や性能がとくに気になるとはいえ、やは

り喜んで奥様の願いをかなえてあげようとなさることでしょう。ベンツを選んだあなたの趣味のよさに奥様がうっとりするのを見て、あなたは誇らしく思うはずです。お好みによって七六色六九七種類の内装のベンツのなかから、あなた自身のベンツをお選びください……。

自分の個性を発見してそれを発揮すること、それは本当に自分だけの楽しみを発見することです。そのためにはほんのわずかのものがあれば十分。私は長いことかかってやっと気がつきました。髪の毛をほんの少しだけ明るい色合いにすることで、私の肌や眼の色にぴったり合ったハーモニーが生まれるということに。このブロンドのヘアカラーを私はレシタルの染髪シャンプー・シリーズのなかから見つけました……本当に自然なレシタルのヘアカラーを使うようになってから、私は変わったのかしら。いいえ、今までよりずっと本当の私になったのです。

数多くの宣伝のなかから選んだこれらふたつの文章は、「ル・モンド」紙とある女性週刊誌から引用したものである。それぞれが扱っている商品の権威の程度には大変な差がある。豪華なメルセデス・ベンツ３００ＳＬとレシタル染髪シャンプーの「ほんの少しだけ明るい色合い」とのあいだには、全社会のヒエラルキーが渦巻いている。ふたつの文章に登場するふたりの女性はたぶん決して出会うことがないだろう（ことによると地中海クラブ《クラブ・メッド》で出会うかもしれないが）。社会全体がふたりを切り離しているけれど、差異化と個性化という同じ強制がふたりを結びつける。一方が

〈A〉なら他方は〈非A〉だが、「個性的」価値の図式は両方にとって、そしてわれわれにとっても同一である。「オプショナル」な商品の「個性化された」ジャングルのなかに道を切り開いて、ナチュラルな顔色を浮かび上がらせてくれるファンデーション、つまりわれわれの奥底にひそむ特異性を明らかにしてくれる何かを、われわれをほかならぬわれわれ自身にしてくれる差異を、必死になって探し求めているわれわれすべてにとっても。

消費のこの基本的テーマを表現している言葉の絶望的なアクロバットや魔術的で不可能な総合を求める絶えざる試みのうちに、このテーマが内包する矛盾のすべてが感じられる。ある人が何ものかであれば、自分の個性を発見できるのだろうか。この個性があなたにつきまとっているとき、あなた自身はいったいどこにいるのだろうか。もしある人がすでに自分自身であるなら、「本当に」自分自身になる必要があるだろうか。いいかえれば、もし偽りの「自分自身」が存在するとしたら、存在の奇蹟的統一を取り戻すためには「ほんの少しだけ明るい色合い」を加えるだけで十分なのだろうか。「本当」に自然なブロンドのヘアカラーとはいったいどういうことだろう。このブロンドは自然なのか、そうでないのか。そして、もし私が私自身であるなら、どうして「今までよりずっと本当の」私自身になったりできるだろうか。それでは昨日の私は私ではなかったのか。私は二乗的に高まることができるのだろうか。企業の資産中の一種の剰余価値のように、自分自身に価値を付加することができるのだろうか。この種の非論理的表現、すなわち今日個性を口にするすべての人びとを蝕《むしば》んでいるこの内在的矛盾については、何千もの例を見つけることができるだろう。ところで、リースマンはこう書いている。「今日最も求められているもの、それは機械でも財産でも仕事でもなく、個性《パーソナリティ》である」。個性化についての呪文のような文句の繰返しは、次のスローガンによって頂点に達する。「あなたの手であなたの住まいを個性的に！」

このように自分のことを「幾重にも重ね合わせる」方式（自分で自分自身を個性化する……！）は現在進行中の事態の真相を打ち明けてくれる。真相をあからさまにできないためにもがいているこのレトリックのすべてが語っていること、それは個性など存在しない〔誰もいない〕という事実にほかならない。かけがえのない特質と特別な重みをもった絶対的価値としての「個性」（この概念を、ヨーロッパの伝統は情熱と意志と特性あるいは平凡さをもった主体を創造する神話として鍛え上げたのだった）、そんな個性は存在せず、すでに死滅してわれわれの機能的世界から放りだされてしまった。このもはや存在しない個性、失われた審級が、今や「個性化」されようとしているのである。差異の多様化、つまりメルセデス・ベンツや「ほんの少しだけ明るい色合い」やその他数多くの集中的あるいは散在的な記号のなかで、記号の力によって抽象的なかたちで復活しようとしているのはこの失われた存在であり、それは総合的な個性を再創造し、結局は最も完全な無名性のうちに砕け散る。なぜなら、差異とはもともと名づけようのないものだからである。

## 差異の産業的生産

すべての宣伝には意味《サンス》が欠如している。宣伝は意味作用《シニフィカシオン》を伝達するだけである。宣伝の意味作用（およびそれが引き起こす行動）は決して個性的なものではなく、まったく差異表示的であり、限界的《マージナル》で組み合わせ的である。つまり、宣伝の意味作用は差異の産業的生産に由来している。この事実こそ消費のシステムを最も強力に定義づけるものといえるだろう。

個人を特徴づけていた現実的差異は、彼らを互いに相容れない存在としていた。「個性化する」差異はもはや諸個人を対立させることなく、無限に続く階段の上に階層化していくつかのモデルのうちに収斂《しゅうれん》していく。差異はこれらのモデルにもとづいて巧妙に生産され再生産されるのである。それゆえ、自己を他者と区別することは、あるモデルと一体となること、ある抽象的モデルやあるモードの複合的形態にもとづいて自己を特徴づけることにほかならず、しかもそれゆえにあらゆる現実の差異や特異性を放棄することでもある。特異性とは、他者や世界との具体的対立関係においてしか生まれないからだ。これこそ差異化の奇蹟でもあり悲劇でもある。こうして消費過程全体は（洗剤の商標のように）人為的に数を減らされたモデルの生産によって支配される。そこでは他の生産部門の場合と同じように独占化の傾向がみられる。差異の生産の独占的集積が存在するわけだ。

独占と差異とは論理的に両立しえないというのはばかげた見解である。両者を結びつけることが可能なのはまさにここでいう差異が本当の差異ではないからである。つまり、差異がある人の個人的特徴を意味せずに、逆にコードへの彼の従属、諸価値の流動的階梯への組みこみを示すものだからである。

「個性化」には、現在いたるところで進められている環境の「自然化」に類似した効果がある。「自然化」とは、自然を解体したあとで記号として現実のなかへ復活させることである。こうして、ひとは森を切り倒して「緑の都市」と命名された集落を打ち立てる。そこにはいくらかの樹木が植えられて、それが自然の「代わり」をするというわけだ。あらゆる宣伝につきまとう「自然らしさ」は、したがって「メイクアップ」の効果をもつことになる。「ウルトラ・ビューティは長持ちするムラのないビロードのようなお化粧をお約束し、お肌に夢のような自然の輝きをそえます」、「本当だ、私の妻は化粧をしていないみたいだ！」、「目には見えませんがちゃんとついているこの頬紅のヴェール」。このように、あるモノの「機能化」はいたるところでその客観的機能の上に覆いかぶさり、これに取ってかわろうとする一貫した抽象的作用なのである（「機能性」は使用価値ではなくて、記号としての価値である）。

「個性化」の論理も同様であって、自然化・機能化・教養化等々と同時現象である。これらの現象の生まれる一般的過程は歴史的に規定される。産業の独占的集中は人びとのあいだの現実的差異をなくし、個性と生産物を均質化し、こうして同時に差異化の支配への道を開くことになった。この過程は、宗教運動または社会運動の場合と少しばかり似かよっている。教会や社会制度が確立されるのは、これらの運動が元来もっていた衝撃力が退潮したときである。ここで問題にしている場合でも、差異の崇拝はもろもろの差異の喪失の上に成り立つのである。[17]

こうして現代の独占的生産は決して単なる財の生産ではなく、常に諸関係の（独占的）生産であり、もろもろの差異の生産でもある。だから、巨大な企業トラストと微小な消費者、生産の独占的構造と消費の個人主義的構造のあいだには論理的共犯関係が存在している。というのは、個人がむさぼるように消費する差異はまた一般化された生産の重要なセクターのひとつなのだから。同時に今日では、独占の名のもとに非常に幅の広い均質性が生産と消費のさまざまな内容（財、生産物、サーヴィス、関係、差異）を結びつけている。かつては別々だったこれらのものは、今日ではすべて同じ様式に従って生産されており、同じ仕方で消費されるべく運命づけられている。

組み合わせ的人格の内部には上述の組み合わせ的文化が反映している。この文化がマス・メディアを通じて行われる最小共通文化（P・P・C・C）への集合的ルシクラージュ*〔再訓練〕であったように、個性化は最小限界差異（P・P・D・M）への日常的ルシクラージュである。つまり、スタイルや地位がそれによって明らかになるような小さな質的差異を探すのである。こうして、（煙草なら）「ケントを吸いたまえ」ということになる。「俳優は舞台に登場する前に、レーサーはヘルメットのバックルをしめる前に、青年実業家は大株主に向かってノンという前に！　灰皿に置かれたケントの煙が消えるやいなや行動が開始される。機敏で計算され決断に満ちた行動が」。あるいは「マールボロを吸いたまえ」、「二〇〇万人の読者が彼の論説を待ち望んでいる」ジャーナリストのように。あなたには高貴な妻とアルファ・ロメオ2600スプリントがあるだろうか。その上、化粧水にグリーン・ウォーターを使えば、エリート生活の三種の神器が揃って脱工業化社会の貴族たちの仲間入りだ。あるいは、フランソワーズ・アルディの台所と同じタイルやブリジット・バルドーの台所と同じガスレンジを、あなたのイニシャル入りのトーストが焼けるトースターをお使いなさい。バーベキューにはプロヴァンス産の草の炭にかぎります等々。もちろん「限界的《マージナル》な」差異自身が微妙なヒエラルキーに服従している。選び抜かれた八〇〇人の顧客（少なくとも二万五千ドル以上の当座預金をもつアメリカ人）のためのルイ一六世風の金庫を備えたデラックス銀行から、古美術品や第一帝政風の社長用机（上級管理職にはちょっとぜいたくな機能的机で十分なのに）にいたるまで――成金好みのぜいたくな別荘から何気なさを装った高級服にいたるまで――限界的《マージナル》な差異は、すべて差異表示用具の分配の一般的法則（刑法以上に無視できない法則）によって最も厳格な社会的差異を強調している。何をしてもよいというわけではない。流動的ではあれひとつの儀礼でもあるこの差異のコードに対する侵犯は罰せられることになる。この点については興味深いエピソードがある。経営者と同じベンツを買ったあるセールスマンがクビになった。訴訟を起こした結果、彼は労資協調委員会から慰謝料を受けとったが、復職はできなかった。使用

17 関係という概念についても同じことがいえる。システムは人格的絆や具体的社会関係の全面的清算の上に成り立っていて、このかぎりにおいて必然的かつ体系的に（公共的、人間的等々の）関係の生産者となる。関係の生産は生産過程の主要な一部門となる。これらの関係はもはや自然発生的なものではなく、生産されたものであるがゆえに、すべての生産されたものと同様、必然的に消費されるよう定められている（社会諸関係の場合にはそうではなく、それらは社会的労働の無意識的産物であって、計画的で制御された産業的生産の結果ではないので、「消費される」ことはなく、反対に社会矛盾の発生する場所となる）。人間的・社会的関係の生産と消費については第3部第4章の「気づかいの秘蹟」を参照のこと。

* 訳注・ルシクラージュ（recyclage）――学校用語で「進学コースや専攻の変更」のことだが、もっと広い意味では、社会人が時代の変化に遅れないように、職業上の新しい知識や方法を学びなおすこと（「再訓練」「再学習」）。転職や配置転換（reconversion）ではない。イタリア語の同義語 aggiornamento（修正、やりなおし、〝現代化〟）のほうが正確な表現である。ボードリヤールは、現代社会が文化や自然に対して行う同様の操作についても、この語を用いている。

価値としてのモノの前では万人が平等だが、厳しいヒエラルキーのある記号や差異としてのモノの前では全然平等ではないのだ。

メタ消費

個性化と呼ばれる地位と生活程度の追求が記号の上に成り立っていること、モノや財それ自体ではなくて差異の上に成り立っていることを理解するのは非常に重要だ。この事実だけが「過小消費」や「目立たない消費」の逆説、つまり威信の超差異化という逆説を説明してくれる。それはもはや（ヴェブレンによれば「よく目立つ」）見せびらかしによってではなく、控え目な態度や飾りのなさによって示される行動、反対物に変貌する過剰な見せびらかしであり、より巧妙な差異でもある。差異化は、この場合にはモノの拒否、「消費」の拒否のかたちをとることができるが、これはまた極上の消費なのである。

もしあなたが大ブルジョアなら、フォー・シーズンズ〔ニューヨークの高級レストラン〕に行くのはおやめなさい。料理の値段を見て目の玉のとびでる思いをするような若いカップルや、みじめな生活にあきあきしている学生、秘書、売り子、肉体労働者たち、現実の醜悪さにうんざりしているので美しい家具が見たい人びと、それに気取ったアパートに恐れをなしてシンプルな家具類を望む人びとにもフォー・シーズンズを開放してあげなさい。

この背徳的な呼びかけにいったい誰が応じるだろうか。おそらく自分の階級から離れる気分を味わってみたいひと握りの大ブルジョアか知識人くらいなものだろう。記号のレベルでは絶対的な富も貧困もなければ、富の記号と貧困の記号とのあいだの対立もない。それらは差異の鍵盤上のシャープとフラットにすぎない。「奥様、Xの店では髪のセットを世界一上手にくずしてくれます」。「このシンプルなドレスは、オート・クチュールの与える強い印象を消してくれます」

こうした反消費のきわめて現代的な症候群はいたるところに見出されるが、それは結局メタ消費であり、階級の文化的指数としての役割を果たしている。もっとも中間階級のほうは、この点では一九世紀から二〇世紀初頭にかけての資本主義という巨大なダイノザウルスの子孫であって、見せびらかし的に消費する傾向がある。この点では、彼らは文化的に単純素朴なのだ。階級の全戦略がこのような状況の背後に隠されていることはいうまでもない。リースマンはこう述べている。

> 流動的な人間の消費に制限を加えるものは、きわめてすくない。だがその制限のひとつに、成り上り者に対して向けられる上流社会からの抵抗の問題がある。すなわち、上流社会の人間は、わざわざ目立つように控え目な消費をするという戦略によって、上流中産階級を脅やかすのだ。この方法をとることによって、新しく仲間入りしてこようとする人間たちに対して、上流社会は境界線を築こうと努めるのである〔リースマン『何のための豊かさ』加藤秀俊訳、みすず書房、二九頁〕。

この現象は実に多様なかたちをとって現れるが、現代社会の解釈にとってはきわめて重要な意味をもっている。なぜなら、記号のこの形式上の逆転にひっかかって、階級間の距離の変化にすぎないものを民主化の結果と取り違えかねないからだ。失われた質素はぜいたくという基盤の上で完成される。――その結果はあらゆるレベルで見出される。知的「ミゼラビリスム」(貧困者のふりをすること)や「プロレタリスム」(無産者のふりをすること)はブルジョア的条件にもとづいて完成されるのである。ちょうど、レベルは異なるが、現代のアメリカ人たちが集団的娯楽として西部の河川に砂金探しに出かけるのと同じように。逆転された効果、失われた現実、矛盾した言葉づかいによる「悪魔祓い」はいたるところで消費と過剰消費の効果が現れていることを示しているが、この効果はいたるところでひとつの差異の論理に組みこまれているのである。

このような差異の社会的論理を分析の根本的基軸として決定的に把握し、差別的なものとしての、記号としてのモノの開発(この水準だけが消費を独自的に定義する)がそれらの使用価値(およびそれと結びついた「欲求」)の追放の上に成り立っていることを理解しなければならない。リースマンも認めているように、「消費における好みというものは、自己を個性的に文化的な対象物[モノ]にかかわらせてゆくという人間的能力の開発とはまったく無関係である……。なぜならば、文化的対象物が、自己と他人とを結びつけるための方法として極端に使われている場合には、それらの対象物から、私的な、個人的な価値の領域の中で意味を発見することはきわめて、むずかしいことだからである。だが、ほんとうは文化的対象物というのは、どのような性質のものであれ、純粋に個人的、個性的な愛着の力によって、人間くさくならなくてもよいものなのではないか」〔リースマン『孤独な群衆』加藤秀俊訳、みすず書房、六八頁〕。リースマンが「文化的なモノ」（だがこの点では「文化的なモノ」と「物質的なモノ」とのあいだに相違は存在しないはずだが）に適用している差異表示的価値の優先性は、〔カナダ〕ケベックの針葉樹林帯《タイガ》の真中にある鉱山の町の例によって説明されていた。レポーターの語るところによれば、その町では森がすぐ近くにあって自動車の利用価値はほとんどないにもかかわらず、どの家も自家用車をもっているという。「きれいに洗われて磨き上げられたこの車は時々町の周辺の軍用道路（他の道はない）を数キロメートル走るのに使われるだけだが、アメリカ的生活の象徴であって、車の持ち主が機械文明に属していることの記号なのである」（リースマンは、これらの豪華なリムジンと、セネガルのある未開墾地の村に戻ってきた黒人の復員下士官の家で見つけた、まったく不必要な自転車との類似を指摘している）。もっとよい例では、裕福な管理職たちが市街地から一〇マイルほど離れたところに、同じような見せびらかし的欲求の反射作用から、自分の費用で別荘を建てた。ところが、ゆったりした空間をもち風通しもよく、気候は健康的で、いたるところ自然ありといった状態のこの町では、セカンド・ハウスほど不必要なものはない。これらの例においては、権威づけのための差異化が純粋状態で作用していることがわかる。——自動車やセカンド・ハウスをもつことの「客観的」理由は結局のところ、これらの理由よりもずっと基本的な規定性〔見せびらかしの差異効果〕を受けていることの口実でしかないのだ。

# 区別か順応か

伝統的社会学は一般に差異化の論理を分析原理としてはいない。この社会学は「自分を他人より際立たせたい」という欲求を見つけだす。つまり個人の欲求の一覧表にもうひとつ欲求を付け加え、この欲求と、順応への逆の欲求とを交代に登場させるわけだ。社会心理学的描写の段階では、理論も論理性も抜きにしてふたつの欲求はけっこう仲良くやっている。そしてこの非論理性は「平等と差別の弁証法」とか「順応主義と独自性の弁証法」とか名づけられることになる。だが、こうした見解においてはすべてが混同される。消費というものは、まずはじめに個人的欲求をもった個人を中心に秩序づけられ、次いでこの欲求が権威ないし順応の要請に応じて集団の文脈の上に指数化される、といったものではないことを知るべきだ。実際には、まず最初に差異化の構造的論理が存在し、この論理が諸個人を「個性化された」ものとして、つまり互いに異なるものとして生産する。だがこのことは、自分を個性的なものとする行為においてさえも個々人が自分を順応させる一般的モデルとひとつのコードに従って行われる。個人という項目についての独自性／順応主義の図式は本質的なものではなく、体験的レベルの問題なのである。コードに支配された差異化／個性化の図式の論理、これこそ根本的な論理である。

別のいい方をすれば、順応とは地位の平等化や集団の意識的均質化（どの個人も一列に並ぶような）ではなくて、同じコードを共有すること、ある人びとを他の集団の人びとと区別する同じ記号を分かちあうことである。ある集団のメンバーの（順応というよりは）同質性を生みだすのは、他の集団との差異であって、順応効果はそこから結果として出てくるにすぎないのだが、これは非常に重要なことだ。なぜなら、この事実が社会学の分析（とくに消費に関する）を権威や模倣や意識的な社会力学の表面的領域の現象的研究から、コードや構造的関係や記号と差異表示用具のシステムについての分析へと、つまり社会的論理の無意識的領域の理論へと移行させることになるからである。

したがって、この差異化のシステムの機能は権威への欲求の充足を越えている。先に取り上げた仮説を認めるならば、システムは個人間のなくすことのできない独得な現実的差異にもとづいて働くのではないことがわかる。システムがシステムとして成り立つのは、それが各個人の必然的に相違する固有の内容と存在を取り除き、差異表示記号として産業化と商業化が可能な差異表示的形態を代置するからにほかならない。システムは一切の独得な性質を除去して、差別的図式とこの図式の体系的生産だけを残しておく。この段階では差異はもはや排除的ではない。もろもろの差異は、違う色が互いに「戯れる」ように流行《モード》の組み合わせのなかで論理的に互いに包摂しあうだけではない。社会学的には、ここにあるのは集団の統合を固めるもろもろの差異の交換なのである。このようにコード化された差異は諸個人を分割するどころか、反対に交換用具になる。このことこそ基本的な事実であって、消費はこの事実にもとづいて次のように定義される。

（一）消費はもはやモノの機能的な使用や所有ではない。

（二）消費はもはや個人や集団の単なる権威づけの機能ではない。
（三）消費はコミュニケーションと交換のシステムとして、絶えず発せられ受けとられ再生される記号のコードとして、つまり言語活動として定義される。

かつては、生まれ・血統・宗教上の差異は交換可能なものではなかった。それらは流行上の差異などではなく、本質的なものに触れていたのであった。それらは「消費」されるものではなかったのだ。ところが、現代における差異は、服装やイデオロギーや性の差異さえも、消費の巨大な連合体のなかで互いに交換される。それは諸記号の社会化された交換である。あらゆるものが記号の形式をとって交換されるのは習俗の少しばかりの「自由化」のおかげではなくて、すべての差異を承認の記号として統合する秩序によって、差異が系統的に生産されるからである。またもろもろの差異は互いに取りかえ可能であるから、階級の上下、右翼と左翼の違い以外には、相互のあいだに緊張も矛盾も存在しないからである。

こうして、リースマンによれば、同輩集団のメンバーたちは自分の選好を社会化し、評価を交換しあい、互いの絶えざる競争によって、集団の内的相補性と自己陶酔的凝集力を保証することになる。彼らは「競争」によって集団に「協力」する。競争といっても、それはもはや市場競争や闘争のような公然たる暴力的競争ではなく、流行《モード》のコードによって濾過《ろか》された遊び的な抽象的競争である。

コードと革命

こう考えれば、現代の社会＝政治体制において消費のシステムのもつ主要なイデナロギー的機能をより正確に把握できるだろう。このイデオロギー的機能は、差異的価値の一般化されたコードの制度化としての消費の定義と、すでにみたような交換とコミュニケーション体系の機能とから引きだされる。

現代の社会システム（資本主義的・生産至上主義的・「脱工業化」システム）は、平等主義的かつ民主主義的大原則つまりいたるところで広められ作動しているこのイデオロギー的・文化的価値体系にもとづいて、社会的コントロールや、システムを阻害する政治的・経済的矛盾のイデオロギー的規制を行っているわけではない。学校教育や社会的訓練を通じて人びとの内部にかなり浸みこんでいるにせよ、権利や正義といった意識的な平等主義的諸価値は今なお相対的に脆弱であり、あまりにも明白に社会の客観的現実と食い違っているので、社会を統合するには決して十分ではない。このイデオロギー的レベルでは、矛盾はいつでも新たに爆発するおそれがあるけれども、システムは統合と規制の無意識的な装置の働きのほうをはるかに有効にあてにすることができる。この装置の働きは、平等という装置とは反対に、諸個人を差異のシステムと記号のコードに組みこむことにほかならない。かくのごときものが文化であり言語活動であり、最も深い意味での「消費」なのである。政治的有効性は、矛盾の存在するところに平等と均衡を存在させることではなくて、矛盾の存在するところに差異を存在させることである。社会的矛盾の解決とは平等化ではなく、差異化なのだ。コードのレベルでは革命はもはや起こりそうにない——いや、革命は毎日起こっている。それは「流行《モード》の革命」であり、無害な革命であって、他の諸革命を不発に終わらせてしまう。

ここでもまた、古典的分析の擁護者たちによる消費のイデオロギー的役割の解釈は誤っている。社会の有毒性を消費が緩和するのは、個人を快適な生活や欲求の充足や名声のなかにどっぷりとつけることによってではなくて（そんな考えは欲求についての単純素朴な理論に結びついていて、人びとが反乱を起こすように彼らをみじめな状態に追いこもうとするばかげた願望と同じである）、それはむしろひとつのコードを、そしてこのコードのレベルでの競争的協同を無意識的に受け入れるよう諸個人を訓練することによってである。人びとの生活をもっと楽にすることによってではなくて、反対に人びとをゲームの規則に参加させることによって、といってもよい。こうして、消費はそれだけであらゆるイデオロギーに取ってかわることができ、長い目でみれば、未開社会のヒエラルキー的あるいは宗教的儀式がそうしたように、社会全体の統合を引き受けることができるのである。

### 構造的モデル

「自分だけのために特別に設計された洗濯機がほしいと思ったことのない主婦がいるでしょうか」。ある宣伝はこう問いかける。なるほどそのとおりだ。だから何百万もの家庭の主婦たちは、それぞれが自分だけのために特別に設計された同じ洗濯機を夢見たということになる。「あなたが夢みる肉体、それはあなた自身のからだです」。このすばらしい同語反復（実はあるブラジャーの宣伝文句）は「個性化された」ナルシシズムのあらゆる矛盾の集中的表現である。あなたをあなたの選んだ理想に近づけることによって、「本当のあなた自身」になることによって、あなたは集団の命令に最も忠実に従っていることになり、「押しつけられた」モデルに最も接近するのである。まったく悪魔的な策略というべきか。それとも大衆文化の弁証法というべきだろうか。

消費社会がどのようにして自らを消費社会だと思いこみ、そのイメージに自己陶酔的に自分を反映させているかをみていくことにしよう。この漠然とした過程は集団的機能を果たすことをやめずに、各個人のレベルに浸透していく。このことによって、このナルシシズム的過程がなんら順応主義と矛盾するものでなく、まさにその反対だ、ということがわかる。上述のふたつの例がそのことをよく明らかにしている。消費社会における個人のナルシシズムは独自性の享受ではなくて、集団的特性の屈折した姿である。とはいえ、それは「最小限界差異」を通じて、常に自分自身への自己陶酔的熱中のかたちで現れる。

いたるところで、個人はまず自分を好きになるよう、自己満足するようすすめられる。もちろん自分を好きになれば他人に好かれるチャンスも大きい。そしてやがては、おそらく自己満足、そして自己誘惑さえもが、誘惑本来の客観的目的性に取ってかわることもありえるだろう。誘惑的な企ては一種の完璧な「消費」というかたちで自分自身へと立ち戻るが、その企ての準拠枠はやはり他者という審級である。簡単にいえば、好かれるという行為は、誰に好かれるかという問題が二次的でしかない企てとなったのである。それは宣伝のなかで繰り返して叫ばれる商品名のようなものだ。

この種の自己満足のすすめは、とくに女性に対して向けられているが、この圧力は女性一般という神話を通じて、現実の女性に影響を及ぼす。つまり自己満足の集団的文化モデルとしての女性の神話を通じて。エヴリーヌ・シュルロが的確に指摘しているように、「モデルとしての女性が女性に売られる……自分の身体に気を配り、自分に香水をふりかけ、自分にドレスを着せ、つまり自分自身を〝創造する〟つもりで、女性は自分自身を消費する」。ところで、この現象はシステムの論理にかなっているのである。ここでは他人との関係ばかりでなく、自分自身との関係が消費されるという関係になるが、このことを美しさ、魅力、センスのよさといった現実の特性を信じて自己満足することと混同してはならない。そんなことはまったく無関係である。後者の場合には消費は存在せず、自発的で自然な関係が存在している。消費は、この自発的な関係が記号体系によって媒介される関係に取ってかわられることによって、常に規定されるのである。その際、女性が自分自身を消費するのは、彼女の自分自身に対する関係が記号によって客観化され維持されているからだ。これらの記号とは、消費の真の対象である女性的モデルを構成している記号である。自らを「個性化」しながら女性が消費するのはこのモデルにほかならない。極端な場合には、女性は「自分の瞳の輝きや肌のなめらかさに自信をもてなくなる。彼女自身のものであるそれらは、彼女になんの自信も与えない」（ブルダン、「ネフ」誌）。自然的特性によって価値あることと、あるモデルやつくられたコードに順応して自分を価値あらしめることとはまったく違うのである。ここで問題なのは機能的女性らしさである。ここでは美しさや魅力や肉感などの自然的価値がすべて姿を消して、その代わりに（ソフィスティケートされた）自然らしさ、エロティシズム、からだの線、色っぽさなどの指数的価値が幅をきかせる。

暴力[18]と同じように、誘惑とナルシシズムは、マス・メディアによって産業的に生産され、かつ目につく記号からなるモデルによってあらかじめ与えられている（すべての娘たちが自分をブリジット・バルドーのようだと思いこむことが可能になるには、自分を際立たせるものが髪型や唇のかたちや特徴的な服装などでなければならない。つまりそれは必然的にすべての女性にとって同じものでなければならない）。各人が、これらのモデルを実現することによって独自の個性を見出したつもりになるのだ。

## 男性的モデルと女性的モデル

機能的女性らしさに機能的男性らしさが対応する。まったく当然のことだが、これらのモデルは一緒になってひとつの秩序を形成している。それらは自然の性別ではなくて、システムの差異表示的論理から生じたものである。モデルとしての男女と現実の男女との関係はかなり恣意的であって、今日では、男性と女性とは無差別的にふたつの項目に分けられているように見えるが、

18　第3部第5章の「暴力」の項を参照のこと。

意味をもつ対立関係のうちの対立しあうこれらの二大項目は両者の差異によってはじめて価値をもつ。ふたつのモデルは言葉の上だけのものではなく、消費を実際に秩序だてるのである。

男性的モデルは気むずかしさと選択のモデルである。男性向けのあらゆる宣伝は、厳密さとか妥協しない綿密さといった表現を用いて選択の「義務的」規則を強調する。現代のハイクラスの男性は気むずかしい。彼はいかなる過失も許さず、どんな細部もおろそかにしない。彼が「選ばれている」のは、受動的にではなく、また自然の恩恵によるのでもなくて、まさに選ばれてあることを実行することによってである（この選良性が自分以外の人びとによってつくり上げられているのではないかということは、また別の問題だ）。自制心を失ったり自己満足することは論外で、要は際立つことである。選択するすべを心得ていることや過失を犯さないことは、非妥協性、決断力、勇気《ビルトウス》などの軍人的あるいはピューリタン的美徳と同じものだ。これらの美徳はロモリやカルダンの服を着こなす最も取るに足らないカッコイイ若者の美徳ともなるだろう。競争的あるいは選択的美徳、それこそまさに男性的モデルだ。もっとずっと深い意味では、選良のしるしとしての選択（選ぶ人、選ぶすべを心得ている人は、選ばれた人であり、他のすべてのひとに抜きんでた選良である）は、われわれの社会においては未開社会の決闘や競争の儀礼と同型の儀礼である。すなわち、選択は人間を分類する。

女性的モデルは女性に対して自らを喜ばせることを男性的モデルの場合よりもはるかにいっそう強く命じている。ぜひとも必要とされるのはもはや選良性や厳しい要求ではなくて、自己満足と自己陶酔的配慮である。つまりは、相も変わらず男は兵隊ごっこをすることが、女はひとりで人形遊びをすることがよしとされつづけるわけなのだ。

だから現代の宣伝においてさえ、男性的モデルと女性的モデルとの分離が常に存在しており、しかも男性優位のヒエラルキーが今なお生き残っている（このモデルのレベルにおいてこそ価値体系の不変性がはっきりと読みとれる。「現実の」男女の行動が区別しにくくなっていることは大した問題ではない。なぜなら深層の心性は、これらのモデルによって明確に刻みこまれているからである。男性／女性の対立は、肉体労働／精神労働の対立と同様、変化しなかったのである）。

したがって、この構造的な対立を社会的優越という観点から解釈しなおさなくてはならない。

（一）男性的選択は「闘技的」であり、決闘に似てすぐれて「高貴な」行為である。名誉が、あるいは「勇気と面目を発揮すること」が賭けられるのである。それは禁欲的で貴族的な美徳である。

（二）女性的モデルのなかに生き続けているのは、反対に派生的・代理的価値（ヴェブレンによれば〝代理的地位〟、〝代理的消費〟）である。女性は、男たちの競争のなかに張り合いの対象として入りこめれば、それだけいっそう自分も名誉を受けるものと思わせられている（男に気に入られれば気に入られるほど喜ぶ）。女性は決して直接的競争関係に入りこむことはない（男たちをめざして他の女たちと競争する場合は別である）。彼女が美しければ、つまりこの女性がおんなであれば、彼女は選ばれるだろう。もしある男性が男らしければ、彼は他のもろもろのモノ／記号（彼の自動車、彼の女、彼の化粧水）のなかから彼の妻を選ぶだろう。自分で自分に名誉を与えるという美名のもとに、女性（女性的モデル）は男性依存の奉仕活動へと押しこめられてしまう。だから、女性の自己規定は自立的ではない。

　女性の規定は、広告宣伝の領域ではナルシシズム的と説明されたが、生産活動の領域においてもそれと同じ程度に現実的な他の側面をもっている。持参金以外の財産《パラフェルナリア》（家庭用品など）を使用する女性は、経済的機能だけでなく威信機能も果たしている。この機能は、自分の主人の権威の証拠となっていたかつての女性たちの貴族的・ブルジョア的有用性から派生したものである。家庭に縛られた女性は生産を行わないから、国家会計に数字で示されることもないし、生産力として記録されることもない——それは女性がその公的場面での無用性と「養われている」奴隷という地位によって、威信を示す力としての価値をもたされているからである。彼女自身は家庭用品という二次的な付属物を支配するひとつの付属物にすぎない。

　また中間階級や上層階級の場合には女性が「文化的」活動を行うことがあるけれども、これらの活動もやはり無償で計数化できない活動であり、なんらかの責めを負う必要のない活動すなわち責任なき活動なのである。彼女は文化を文化そのものとしてではなく、装飾的文化として「消費する」。それはあらゆる民主主義的アリバイの背後で、無用性という制約に常に対応している文化的向上である。結局この場合には、文化は「美」の付属的でぜいたくな結果なのだ——文化と美とは固有の価値ではなく、余計なものの明証性であり、（代理によって行使される）「疎外された」社会的機能である。

　ここでもまた差異的なモデルが問題となるが、これらのモデルと現実の性別や社会的カテゴリーとを混同してはならない。男性モデルと女性モデルのあいだには、いたるところに伝染と拡散がみられる。現代の男性も（宣伝にみられるように）自己満足するようすすめられているし、現代の女性は選択し競争し「要求の厳しい女」になるようすすめられている。これらの現象はすべて、社会的・経済的・性的な機能が相対的に混ざりあった社会のイメージに対応している。しかしながら、男性的モデルと女性的モデルとのあいだの区別は相変わらず全面的なものである（その上、社会的・職業的な義務と役割の混乱は結局取るに足らない周辺的な現象にすぎない）。おそらくいくつかの点については、男性と女性の構造的かつヒエラルキー的対立はむしろ強化されているだろう。ピュブリシス社（大手広告会社）によるスリマイユブランドの男性用下着の広告に裸の美青年が登場したことはモデル相互間の伝染の極点を示しているとはいえ、ふたつのモデルの区別と対立はいささかも変わっていないのである。この宣伝はむしろ「第三の」両性的モデルの出現を告げているのだが、それは中性的で自己陶酔的な若者の出現にいたるところで結びついている。しかし、この第三のモデルは気むずかしい男性的モデルよりも自己満足的な女性的モデルにはるかに近い存在である。

ところで、今日いたるところで目につくのは女性的モデルが消費のあらゆる領域に拡大していることである。威信価値との関係における女性やその「代理的」地位について先に述べたことは、男女の区別なしに「消費する人間」一般にも潜在的かつ絶対的に当てはまる。また「パラフェルナリア」や家庭用品を使用し、代理的に享受するすべての社会階層に当てはまることである。こうして、あらゆる階級がおんなのイメージ（モノとしての女性という消費の象徴）に自らを型どって消費者として機能するように定められている。諸階級の消費者への昇進は、彼らの奴隷的運命の完成といってよいだろう。しかし、家庭に縛られた主婦とは違って、彼らの疎外された活動は忘れられてしまうどころか、今日では国家会計の最盛期を出現させるのである。

# 第3部

# マス・メディア、セックス、余暇

# 1　マス・メディア文化

## ネオ、または時代錯誤的復活

マルクスがナポレオン三世についていったように、歴史には同じ出来事が二度起こることがある。一度目は実際の歴史的重要性をもつとしても、二度目ともなれば最初の出来事の戯画的再現や醜悪な化身にすぎず、その伝説的な効果のおかげでなんとか成り立っているというわけだ。こうして、文化の消費も、すでに存在しなくなったもの——ことばの本来の意味において「消費された《コンツメ》」（終了した、過ぎ去った）ものの戯画的復活とパロディ的再現の時間・場所として定義される。ゴールド・ラッシュを追体験しようと観光バスでアラスカへ出かける観光客たちは、ローカルカラーを味わうためにエスキモー服と棍棒《こんぼう》を借りるのだが、彼らの行動もやはり消費なのである。かつて歴史のなかで実際に起こった出来事を伝説として無理やり再現したものを、彼らは儀式的なやり方で消費している。歴史学では、この過程は復古と呼ばれる。それは歴史の流れを否認し、過去のモデルをそっくりそのまま蘇らせる過程である。消費もこうした時代錯誤的モデルで満たされている。エッソが冬のあいだガソリン・スタンドでエッソ製の薪《たきぎ》とバーベキュー・セットをサーヴィスしているのは、その典型的な例だ。――薪をその一切の象徴的価値もろとも「歴史から葬り去った」石油王が、今ではエッソ製ネオ薪と称して薪をふたたび提供している。この場合にも消費が行われたことになるが、それは自動車とそれによって滅ぼされたすべてのものの過去の栄光（自動車によって蘇った栄光！）とが共存しながら共犯関係を保ちつつ同時に使用されていることだ。このような事態のうちに過ぎ去った時代への単なる郷愁をみるべきではない。この「体験的な」段階の彼方には、現実世界の否認にもとづく記号の礼讃という消費の歴史的かつ構造的規定が浮かび上がってくるのだ。

　すでにみたように、マス・コミュニケーションは三面記事的なつくりものの悲壮感を盛り上げつつ、カタストロフのあらゆる記号（死、殺人、強姦、革命）によって平穏無事な日常生活のありがたさを強調しているが、記号を用いた同様の大げさな表現はどこにでも認められる。子どもと老人を大切にしようといってみたり、貴族や王族の結婚を新聞の一面で大々的に報道したり、肉体と性欲をいっせいに礼讃したりするのがそうだ。こうしてある種の構造は次第に崩れ去ってゆくのだが、その際にいわば消費の記号に包摂されることによって現実世界から姿を消すと同時に戯画的なかたちで復活することになる。人びとは家庭が解体したあとで家庭を礼讃し、現実の子どもたちがもはや子どもらしくなくなってから観念としての子どもを神聖視し、現実の老人たちが孤独で邪魔者扱いされるようになるとこぞって観念としての老人に同情する。もっとはっきりしているのは肉体の場合で、肉体は実際の能力が衰えをみせはじめ、都会生活や職業上の制約あるいは官僚機構による統制に追いつめられるようになるにつれて、ますます讃美されるようになるのである。

## 文化のルシクラージュ

職業上の知識、社会的資格、個人のキャリアに関する現代社会の特徴的概念のひとつはルシクラージュである。この概念は、誰でも左遷されたり取り残されたり排除されたりしたくなければ、自分の知識や学力つまり労働市場における個人の「実戦用装備」を時代の動きに合わせて更新しなければならないことを意味し、今日ではとくに企業の技術系管理職について、またごく最近では教員についていわれている。したがって、ルシクラージュは（精密科学、販売技術、教育方法などにおける）知識の絶えざる進歩にもとづく科学的概念とされている。社会から「脱落しない」ためには誰でもこの進歩に順応するよう努めるのがあたりまえだといわんばかりだ。実は、「ルシクラージュ」という言葉からはいくつかの異なる意味が思い浮かぶ。この言葉はどうしても流行の「周期《シクル》」を想い起こさせるが、流行の場合にも各人は「最新の情報をキャッチし」、毎月毎年あるいは季節ごとに服装やモノや自動車を取りかえるよう義務づけられている。そうしなければ、その人は消費社会の本物の市民ではないのだ。もっとも、この場合にはいうまでもなく絶えざる進歩は問題とならない。流行というものは気まぐれで移ろいやすく周期的であって、個人の内在的資質には何ひとつプラスにならないとはいえ、無視できない強制力をもち、それに従う者には社会的成功をもたらし、逆う者は社会から追放する。「知識のルシクラージュ」にしても、見せかけの科学性の裏に流行と同種の気まぐれで強制的でテンポの速い配置転換を隠しており、生産と流行の周期が有形のモノに強いるのと同じ「計画的廃用」を知識と人間のレベルで行っているのではないだろうか。そうだとすれば、われわれの目の前にあるものは科学的知識の合理的蓄積過程ではなくて、他のすべての過程と結びついた消費の非合理的な社会的過程だということになるだろう。

医療の分野でのルシクラージュが「健康診断《チェックアップ》」である。男性用にはアスレティック・クラブ「プレジダン」、女性用には痩せるためのダイエット、そして万人用には休暇、これらが肉体と筋肉と生理機能のルシクラージュ〔再訓練〕ということになるが、この概念を拡張してもっと大規模な現象をも含むようにすることができるし、またそうする必要があるのだ。肉体の再発見そのものが肉体のルシクラージュだし、巨大な都会に取り囲まれ、緑地帯や自然保護地域あるいはセカンド・ハウスの背景として碁盤の目のように区切られて、「手頃なかたちで」提供される生地見本さながらに縮小された田園の状態での自然の「再発見」もたしかに自然のルシクラージュである。つまり、自然はもはや文化と象徴的対立関係にある本源的で特殊な存在ではまったくなく、ひとつのシミュレーション・モデル、流通過程に再投入された自然の記号の消費された姿、要するにルシクラージュを受けた自然となった。今のところどこでもこうした現象がみられる段階には至っていないが、現在の状況はこの段階に向かいつつあるといってよい。宅地造成にせよ景観の保全にせよ環境整備にせよ、いつでも問題となっているのは本来の姿においては見捨てられてしまった自然をルシクラージュ〔再開発〕することである。出来事や知識と同じものとしての自然は、この（ルシクラージュのシステムの）なかで「現代性《アクチュアリテ》」〔ニュース性・話題性の意味を含む〕の原理に支配されている。だから自然は流行と同じように機能的に変化しなければならないし、雰囲気としての価値をもっているので周期的に取りかえられることになる。今日、職業活動の領域に入りこんでいるのもやはり現代性《アクチュアリテ》の原理であって、この領域においては、科学技術や資格や競争といった価値は、ルシクラージュ、つまり移動の可能性や地位、さらには業務成績グラフのカーブなどの強制ほど重要でなくなってしまった。[19]

現代社会のこの組織原則は「大衆」文化全体を支配している。文化変容を経験するすべての人びと（最終的には「文明人」でさえ文化変容に巻きこまれることになろう）を待ちうけているのは文化そのものではなく、文化のルシクラージュ、つまり「流行に通じていること」、「何が起こっているのかを知ること」であり、毎月毎年自分の文化的パノプリ〔パッケージ〕を更新することなのである。流行のように目まぐるしく変化する選択の余地の少ない強制に従うことといってもよいが、この種の強制は、（一）作品・思想・伝統の遺産、（二）理論的・批判的思考の切れ目のない広がり——批判的超越性と象徴機能という意味での文化とは正反対の概念なのだ。

文化のこれらふたつの性格は、次々に役に立たなくなってゆく文化的要素や記号からなる周期的に変化するサブ・カルチャーや、キネティック・アートから週刊百科にいたる文化の現代的形態――ルシクラージュを受けた文化によって否定されている。

こうして、文化の消費という問題は厳密な意味での文化の内容とも、「教養ある一般大衆」なるもの（これこそは文化芸術の「大衆化」という永遠に誤った問題設定であって、「貴族的」文化の担い手も大衆文化の擁護者もその犠牲者だ）とも関係がないことがわかる。決定的な重要性をもつのは、ある作品がわずか数千人にしか影響を与えないのか、それとも何百万もの人びとを動かすのかということではなくて、この作品が毎年モデル・チェンジされる自動車や緑地帯に残された自然同様、一時的な記号とならざるをえないという事実なのだ。というのは、故意にそうなったのかどうかは別にしても、作品が今日では普遍性をもっている生産の領域すなわち周期《シクル》性とルシクラージュの領域でつくられているからである。文化が永続することを前提として創造される時代は終わった。なるほど、文化は普遍的審級や観念的準拠として維持されてはいるが、文化が実質的意味を失ったためにますますそういうことになるのだ（自然にしても、いたるところで破壊されるようになるまではあれほど礼讃されはしなかった）。実際には、文化はその生産様式において物質的財と同じ現代性の命令に従っているわけだ。繰り返しておくが、これは文化の産業化された普及とは関係がない。ゴッ

19 美しさが「からだの線」にあるとすれば、経歴は「業務成績グラフの線」にある。意味深長な言葉の一致だ。

ホの展覧会がデパートで開かれたとかキルケゴールの著作が二〇万部も売れたという現象はまた別の問題である。作品の意味に関わる重要な事実、それはあらゆる意味作用が周期的に変化するようになったこと、すなわちコミュニケーションのシステムそのものを通じて、モノが取りかえられたり次々と現れたりする様式、スカート丈《たけ》やテレビ番組の場合（「メディアはメッセージである」の項を参照のこと）のような変化の組み合わせが意味作用にも強制されることとなのだ。だからこそ文化は、「ニュース番組」中の擬似イベントや宣伝中の擬似モノ同様、メディア自身や参照コードをもとにして生産可能となる（潜在的には今でもそうなっている）。この過程は「シミュレーション・モデル」[20]の論理的手続き、あるいはかたちとテクノロジーの遊びでしかないガジェットに作用しているような手続きによく似ている。極端ないい方をすれば、遊びと技術のこの組み合わせと（キネティック・アートなどの）「文化的創造力」とのあいだにも、「大衆文化」と「前衛的芸術作品」とのあいだにも、もはや違いは存在しないのである。「大衆文化」はどちらかといえば（イデオロギー的、民俗的、感情的、道徳的、歴史的な）さまざまな内容と型にはまったテーマを組み合わせ、「前衛的芸術作品」のほうはフォルムと表現様式とを組み合わせるわけだが、両者はともにまずあるコードに従って、次に作品の射程距離と価値低下の度合いを計算しつつ、そうした組み合わせを行っている。ところで文学の分野において、老化現象と古くさいアカデミズムのせいで世間一般から無視されていた文学賞のシステム——普遍妥当性に照らしてみれば、毎年一冊の本だけに賞を与えるのはたしかにばかげている——が、現代文化の特徴である機能的で周期的な変化に順応することによって見事に蘇ったという事実は大変興味深い。規則的な授賞というシステムは昔はばかばかしいと思われていたのだが、今では状況に応じたルシクラージュや文化の流行の現代性と両立するようになった。かつて、文学賞は一冊の本だけに後世の人びとの注目をひかせようとしたが、それは滑稽だった。今日の文学賞は一冊の本を現代人の前で目立せればよいのであり、それは効果的である。こうして文学賞は息を吹きかえした。

### ティルリポとコンピューター・ゲーム、または最小共通文化（P・P・C・C）

ティルリポの仕組みは、原則として、質問を繰り返しながらある動詞の定義を探し当てることである（ティルリポするとは俗語の「あれ」と同種の、意味が不明確な言葉で、試行錯誤的なやり方で特定の意味をもつ言葉に置きかえる作業を含んでいる）。したがって、もともと一種の知能の訓練なのだが、わずかの例外を除くと、このクイズの参加者は的確な質問をして、隠された言葉を探し当てることができない。彼らは解答（頭に浮かんだなんらかの動詞）から類推して質問する、つまり辞書の定義を疑問形にして質問する（たとえば「〝ティルリポする〟というのは何かを終わらせることですか」という具合だ。すると司会者は「ある意味ではそうですね。いやそのとおりかもしれませんよ。さあ答えてください」などという。解答者はすかさず「終える《フィニール》」とか「仕上げる《アシュヴェ》」と答える）。これはネジを一本一本試してみる日曜大工マニアのやり方と同じで、理性的推論ではなく単なる試行錯誤にもとづく組み立て方である。

20　第3部第1章の「擬似イベントとネオ・リアリティ」の項を参照のこと。

コンピューター・ゲームも同じ原理にもとづいていて、知的訓練の過程はそこには存在しない。ミニ・コンピューターがさまざまな問題を出し、一題につき五つの解答を記入したパネルが用意されていて、解答者はそのなかから正解を選ぶ。解答に要する時間が重要なので、出題と同時に答えた人が最高点で「チャンピオン」というわけだ。だからこの時間は思考のための時間ではなくて、反応時間であり、ゲームの仕組みによって活発になるのは知能の働きではなくて、反射的反応のメカニズムである。示された五つの解答をいちいち吟味したり、ゆっくり考えたりしてはならず、目の前の正解を見てとり、光電管上の光学的運動に従って、それを刺激として記録しなければならない。この場合、知る《サブォワール》こととは見る《ヴォワール》ことなのだ（リースマンの「レーダー」〔『孤独な群衆』〕——接触を維持したり断ち切ったりしながら、また肯定的関係と否定的関係を即座に選別しつつ他人のあいだを動きまわることを可能にするあの概念を参照のこと）。とくに禁物なのは分析的思考で、この種の思考に時間をかけすぎると総合得点は非常に少なくならざるをえない。

　これらのクイズの機能は訓練（司会者やマス・メディアのイデオローグはいつもそう主張するのだが）でないことがわかったが、それでは本当の機能はいったいなんだろう。ティルリポの場合、明らかにクイズ番組に出場することそのものが機能である。番組の中味などどうでもよい。出場者にとっては、二〇秒間でも自分の声が司会者の声とともにラジオの電波に乗ったことが、司会者と短い会話を交わし、彼を通じて聴取者という心温かな名もない大衆と魔術的接触をもったことがうれしいのだ。いうまでもなく、大多数の出場者は正しく答えられなくても少しも失望しない。彼らは望みのものを手に入れたのだから。彼らが望んでいたのはコミュニオン（聖体拝領）、というよりその現代的かつ技術的で無味乾燥な形態であるコミュニケーション、つまり「接触」だったのである。消費社会における儀式の不在が嘆かれているが、思い違いもはなはだしい。ラジオのクイズ番組にしても教会のミサや未開社会の生贄同様、立派な儀式なのだから。もっともこの場合には、コミュニオンの儀式がもはや肉と血を象徴するパンとブドウ酒を媒介とせずに、マス・メディア（メッセージだけでなく放送施設、放送網、放送局、受信機そしてもちろんプロデューサーと聴取者をも含む）を媒介として行われている。いいかえれば、コミュニオンはもはや象徴的媒体によってではなく、技術的媒体によって行われるのであって、この意味でコミュニオンはコミュニケーションとなる。

したがって、コミュニケーションにおいて分かち与えられるのはもはやひとつの文化、つまり集団の現実に活動している姿（それはかつて儀式と祭りの象徴的機能と新陳代謝機能を担っていた）ではないし、まして厳密な意味での知識でもなく、記号と準拠、学校教育のおぼろげな記憶と流行の知的信号などの奇妙な集合体である。これはふつう「大衆文化」と呼ばれるが、算数の最小共通〔公〕分母の意味で、また消費社会の市民としての資格を得るために平均的消費者が所持すべきモノの最小限の共通パノプリ〔パッケージ〕としての「スタンダード・パッケージ」の意味で「最小共通文化」と呼ぶこともできるだろう。要するに、最小共通文化とは、文化面での市民権を得るために平均的市民が所持しているとみなされる「クイズの正解」の最小共通パノプリ〔パッケージ〕である。

マス・コミュニケーションは文化や知識とは関係がない。本当に象徴的で教育的な過程がそこに入りこむことは問題にならない。なぜなら、そうなればマスコミによる儀式に意味を与えている多くの人びとの参加が不可能になるかもしれないからだ――この参加は一種の儀礼、つまり一切の意味内容を注意深く取り除いた記号の形式的コードを通じてのみ実現される。「文化」という言葉がさまざまな誤解をはらんでいることはいうまでもないが、文化のコンソメ・スープでありコード化された質問と解答の一覧表（「ダイジェスト」）である最小共通文化は文化と本来の意味での文化との関係は、生命保険と生命との関係のようなものだ。最小共通文化は文化を危険から遠ざけるために、また現実の文化を否認して教養化に伴う儀礼的な記号を礼讃するためにつくられたのである。

自動的な出題・解答のメカニズムにもとづくとはいえ、この最小共通文化は学校教育の「文化」によく似ている。こうしたクイズがすべて学校の試験を原型としているのは偶然ではない。試験こそは社会的地位を向上させる有力な形式なので、ラジオ番組のような不純なかたちのものでもなんでもおかまいなしに、誰もが試験を受けたがる。というのは、今日では試験で試されるという事実が権威をもっているからだ。したがって次々と生まれるこれらのクイズ番組は、強力な社会的統合過程の一部となっている。極端な場合には、社会全体がマス・メディアによるこの種の競争に巻きこまれ、社会組織全体がその結果の上に成り立つようなことが起こるかもしれない。かつて試験による選抜と組織化の完璧なシステムを経験した社会があった。科挙制の中国である。だが、このシステムの影響を受けたのは一部の知識層だけだった。今後は全大衆が一か八かの勝負に絶えず動員されるようになるかもしれない。誰もがこの勝負において自分の社会的運命を保証され、新たな賭けに挑むことになれば、古くさい社会管理機構なしですませることも可能かもしれない。いつの時代でも最良の統合システムは儀式化された競争のシステムだったのだから。もっとも、われわれの社会はまだこの段階には到達していない。今のところ、試験万能の状況への非常に強い願望が存在していることを確認しておこう。この状況は二重構造になっていて、誰もが試験される側であるだけでなく、（大衆と呼ばれる集団の審級の一部として）試験官・審査員でもある。こうした一人二役は、幻覚としかいいようのない非現実的な人格の分裂だといえそうだが、それはまた、権限の委譲によって大衆を社会に統合させる戦術的操作でもある。だから、マス・コミュニケーションは技術的媒体と最小共通文化の媒体（そこに参加する大衆の実数ではない）の組み合わせとして規定される。コンピューター・ゲームも、ゲームそのものを楽しむのは個人だが、やはりマス・メディアである。知的器用さが輝く光の点と音の信号で表されるこのコイン・ゲーム——知識と家庭電化製品の驚嘆すべき総合の場合にも遊戯者をプログラミングするのはまたしても集団の審級である。コンピューター・ゲームの媒体は、集団という媒体を技術の力で有形化したもの、つまり各人の他者全体と自分自身との関係を調整する「最小共通文化の」信号システムを具体化したものにほかならない。

もう一度いっておくが、高尚な文化とマス・メディア文化の価値を対立させることは意味がないしばかげている。前者は複雑な統辞法をもつが、後者はさまざまな要素の組み合わせにすぎず、刺激と反応、査問と応答などの項にいつでも分解できるのである。マス・メディア文化のいちばんわかりやすい例は、それゆえラジオのクイズ番組だということになる。だがこの種の構造はそうした儀式的スペクタクルの枠を越えて、消費者の個別的行為だけでなく消費行動一般をも支配しているのだ。消費者の行動は多様な刺激に対する反応の連続として組織される。趣味、好み、欲求、態度決定などの場合、消費者《コンソマトール》はモノの領域でも関係の領域でも絶え間なくそそのかされ、「質問され」、解答するよう催促《ソンメ》されている。この意味で、モノを買うという行為はクイズ番組によく似ていて、今日ではある欲求を具体的なかたちで満足させるための個人の独得な行動というよりはむしろ、まず第一にある質問に対する解答——個人を消費という集団的儀式に引きずりこむための解答——なのである。したがって、購買行為は、モノが常に一連の似かよったモノと一緒に提供され、個人がコンピューター・ゲームで正解を選ぶのとまったく同じやり方でモノを選択する——購買行為とは選択であり好みの決定である——よう催促されるという意味では一種のゲームだということができる。こういう次第で、モノの効用や性能についての直接的な質問ではなく、ほんの少しだけ異なるさまざまなモノ同士の「戯れ」についての間接的な質問に答えながら、人びとは買い物というゲームを楽しんでいるわけだ。この「ゲーム」とそれを成り立たせている選択は、伝統的な利用者と対立する購買者としての消費者の概念を特徴づけるものである。

## 最小公倍数（P・P・C・M）

今日では、放送局や大総合雑誌の最小共通文化には芸術部門が加わるようになった。その結果、多様な芸術作品がおびただしく増加している。聖書さえもが週刊誌形式で大量出版されて大衆の手元に届けられているありさまだが、この現象は、奇蹟によってティベリア湖畔にパンと魚が満ちあふれたという聖書のなかの有名な記述の現代版といえないこともなさそうだ。

　こうして、文化と芸術の聖域も民主化の嵐に襲われることになった。ラウシェンバーグからピカソ、ヴァザルリからシャガールおよびごく若い画家たちにいたる作品を集めた「現代アート展」がプランタン・デパートで開かれる（もちろん港や日没の風景画の複製が置いてある三階の室内装飾用品売場を混乱させないように、最上階でだが）。芸術作品は幾世紀ものあいだひとつしかないモノ、特権をもたらす要素として大衆から隔離されていたが、ようやく孤独から抜けだすときがきたのだ。よく知られているように、美術館もまたかつては聖域だったが、今や大衆が孤立した蒐集家や目の高い美術愛好家に取ってかわった。工場で生産される複製だけが大衆に好まれるわけではない。ひとつしかない芸術作品でありながら多くの人びとが入手できるオリジナル・コピーこそ大衆の求めるものだ。

> うれしい企画です。ジャック・ピュットマンがスーパーマーケット・プリズニックの後援で、お求めやすい値段（一〇〇フラン）のオリジナル版画シリーズを出版しました……ストッキングやガーデン・チェアと一緒にリトグラフやエッチングをお買いになっても、ちっともおかしいことはありません。〝プリズニック・シリーズ〟の第二集はルィユ（眼）画廊に展示されたばかりですが、プリズニックのチェーン・ストアで今すぐお求めになれます。特売セールでも市場革命でもございません。版画の増刷はお客様の増加に応えるもので、ますま

す多くの方々が否応なしに（！）作品を実際に目にするようになりました。芸術家の実験的試みが権力と金力の奴隷だった時代は終わったのです。気前のいい芸術愛好家は意欲的なお客様に席を譲りました……このシリーズの版画は三〇〇部制作され、一部ごとに番号と作者のサインがついています……消費社会の勝利でしょうか？　そうかもしれませんが、そんなことはどうでもいいのです。作品の質は少しも落ちていないのですから……今日では、現代芸術を理解しようとしない人たちが、作品をほしがっているのです。

作品の絶対数が少なかったために成り立っていた芸術への投機の時代は終わりを告げた。「無制限につくられるオリジナル・コピー」の出現とともに、芸術は産業的生産の時代に入る（これらのオリジナル・コピーの数はそうはいっても限られているので、たちまちいたるところで闇取引と投機が復活する。製作者と企画担当者の計算高い素朴さとでもいおうか）。こうして豚肉屋に芸術品が、工場に抽象画が飾られる……。「芸術って何だい」、「芸術は高すぎるよ」、「芸術なんて私向きじゃない」などというのはもうやめにして、「ミューズ」誌をお読みなさい、というわけだ。

工場にピカソの絵が飾られても分業は絶対になくならないだろうとか、限定版の複製が各家庭にゆきわたっても社会の分裂や本来の意味での文化の超越性はなくならないだろうとかいってみても仕方がない。むしろ、限定版の複製と、もっと一般的には文化の普及や文化水準の向上を唱えるイデオローグたちが抱いている幻想は教訓的だといえるだろう（意識的あるいは半ば意識的な投機師についてはいうまでもない。彼らは芸術家も密売者も含めて、この事業では圧倒的多数を占めている)。文化の民主化をめざす彼らの気高い努力、または「最も多くの人びとのために美しいモノを創造しようとする」デザイナーの試みは、明らかに失敗するか、あるいは結局同じことになるが、彼らの意図を台なしにするほどの大成功をおさめる。しかし、この矛盾は表面的なものにすぎない。それは、彼らが文化を普遍的なものだと思いこんではいるが、同時にそれを製品のかたちで広めようとする(ひとつだけしかないものだろうと何千個もつくられるものだろうと同じことだ)ために生じる矛盾である。そうすることによって、彼らはこれまで消費の論理に従っていなかったいくつかの象徴的な内容と活動を、消費の論理に(つまり記号の操作の機構に)服従させているにすぎない。作品の数を増やすこととそれ自体は、「俗悪化」も「質の低下」ももたらしはしないのだが、実際に起こっているのは、こうして大量生産された作品がシリーズ中の一製品として、事実上「ストッキングやガーデン・チェア」と同質のものになり、それらとの関連において意味をもちはじめるという現象である。それらの作品はもはや作品として、すなわち意味をもつ実体、開かれた意味作用として、他の製品に対立することはなく、それら自体が製品となって、平均的市民の社会的・文化的標準を規定する付属品のパノプリ〔「パッケージ」〕の片隅におさまるのだ。もっとも、そうなるのは、誰もがそれらを実際に手に入れることができたとしての話だ。今のところ、作品でなくなったとはいえ、これらの擬似作品は相変わらず大多数の人びとには経済的にも「心理的にも」手の届かない貴重品であって、差異表示機能をもつモノとして文化の少しばかり拡張された闇相場に再登場することになる。

おそらく、もっと興味深い問題――実は同じ問題だが――は、「バイブル」、「ミューズ」、「アルファ」、「ミリオン」などの週刊百科や、「偉大な画家たち」、「偉大な音楽家たち」などの発行部数の多い芸術関係のシリーズものの場合には、いったい何が消費されているのか、という問題である。周知のように、これらの出版物の潜在的読者層は非常に幅が広く、会社員や中級および下級管理職など、中等教育か技術教育を受けた（あるいは彼らの子どもが現に受けつつある）中間層全体に及んでいる。

こうした最近の大部数を誇る刊行物の他にも、「科学と生活」、「イストリア（歴史）」などのような「上流志向の階層」の文化的需要を長年にわたって満たしてきた雑誌がある。科学、歴史、百科事典的知識、つまりマス・メディアに乗って広められる知識とは違ってその内容が特別の価値をもつ制度化され公認された知識にこれらの出版物のなかで出会うことによって、そうした階層の人びとは何を求めているのだろうか。知的訓練、実際的な教養を身につけること、あるいは社会的地位の向上のしるしだろうか。彼らが文化のなかに求めるものは適応のための訓練なのか、それとも適応の利益なのか、知識なのか、それとも地位なのだろうか。この状況のなかには、またしてもあの「パノプリ〔「パッケージ」〕効果」が見出せるのだろうか（すでにみたように、「パノプリ効果」とは数多くの記号のパッケージ中のひとつの記号としてある消費対象を指定することである）。「科学と生活」誌の場合（ここではヨーロッパ社会学センターが行った同誌の読者についての調査をもとにして話を進めることにしよう）、読者の要求は曖昧だが、科学技術の知識に接することを通じて「教養」を身につけたいというカムフラージュされたひそかな願望がそこには存在している。「科学と生活」誌を読むことは、特権的文化への渇望と特権の拒否というかたちをとる自衛的対抗動機づけ（つまり上の階級に対する渇望と自己の階級的立場の再確認）との妥協の結果なのだ。もっとはっきりいえば、この雑誌を読むという行為は集合のための目印となっている。では、何に向かって集合するのか？　同じ曖昧な欲求に駆りたてられて「科学と生活」誌（あるいは「ミューズ」誌）を購読するすべての人びとからなる抽象的共同体、潜在的集団へ向かって集合するのであり、それは神話的領域に属する証拠を示す行為だといえよう。読者はある集団を頭に思い浮かべ、雑誌を読むことを通じてその集団の現実の姿を抽象的に完成させるわけだ。それは、非現実的ではあるが重量感《マッシーヴ》のある関係であって、それこそまさに「マス」・コミュニケーション効果というべきである。それは、互いに無関心な共犯行為といってよいが、にもかかわらずこの行為はこのような読書の奥底に横たわっている生の実質――相互承認・ある集団への結集・神話的参加といった価値――をつくり上げているのだ（〔知的な〕「ヌーヴェル・オプセルヴァトゥール」誌の読者にもまったく同じ過程が見出せる。この週刊誌を読むことは読者の仲間入りをすることであり、「教養ある」営みを階級的紋章として楽しむことだ）。

もちろん、「サブ・カルチャー」の媒体であるこれらの大部数の雑誌類の読者（信徒というべきかもしれない）の大半は、雑誌の内容そのものに関心があり知識を得ようとしているのだと本気で言い張るにちがいない。だが、これらの出版物の文化的「使用価値」と客観的目的性は社会学的「交換価値」によって大幅に重層決定されている。雑誌や百科事典やポケットブックなどの膨大な「教養」用具は、ますます激化する地位獲得競争に歩調を合わせたこの要求にまさに対応しているのだ。こうした文化の実体は、その内容が自律的な行動を養い育てるのではなくて、社会的移動のレトリック、つまり文化とは別の何ごとかをめざす要求、というよりはむしろ社会的地位のコード化された要素としてのみ文化を求める要求を養うかぎりにおいて、「消費される」。したがって、ここでは意味の逆転が行われ、純粋に文化的な内容は共示《コノタシオン》として、二次的機能としてしか姿を現さなくなってしまった。電気洗濯機が生活用具ではなくて快適な生活や威信の要素となるやいなや消費の対象となるのと同じやり方で、文化の内容は消費されるのである。そうなった時はじめて、電気洗濯機は洗濯機としての独自の内実を失って、他のモノ——とくに文化——と取りかえられるのだということがわかる。文化も、別の言説へと移行しつつ他のモノと同質で取りかえ可能になるに応じて（ヒエラルキーからいえばたしかに上級ではあるが）消費の対象となる。このことは「科学と生活」誌についてだけでなく、「高尚な」文化、「偉大な」絵画、クラシック音楽などについても当てはまる。それらはみなドラッグストアや新聞の売店で、他の商品と一緒に売られるようになるかもしれないが、正しくいえば、売られる場所や発行部数や買い手の「教養のレベル」が問題なのではない。それらすべてが売られる、つまり一緒に消費されるのは、文化が他のあらゆる範疇《はんちゅう》のモノと同じ競合的需要に従い、この需要に応じて生産されるからである。

この時点で、文化はわれわれの日常生活の「雰囲気」をつくり上げるさまざまなメッセージ、モノ、イメージと同一の適応様式（つまり好奇心の様式）に従うことになる。この様式のもとでは好奇心とは、必ずしも軽薄さや軽はずみな態度ではない（とくに文化変容を受けつつある社会階層では度を越した好奇心もみられるが）。それは次々と流行を追いかけねばならないような事態を前提としており、だから文化をもっぱら意味の象徴体系として理解しようとする態度を押しのけて、文化を記号の体系としてとらえ、それらの組み合わせで遊ぼうとするのである。「ベートーヴェン、最高さ！」という具合だ。

伝統的文化の孤独な英雄であった独学者も、防腐処置を施されて姿を消しつつある飾りものの文人タイプの教養人も排除してしまうこの「文化」が個人の運命にもたらすものは、結局のところ文化的「再教育《ルシクラージュ》」、つまり美意識の再教育なのだ。それは一般的になった個人の「個性化」や競争社会における文化的価値づけの一要素であり、あらゆる相違を考慮しても、条件づけによるモノの価値づけと等しいというべきものだ。たとえば、工業美術（デザイン）の目的は、厳しい分業体制によってつくられそれぞれ明確な機能を担っている工業製品に、「環境」や「雰囲気」などのいわば二次的機能によってそれらを結びつけるための「美的」均質性と形態の統一性あるいは遊びの面を付与することである。現在いたるところで活躍中の「文化的デザイナー」は、この仕事に取り組んでいるわけだ。分業と細分化された役割によってひとりひとりがはっきりと特徴づけられているような社会では、彼らは各人を「文化」によって「デザインしなおし」、同じ外観を与えて社会に送りこみ、文化の向上を口実に人びととの交換を容易にし、モノの場合と同じように各人を「雰囲気」に同化させようとする。この条件づけ、すなわち文化的ルシクラージュは、工業デザインによってモノに授けられる「美」と同様、ジャック・ミッシェルがいうように「疑いもなく売れ行きをよくするためのものである」ことを忘れてはならない。「かたちと色の調和と、いうまでもないことだが、良質な素材（！）のつくりだす快適な環境が生産性にもよい影響を与えることは、今日では周知の事実である」（「ル・モンド」紙、一九六九年九月二八日）。たしかにそのとおりで、グッド・デザインの製品同様、文化変容を受けた人間は社会的にも職業の上でもより容易に受け入れられるし、「時代への順応」が巧みで、「協調性」に富んでいる。人間関係に関する機能主義的見解にとって、文化水準の向上というテーマはお得意の領域のひとつだ——そこでは「ヒューマン・デザイン」が「ヒューマン・エンジニアリング」と結びつくのである。

象徴的体系としての美に対して「美学」（工業美学や形態の機能的合理化や記号の組み合わせという意味での）という言葉があるように、文化に対して同じ関係にある新しい言葉をつくる必要がありそうだ。さまざまなメッセージ、テキスト、イメージ、あるいは古典的傑作や劇画をも含む機能化された実体、インスピレーションと受容性に取ってかわるコード化された「創造性」と「感度」、意味作用とコミュニケーションに対して向けられた集団的な働きかけ、つまり「工業化された文化性」を表す用語はまだ存在していない。これらのものはあらゆる時代のあらゆる文化をごちゃまぜにしてしまうのだが、いい言葉がないのでわれわれはそれを「文化」と呼びつづけている。もちろんそのために多くの誤解が生じたことはたしかだが、消費文化の超機能主義の真っ只中で、われわれは普遍的なるもの、現代という時代を解明できるような新しい神話（といっても神話を題材にした流行の超大作映画のことではないが）、現代性に溺れることなく現代性を解読してくれる方法を常に模索しているのである。

ガジェットとともに、現代的モノの主要なカテゴリーのひとつとなっているのが、キッチュだ。ふつう、キッチュとは、アクセサリー、民芸調の装飾品、みやげ物、アフリカのランプ・シェード、黒人のお面などの悪趣味で質の悪いまがいものの総称であって、これらのがらくたはいたるところに氾濫しているが、とくに行楽地やリゾートでお目にかかることが多い。キッチュは談話における「きまり文句」と同じ働きをもち、ガジェットとまったく同様、定義しにくい範疇なのだが、実体を伴って存在するモノと混同してはならない。あるモノの細部にも集合住宅の計画のなかにも、造花にもフォト・ロマン〔連続写真で構成された物語〕のなかにも、いたるところにキッチュは存在可能だ。したがって、キッチュはとくに擬似モノ、つまりシミュレーション、コピー、イミテーション、ステレオタイプとして、あるいは現実の意味作用の貧困、記号と寓意的指示とちぐはぐな共示作用の過剰、ディテール礼讃が飽和状態に達した段階などとして定義できるだろう。その上、キッチュの内部構造（記号のわけのわからない過剰）と市場への現れ方（雑多なモノが増殖し、それらのモノがひと揃いずつ積み上げられる）とは密接に結びついている。だから、キッチュは文化の一範疇なのだ。

キッチュの氾濫は、あらゆる領域（過去、ネオ、エキゾチシズム、民芸品、超近代的デザインなど）から借用した差異表示記号の産業的生産による多様化とモノのレベルでの俗化（大衆化）から生みだされたし、「できあいの」記号の無秩序なせり売りの結果でもあるが、この現象は、「大衆文化」同様、消費社会の社会学的現実を基盤としている。消費社会、それは地位移動の可能な流動的社会である。幅広い層の人びとが社会階梯をよじのぼり、ひとつ上の地位に到達すると同時に文化的要求を抱きはじめるが、それはこの地位を記号によって表示したいという欲求にほかならない。社会のどのレベルにおいても、「上の階層によじのぼった」世代は自分にふさわしいモノのパノプリ〔パッケージ〕を求める。だから、大衆の「通俗性」やがらくたをそれと承知で売りさばく実業家の「厚顔無恥な」戦術を非難しても仕方がない。そうした側面も重要な意味をもってはいるが、それだけでは山と積まれた「まがいもの」という消費社会の癌《がん》腫的無用物を説明できはしない。キッチュが存在するためには、まずそれに対する需要がなければならないが、この需要は地位移動の関数となっているので、社会的位置の移動のない社会にはキッチュは存在しない。その場合には、特権階級専用の差異表示用具としてわずかばかりのぜいたく品があれば十分だし、芸術作品の複製でさえ、古典時代には「本物としての」価値をもっていた。ところが、社会移動の時代に入ると、まるっきり違った形態のモノが繁栄しはじめる。ルネッサンスおよび一七世紀のブルジョアジーの台頭とともに、プレシオジテ（気取りの精神）とバロック様式が出現する。これはキッチュの直系の祖先ではないが、社会的圧力および上層諸階級が混ざりあうという状況下で、差異表示用具の爆発的増加のきざしがすでにみえはじめている。とくにフランスではルイ・フィリップの登場とともに、ドイツでは「株式会社創設熱時代」（一八七〇—九〇）以来、そして全西欧的規模では一九世紀末のデパートの出現以降、がらくたや骨董品（ビブロ）一般がモノの主要な形態のひとつ、商業の最も活発な部門のひとつとなる。現代の西欧的社会が今や実質的に絶えざる社会的移動の段階に入った以上、この傾向はいつまでも続くことだろう。

いうまでもなく、キッチュは貴重で珍しいモノ、ひとつしかないモノ（とはいえこれも工場で製造可能だ）の価値を高める。キッチュと「本当の本モノ」とは、今や絶えず変化し増加している差異表示用具の論理に従って、ともに消費の世界を組織している。キッチュの差異表示価値は貧弱なものだが、この貧弱な価値は統計的に最大の利益をもたらす力をもっており、どの階級の人びとも手に入れることができる。これに対して、稀少品の最大の差異表示価値は、それらの絶対数が限られているという事実から生じている。ここではモノの「美しさ」ではなく、差異表示能力が問題なのだが、それは社会学的機能である。この意味であらゆるモノは、それぞれが統計的にみてどの程度入手しやすいか、絶対数がどの程度限られているかによって、価値の順位を決定されることになる。このような社会構造を考慮に入れれば、ある社会階層がある種のモノや記号を通じて自己を際立たせ、その地位を明確にする可能性を、ある社会状態において絶えず規定するのが、この機能だということになる。上層階級より人数の多い階層がある範疇の記号を手に入れると、上層階級のほうは数の少ない他の記号によって差をつける必要に迫られる（それらの記号とは本物の骨董品や絵のように起源によってであれ、豪華本や特別仕様の自動車のように計画的にであれ、はじめから数が限定されている）。この差別の論理において、キッチュは決して革新的役割を果たすことはできない。なぜなら、キッチュとはその派生的で貧弱な価値によって規定される範疇だからである。この原子価の低さ自体が、キッチュが無限に増殖を続けている理由のひとつだ。キッチュは水増し的に拡大し増加するが、これに対して社会階梯の頂点では「階級的」高級品は質の面で数を減らしてゆき、稀少化することによって更新される。

こうした派生的機能はここでもまた、美的あるいは「反・美的」機能に結びついている。美しさと独創性の美学に対抗して、キッチュはシミュレーションの美学を生みだす。実物より大きいあるいは小さい複製をつくったり、素材を（漆喰《しっくい》やプラスチックで）模造したり、あるかたちをわざと無器用にまねてみたり、ちぐはぐに組み合わせたりして、キッチュは実際に体験したわけでもない流行を反復する。これらすべての点で、キッチュは技術面からみるとガジェットの同類であることがわかる。ガジェットもまたキッチュと同じテクノロジーのパロディ、無用な機能の徒《あだ》花《ばな》的ひけらかし、つまり実際に役立つ内容をもたないでひたすら現実的機能のふりをすることにほかならない。このようなシミュレーションの美学はキッチュの社会的機能と奥深いところで結びついている。というのもキッチュは、階級的願望、階級上昇への予感、上層階級文化――その形式、習俗、差異表示記号――への魔術的同化[21]を表現するからである。それは文化変容の美学であり、モノのサブ・カルチャーへと結実するのである。

## ガジェットと〝遊び〟性

機械《マシーン》は工業社会の象徴だったが、ガジェットは脱工業化社会の象徴である。この言葉の厳密な定義は存在していない。しかし、消費対象とはあるモノが客観的機能（道具性）を相対的に失って記号としての機能をもつようになったものとして（消費対象として）規定されるなら、そして消費対象が一種の機能的無用性（何を消費するかといえば、それは「有用物」とはまったく別のものを消費することなのだ）を特徴としていることを認めるなら、ガジェットこそは消費社会におけるモノの真の姿なのである。それゆえ、すべてのモノはガジェットになりうるし、潜在的にはガジェットであるといってよい。ガジェットを定義するとしたら、潜在的無用性と遊び的な組み合わせによる価値をあわせもつモノということになるだろう。[22]かつて大流行した胸につけるピン・バッジもガジェットだし、あの「ヴェニュズィック」（まったく「純粋」でなんの役にも立たないピカピカ光る金属性の円筒）もそうだ（文鎮には使えるかもしれない。どんな役に立たないものでも文鎮にはなれるのだから！）「かたちは美しいが役には立たないモノを愛する皆さま、素敵な〝ヴェニュズィック〟が到着しました！」

それだけではない。「取引先の銀行、公証人、大切なs顧客、旧友など、相手に応じて使いわけられる」一三種類の活字付きのタイプライターだってやはりガジェットだ。あるモノが「客観

21 この意味で、キッチュとスノビズムのあいだには多少の関係がある。だが、スノビズムが貴族階級やブルジョアジーの文化変容の過程に結びついているのに対して、キッチュのほうは主としてブルジョア的産業社会における「中間階級」の台頭の結果生まれたものである。

22 もっとも、ガジェットは玩具ではない。玩具は子どもにとって象徴機能をもつからである。しかし、流行の玩具は流行という事実によってガジェットになる。

的にみて」どの程度役に立たないかは、決めようがないのだから。安物の手づくりアクセサリーも、ＩＢＭ製ポケット・メモもガジェットだ。

旅行に、オフィスに、ウィークエンドに、どこにでもあなたのお伴をするタテ一五センチ、ヨコ一二センチの小型装置をご想像ください。片手にとってワンタッチ、あとはあなたの決定を囁くのも、指示を聞きとらせるのも、成功談を語るのもご自由に。あなたの声はすべてポケット・メモに録音されます。……ローマでも東京でもニューヨークでも、あなたの秘書は一音節たりとも逃がしません……。

これほど役に立つものもないが、これほど無駄なものもない。技術が呪術的ともいえる精神状態や流行という社会的行動に服従する場合には、技術の産物さえもがガジェットとなるわけだ。自動車のクローム・メッキや二速ワイパー、パワー・ウィンドウなどはガジェットだろうか。そうともいえるし、そうでないともいえる。それらは社会的威信をもたらすという点で、多少は役に立つからだ。ガジェットという言葉に含まれる軽蔑的な意味は、モノの道具性に関する道徳的な遠近法から生じているにすぎない。この遠近法に従って、ある種のモノは役に立つが他のモノは役に立たないということになるが、この判断は、いったい何を基準にしているのだろうか。どんな取るに足らない装飾的なモノであろうと、なんの役にも立たないということはない。たとえ実用的価値がゼロだったとしても、そのためにかえって差異表示記号となるのである[23]。逆に、あるひとつのことにしか役に立たない（つまり転用できない）モノも存在しない。だから、明らかに副次的な機能を付与されているモノをガジェットと規定することにしないと、どうにもならないだろう。こうして、自動車のクローム・メッキだけでなく運転席や自動車全体さえもが、流行と威信の論理あるいはフェティシズムの論理に組みこまれる場合には、ガジェットとなる。今日では、モノの分類法そのものによって、すべてのモノがこの方向に向かいつつある。

擬似環境と擬似モノの世界はすべての「機能主義的発明家」を喜ばせる。生活芸術の技術者であるアンドレ・ファイユがいい例だ。彼の設計したルイ一六世様式の家具の扉を開くと、ピカピカのレコード・プレーヤーやハイファイスピーカーが現れる……。

> ファイユの家具はカルダーのモビールのように動きます。それは実際に使える芸術品。ライトの光とステレオの音楽に合わせて動かすと、彼のめざすあの総合スペクタクルに限りなく近づくことでしょう……人間工学を応用した家具、向きや大きさを自由に変えられるデスク、それにテレックス……そうです、ついに電話は人類に不可欠なものとなりました。電話のおかげで、プールサイドや公園の片隅からニューヨークを呼びだしたり、ホノルルからの声に応答したりできるのです。

23　完全な無用性によって規定される純粋なガジェットなどというものはまったくナンセンスだ。

これらすべては、ファイユにとって、「技術の生活術への隷属」を意味しているし、この広告コピーを読むとどうしてもレピーヌ発明コンクールのことが想い起こされる。テレビ電話付きの事務机と、ある有名な発明家の考案した冷水利用暖房システムとでは、どこが違うというのだろうか。とはいえひとつだけ違いがある。古き良き時代の職人芸的アイディアは骨董趣味の余技であり、英雄的ともいえる技術についてのいささか妄想じみた詩のようなものでもあった。ところがガジェットのほうは、日常生活を見世物じみたものにしてしまう体系的論理の一部であって、その結果この論理は、モノの環境、ひいては人間的・社会的環境全体に人工的性格やトリック性や無用性を付け加えるのだ。もっとも広義のガジェットは、モノが本来もっている目的性と有用性が迎えている全面的危機をモノの遊戯性の様式へ向かって乗り越えようとしている。だが、ガジェットはおもちゃが子どもに与えてくれる象徴的自由には今のところ到達していないし、実は到達することなどできはしない。ガジェット自体の価値は貧弱である。流行の産物であり、人びとを他のモノに向かわせるための人為的アクセルともいえるガジェットは、ひとつの回路に組みこまれることになる。そこでは、有用性と象徴性が一種の組み合わせ的無用性に溶解する。それはちょうど「総合」スペクタクルの場合と同じだ。そこでは、祭りさえもがガジェット（つまり社会的擬似イベント）――遊ぶ人のいない遊び――となるのである。現在この言葉に含まれる軽蔑的な響き（「そんなものはみなガジェットさ！」）はたぶん、倫理的価値判断だけでなく、モノの使用価値と象徴的機能の全面的消滅が引き起こす苦悩をも反映しているのだろう。

だが、逆もまた真なりである。ガジェットの組み合わせによる「ニュー・ルック」に新しさの礼讃（ガジェット自体を含めて、どんなモノについてでもかまわない）が対立することもある。新しさ、それはモノにとって最高の時期で、場合によっては恋愛感情にも似た高まり（特質とはいわないが）にまで達することもある。この段階は象徴的言説の段階で、流行も他人への気づかいもまだ入りこんでいない。子どもはこの充実した関係に従いながら、自分の持ちものや玩具を楽しむ。新品はなんの邪魔も入らない幼年時代にわれわれを連れ戻してくれるが、このことが大人にとっては新車や買ったばかりの本や新調の服あるいはガジェットのちょっとした魅力となっている。ここに働いているのは、消費の論理とは逆の論理である。

たしかに、ガジェットは、実用的でも象徴的でもなく遊び的なその使われ方によって規定される。モノや人間、文化や余暇、あるいは労働や政治に対するわれわれの関係をますます支配するようになっているのが、この遊び性である。モノ、財、関係、サーヴィスなどがすべてガジェットとなるかぎりにおいて、遊び性は現代人の固定的な日常生活の基調低音となる。遊び性はきわめて特殊なタイプの投資《アンヴェスティスマン》に対応している。経済的でもなく（役に立たないモノ）象徴的でもない（ガジェットには「魂」がない）この投資はもろもろの組み合わせそのものを楽しんだり組み合わせの変化を楽しんだりすることにほかならない。つまり、モノを技術的に変化させてみたり、モノの技術的可能性と戯れること、ゲームの規則を新規につくりなおして遊ぶこと、人間の運命的な組み合わせである生と死の組み合わせを壊して遊ぶこと、である。こう考えれば、家庭内にあるガジェットは、コイン・ゲーム、ティルリポ、クイズ番組、ドラッグストアのコンピューター・ゲーム、自動車のダッシュボード、さらには仕事場の現代的「雰囲気」をかもしだす電話からコンピューターにいたる「真面目な」技術的設備全体と結びつく。それらの機能に魅せられたり子どもっぽい発見や機械の操作にうっとりしながら、さまざまなメカニズムや色やヴァリエーションの「戯れ」に漠然とした、あるいは強い好奇心に導かれて、われわれはこれらすべてと多少なりとも意識的に「戯れる」。この種の好奇心こそは、戯れ（ゲーム）への情熱の「魂」なのだが、一般的で広がりすぎていて、そのためにかえって内容が貧弱で悲壮感に欠け、結局単なる好奇心——無関心と有頂天の中間に位置し、情熱に対立する概念として規定されるもの——に舞いもどってしまう。情熱とは、全人格あるいは人格として理解される何ものかへの具体的関係として理解することができる。それは全面的なエネルギーの集中を意味し、密度の高い象徴的価値をもっている。ところが、遊び的好奇心は諸要素の戯れへの単なる関心（たとえそれが激しいものであるとしても）にすぎない。

たとえば電気ビリヤード（ピンボール）をみてみよう。遊戯者は機械の騒音と振動と点滅するランプにすっかり夢中になっている。彼は電気と戯れるのだ。ボタンを押すと、神経系統と同じくらい複雑にからみあった色とりどりの電気コードの世界に電流と一緒に自分の神経衝動を駆けめぐらせているような気分になる。このゲームには、科学へのいわば魔術的な参加という効果がある。カフェで修理工が故障した機械を分解しはじめると、たちまちそのまわりにカフェ中の人びとが集まってくるのをみれば、この効果に納得がいくはずだ。コードの接続や配線など誰もわかりはしないのだが、全員が機械の内部のこの不思議な世界を根本的で疑う余地のない事実として受け入れている。これは、騎士と馬、労働者と道具、美術マニアと芸術作品の関係とはまったく別の関係である。人間とモノとの関係は、ここでは魔術的関係つまり幻惑され操作された関係以外のものではありえない。

こうした遊びの活動は、情熱と同じ性質をもつようにみえるかもしれないが、決してそうではない。それは消費活動である。このゲームでは一方で豆電球や機械の装置、他方で電気反応の抽象的操作が行われるが、先にみた例では、流行の移り変わりに応じた威信表示記号の操作が行われる。消費とは組み合わせ的遊びへの熱中《アンヴェスティスマン》のことであって、情熱《パッション》とは両立しえないのである。

## ポップ、消費の芸術？

すでにみたように、消費の論理は記号の操作として定義される。創造の象徴的価値も、象徴的な内面的連関も、そこには存在しない。消費の論理全体が、外面性のうちに存在しているのだ。モノは客観的な目的性と機能を失って、さまざまなモノのもっと幅の広い組み合わせの一項目となる。この組み合わせのなかでは、モノの価値は他のモノとの関係によって決定される。いいかえれば、モノは象徴的意味と何千年も続いた擬人化された地位を失い、もろもろの派生的意味作用の言説のなかにのみこまれようとしているのだし、それらの派生的意味作用もまた、互いに関係しあいながら全体主義的な（つまりそれらのもとになったあらゆる意味作用を統合できる）文化システムの枠内へとのみこまれようとしている。

これまでわれわれは日常的なモノの分析にもとづいて話を進めてきたが、モノに関する言説には、日常性とは別の言説が存在する。それは芸術の言説である。モノの社会的地位の変化および芸術と文学におけるモノの表現の展開の歴史をたどることは、それだけで十分示唆に富んでいるといえそうだ。あらゆる伝統的芸術において象徴的・装飾的かつ二次的な役割を演じたモノは、二〇世紀に入ると道徳的・心理的価値の変動に応じて変化することをやめてしまった。人間の傍らで代理としての役割に甘んじるのではなく、空間分析（キュビスムなど）の自律的要素として非常に大きな意味をもちはじめたのである。そのために、モノは粉々に砕け散って、（色やかたちなどの）抽象的概念にまで解体された。ダダとシュルレアリスムにおいてパロディ的復活に成功したものの、抽象絵画の出現によって破壊され消え失せたかにみえたこれらのモノは、新形象派やポップ・アートにおいて、ふたたび自己のイメージと一致することになったようである。モノの現代的地位という問題が提起されるのはこの段階においてであり、しかも、この問いが否応なくわれわれにつきつけられるのは、モノが突如として芸術的形象の頂点にのし上がったためである。

この問題は、ひとことでいえば次のようなものだ。ポップ・アートはわれわれのいう記号と消費の論理にもとづく現代芸術の一形式なのだろうか、それとも単なる流行の産物にすぎず、それ自体が純然たる消費対象なのだろうか。これらふたつの疑問は矛盾しない。ポップ・アートは、それ自体が（その固有の論理に従って）純粋で単純なモノとなりきることによって、モノの世界の調子を変えることが認められるからだ。広告もやはりこうした両義性を伴っている。

別のいい方をすれば、消費の論理は芸術表現に伝統的に与えられている最高の地位を認めず、これを退けるということだ。厳密にいえば、モノの本質やモノの意味作用がイメージよりもとくに優越しているといった事態はもはやなく、両者のうちのどちらかが他方の真理になるということもない。モノもイメージも互いに膨張しあってついに同じ論理的空間のなかで共存しあうことになる。両者はこの論理にもとづいてともに記号[24]としての役割を（差異表示的・可逆的・組み合わせ的関係を保ちつつ）「演じる」。ポップ以前の全芸術は「奥底にひそむ[25]」世界を見抜こうという態度の上に成り立っていたが、ポップは記号の内在的秩序に同化しようとしている。つまり、記号の産業的大量生産、環境全体の人為的で人工的な性格、モノの新しい秩序の膨張しきった飽和状態、ならびにその教養化された抽象作用に同化しようとしているといってもよいだろう。

ポップはモノのこの全面的世俗化の「実現」に成功しているだろうか。過去のあらゆる絵画の魅力であった「内面の輝き」が少しも残らないほど徹底した外在性を特徴とする新しい環境の「実現」に成功しているだろうか。ポップは聖性を喪失したものの芸術、つまり操作だけにもとづく

24 ブーアスティン『幻影の時代』を参照のこと。

25 たとえばキュビストたち――彼らが追求するのもやはり空間の「本質」、「秘密の幾何学」の暴露などだ。ダダ、デュシャン、シュルレアリストたち――モノからブルジョア的機能を奪いとり、破壊を秘めた月並みなオブジェに仕立てあげ、また不条理が呼び起こす失われた本質と本物の領域を想起させようとする。ポンジュ――むきだしで具体的なモノを彼が把握するときにも詩的意識と詩的知覚が働いている。要するに、詩的なものであれ批判的なものであれ、「それがなければすべてのモノが本来の姿を取り戻すであろう」芸術（ポップ以前の）はことごとく超越性を糧としている。

芸術なのだろうか。それとも、それ自体が聖性を喪失した芸術、つまりモノを創造するのではなく生産する芸術なのだろうか。

ポップ・アーティスト自身もそうだが、こんなことをいう連中がいるかもしれない。「そんなむずかしいことじゃないんだ。彼らはやりたいことをしているんだから、本当は楽しんでいるってわけだ。自分のまわりを見わたして、目に映ったものを描いている。自然発生的リアリズムさ……」。だが、この意見は誤っている。ポップが意味するものは、遠近法とイメージによる喚起作用の終焉、証言としての芸術の終焉、創造的行為の終焉、そして重要なことだが、芸術による世界の転覆と呪いの終焉なのだ。ポップは「文明」世界に含まれるだけでなく、この世界に全面的に組みこまれることをめざしている。文化全体から華やかさ（そして文化の基盤さえも）を追放しようという、超越的で気違いじみた野望がそこには存在している。ひとつのイデオロギーが存在しているともいえるかもしれない。ここで、次のふたつ異論を片づけておこう。「ポップはアメリカの芸術だ」という声がある。モノの素材（星条旗への執着も含めて）にしても、プラグマティックで楽天的で経験主義的な行動にしても、自他ともに許すある種のスポンサーや蒐集家のあまりにも明白なアメリカびいきにしても、この声を裏づけているようだが、こうした議論は一面的である。客観的な立場から反論してみよう。たとえポップがまったくアメリカ的なものだとしても、ポップ・アーティストたちは自分自身の論理に従って、この芸術を引き受けるほかはないのだ。彼らのつくるモノが「アメリカ語をしゃべる」としても、それらのモノが自分を巻きこんでいるこの神話以外には伝えるべき真理をもたないからである――モノはこの神話的言説を完成させ、自分自身もそこに入りこむことぐらいしかできないのだ。消費社会が自分のつくりだした神話のなかで動きがとれなくなってしまい、自分自身についての批判的遠近法をもたない以上、また消費社会の定義そのものからそうした事態が生じている以上[26]、芸術の存在と働きの面で、右にみたような不透明な自明の前提と妥協したり共犯関係に入ることなしには現代芸術は存在しえない。だからこそ、ポップ・アーティストたちは実際に目に映ったとおりにモノを描く。なぜなら、モノは「工場の組み立てラインから出てきたばかりの」既成の記号として、神話的に機能するからだ。

それゆえ、彼らはこれらのモノが伝達する頭文字やマークや宣伝文句を好んで描くのだし、極端にいえば、それらだけを描けばいいのだ（ロバート・インディアナ）。これは遊びでも「リアリズム」でもなく、消費社会の誰の目にも明らかな現実を承認すること、すなわちモノと製品の真の姿はそれらにつけられたマークだということにほかならない。そうした現象が「アメリカ的」なら、アメリカ的だということは現代文化の論理そのものなのであって、ポップ・アーティストたちがその点を強調したからといって、非難はできないだろう。

彼らが商業的成功をおさめ、この成功を恥ずかしげもなく受け入れていることも、やはり非難できはしないだろう。ポップ・アートが呪われた芸術となり、聖なる機能をふたたび授けられるようなことにでもなれば、最悪の事態というべきかもしれない。モノの世界に背を向けず、むし

26 「結論」の「消費の消費」の項を参照のこと。

ろそのシステムを探索しようとする芸術が、システムの内側に入りこむのは当然だ。それは（これまでの芸術につきまとっていた）偽善とまったく非論理的な態度の終焉でさえある。過去の（一九世紀末以降の）絵画は作品に表れた才能の輝きと超越性にもかかわらず署名入りの（記号としての）モノであったし、署名の力によって商品化されえたのだが（抽象的な表現主義の画家たちはこの輝かしい才能と恥知らずの日和見主義《オポチュニズム》を最大限に発揮した）、これとは反対にポップ・アートは絵画の対象とモノとしての絵画を和解させる。筋が通っているといおうか、それとも逆説的というべきだろうか。モノへの偏愛とか「商標付きの」モノや食料品の際限のない形象化を通して――もちろん商業的成功を通じて――「署名入り」の「消費される」モノとしての芸術という独自の地位を追求した最初の芸術がポップなのである。

とはいえ、この筋の通った試みは、われわれの伝統的な美意識に反するとしても、全面的に認めざるをえないのだが、それでもやはり、この試みが遠からず埋没してしまうかもしれないあるイデオロギーと二重写しになっている。そのイデオロギーとはブルジョア的自発性の最良の時期を想い起こさせる「自然」と「目覚め」と本物主義のイデオロギーである。

この「急進的経験主義」、「非妥協的実証主義」、「反目的論」（マリオ・アマヤ『芸術としてのポップ』）は、危険なほど秘儀伝授的性格を帯びることがある。

オルデンバーグ――「ある日私はジミー・ダインと一緒に町をドライブしていた。たまたま、両側に小さな商店の立ちならぶオーチャード街を通ったとき、〈商店〉の幻覚に襲われたことをはっきりと憶えている。商店にすっかり取り囲まれてしまっている自分を想像すると、新しい世界が目の前に現れた。まるで美術館にでも入りこんだように、私はありとあらゆる種類の商店のあいだを走りまわった。ショーウィンドウや陳列ケースに並んだ商品が、貴重な美術品のように見えてきた」。

ローゼンクィスト――「その時突然アイディアが窓から飛びこんできたような気がした。部屋のなかを飛びまわっているそれらのアイディアをつかまえ描きさえすればよかった。アイディアも構図もイメージも色もすべてがひとりでに動きだして、自然にカンヴァスにおさまった」。

このように「インスピレーション」という点では、ポップ・アーティストたちは過去の時代の芸術家たちにひけをとらない。ところでこのテーマはウェルテル以来、真実を描くためには自然に忠実でありさえすればよいというような自然の理想性を暗示している。この自然を目覚めさせ表現するだけで十分というわけだ。ラウシェンバーグとジャスパー・ジョーンズにインスピレーションを与えた、音楽家であり理論家でもあるジョン・ケージはこう書いている。「……芸術は生の確認となるべきである――それ以外のものをもたらす試みであってはならず……われわれが現に生きつつあるこの生を目覚めさせる単なる一方法となるべきなのだ。精神と欲望の干渉から遠ざけて自然に行動させてやれば、この生は実にすばらしいものとなる」。こうして啓示された領域――つまり自然のように見えてくるイメージと商品の世界――の存在を認めれば、やがて神秘主義的リアリズムの信仰告白にたどりつくことになる。「〔描かれた〕旗はただの旗だったし、数だって単なる数でしかなかった」（ジャスパー・ジョーンズ）。「音が純粋の音となるような手段を見つけださなければならない」（ジョン・ケージ）。これらの言葉から、彼らがモノの本質すなわち絶対的現実というレベルの存在を前提としていることがわかるが、それは日常的生活環境のレベルではありえず、この環境に対立する超現実の世界となっている。だからウェッセルマンはなんの変哲もない台所のもつ「超現実性」について語るのである。

要するに、ポップのイデオロギーはまったく混乱しているが、目に映る事物の単なる羅列（消費社会における印象派のようなものだ）からなる一種の行動主義に、自我と超自我を剝ぎとって環境界の「エス（無意識）」をふたたび見出そうとする禅や仏教のおぼろげな神秘主義が付け加えられたものと考えられる。この奇妙な混合物もやはりアメリカ的なのだ！

だが、このイデオロギーには重大な曖昧さと矛盾が存在している。なぜなら、周囲の世界をあるがままに示さずに、つまりまず操作可能な記号の人工的な場、感覚や視覚の代わりに差異表示的知覚と意味作用の戦術的組み合わせとが働いているまったくの文化的人工物として示さずに、啓示された自然や本質として示すことによって、ポップは次のような二重の含意をもつからである。第一に、ポップは統合された完全な社会のイデオロギー（現在の社会＝自然＝理想社会という図式で、それはすでに見たようにポップの論理そのものだ）である。第二に、ポップは芸術の聖なる過程をすっかり再生させる。ところが、そうなればポップの基本的目標は台なしになってしまう。

ポップは平凡さの芸術であろうとする（だからこそポピュラー・アート〔大衆芸術〕と自称するのだ）。しかし、崇高というカテゴリーの現代版であるひとつの形而上学的カテゴリーでないとすれば、平凡さとはいったいなんだろうか。モノは使用され何かの役に立つとき（ウェッセルマンのいう「使用中の」トランジスター・ラジオ）にだけ平凡なのであって、なんらかの意味をもつようになると同時に平凡でなくなる。ところで、すでにみたように、現代的なモノの「真の姿」は何かの役に立つことではなくなんらかの意味をもつことであって、道具としてではなく記号として操作されることだ。ポップの功績といえば、せいぜいこの事実をわれわれに示してくれたことぐらいなものだろう。

最も急進的なポップ・アーティストであるアンディ・ウォーホルはまた、作品制作上の理論的矛盾や、作品がその真の対象を予想することに伴うさまざまな困難が、最も集中的に現れている画家でもある。彼はいう。「カンヴァスはこの椅子やあのポスターと同じ意味で、まったく日常的なモノだ」（またしても芸術を消滅させようというわけだ。ここにはアメリカ的プラグマスティズム——モノの有用性によるテロリズム、体制順応への脅迫——と同時に、供犠的神秘主義の反映が見出される）。彼はこう付け加える。「現実は媒介物を必要としない。現実を環境から切り離してカンヴァスの上に置くだけでいいのだ」。だが、この言葉にはわれわれの問題のすべてがひそんでいる。なぜなら彼のいう椅子（ハンバーガーでも自動車のフェンダーでもピンナップ・ガールの顔でもいいのだが）の日常性とは、まさにその椅子の置かれた状況にほかならないし、とりわけ、同じようなまたは少しだけ異なるすべての椅子を順々につないでいる系列的脈絡にほかならないのだから。日常性、それは反復における差異のことである。椅子をこの状況から切り離してカンヴァスの上に描くとき、椅子の全日常性が剝奪され、同時にカンヴァスも日常的なモノとしての一切の性格を失う（だからこそウォーホルによれば、カンヴァス上の椅子は実際の椅子そっくりでなければならなかった）。この手づまりの状態はよく知られている。芸術は日常的なもののなかに埋没すること（カンヴァス＝椅子）はできないが、日常的なものを日常的なものとして把握すること（カンヴァス上の椅子＝実際の椅子）もできない。内在性も超越性もどちらも不可能だ。それらは同じ夢のふたつの側面なのだから。

ひとことでいえば、日常性の本質も平凡さの本質も存在しない以上、日常性の芸術は存在しないということになる。神秘主義的アポリアではある。ウォーホルたちがこの芸術の存在を信じているとすれば、芸術と芸術創造の定義そのものについて思い違いをしているのだ——芸術家にはよくあることである。実際の制作行為のレベルでも、同じ神秘主義的ノスタルジーが認められる。「私は機械になりたい」とアンディ・ウォーホルは語り、実際、型付板やシルクスクリーンなどを用いた作品を制作している。芸術にとって、機械的であることを自負することほどひどい傲慢はないし、本人の意思にかかわらず創造者とみなされている者にとって、大量生産のオートマティズムに身を委ねることほど気取った態度はない。とはいえポップ・アーティストたちの不誠実さを非難するには当たらない。彼らの筋の通った要求は芸術の社会学的・文化的定義という問題にぶつからざるをえないが、この問題を前にして彼らはどうすることもできないのだから。この無力さこそが彼らのイデオロギーの表現なのだ。ポップ・アーティストたちが自分の活動から聖性を追放しようとすればするほど、社会は彼らを神聖化する。芸術のテーマと制作活動から聖性を追放しようとする彼らの試みは、どれほど過激なものであろうとも、これまでみられなかったような芸術の礼讃と顕示にたどりつく。絵画が聖なる超・記号（署名入りのひとつしかないモノ、高貴で魔術的な取引の対象）でなくなるためには、作品の内容と作者の意図だけでは不十分だということを、彼らは忘れている。そのような事態を可能にするのは、文化創造の構造そのものなのである。

極端ないいかたをすれば、他のあらゆる産業の場合と同じように、絵画市場の合理化だけが、絵画を世俗化し日常的なモノとすることができるだろう。[27] もっとも、そんなことは考えられないし、不可能だし、望ましいことでさえないように思われるが、案外そうでないのかもしれない。いずれにせよ、それは最終的な事態で、そうなれば絵を描くのをやめるか、さもなければ芸術創造という昔ながらのつくり話の段階にまで後退するという代償を払って描きつづけるかのどちらかを選ばなければならない。この亀裂を通じて絵画の古典的価値が復活する。オルデンバーグの「表現主義的手法」、ウェッセルマンのフォーヴ的・マチス的手法、リキテンスタインの現代的スタイルと日本の書道を取り入れた手法などがそうだ。もっとも、これらの「伝説的」反響つまり「これでもやはり絵にはちがいない」と人びとにいわせる効果などは、われわれとは関係がない。ポップの論理は美的価値の評価やモノの形而上学とは別のところに存在しているのである。

ポップは、知覚のさまざまなレベルでの遊びと操作と定義することができるだろう。つまり一種の精神的キュビスムなのだが、空間の分析によってではなく、（客観的現実、反映としてのイメージ、描写された形象、技術による形象〈写真〉、抽象的図式化、論弁的言表などの）知的・技術的設備を用いてひとつの文化が幾世紀もかかって完成させた知覚様式に従いつつ、モノの描く軌跡を屈折させようとするのである。他方では表音文字（アルファベット）の使用と工業技術の発展は、分割と分裂と抽象と反復の図式をわれわれに押しつけた（民族誌家の報告によれば、未開人はまったく同一の本を何冊も

27　この意味でポップの実態は給与所得と広告掲示板であって、契約と画廊ではなさそうだ。

一度に見せられるとびっくり仰天するという。彼らの世界像全体が揺さぶられるからだ）。これらのさまざまな様式のうちには、指示と承認の修辞法の無数の形態がみられる。ポップが登場するのはこの段階で、こうした多様なレベルや様式間の差異とこの差異の知覚に働きかける。リンチの光景をシルクスクリーンで印刷した作品はある現実を想起させるのではなくて、マス・コミュニケーションの力によって三面記事やジャーナリスティックな記号に変質したリンチを前提としている――そしてこの記号がまたシルクスクリーン印刷によって別のところで形象化される。マス・メディアのなかで繰り返し現れる写真にしても、もとになるたった一枚の写真の存在を、さらにいえばその写真の被写体である実在の人やモノを前提としている。この実在の人やモノが作品中に出現しても、作品をぶち壊すようなことはないだろう――組み合わせがもうひとつ増えるだけのことなのだから。

　ポップは現実的なるものをもたず意味作用のレベルだけをもつ。ポップには現実の空間は存在しない。カンヴァスの空間、異なる記号としての要素の羅列とそれらの相互関係の織りなす空間があるばかりだ。同様に、現実の時間も存在しない。唯一の時間は読みとりの時間であって、それはモノとそのイメージとを、あるイメージとそれが反復されたイメージとを弁別する知覚の時間、イメージに合わせて、現実のモノとその作為的人工物との関係にあわせて、精神を矯正し順応させる作業に要する時間である（この作業は無意識的想起《レミニッセンス》ではなくて、場所の違いと論理の違いを弁別することだ）。この読解行為はもはや作品の分節的構成や一貫性を探すことではありえず、作品を一《いち》瞥《べつ》して全体の状況を確認することとなるだろう。

ポップが最もポップ的な企てにおいて行う活動は、われわれの「美的感情」とはかけ離れている。ポップは「クールな」芸術であって、美的陶酔も感情的または象徴的合一（深い巻きこみ）も要求しないが、その代わりに一種の「抽象的巻きこみ」、道具への好奇心を要求する。この好奇心には子どものころの好奇心や発見の素朴な喜びのようなものが残っていることはいうまでもない。だからポップを消費社会のエピナル版絵本や祈禱書のようなものとみなすこともできるが、ポップという絵本は先に述べたコード解説などの知的反射機能をとくに作動させるのである。

要するに、ポップ・アートは大衆芸術（ポピュラー・アート）ではないのだ。なぜなら、民衆的文化のエトス（それが存在すると仮定してのことだが）は明らかに曖昧なところのないリアリズムと直線的叙述（反復と各レベルでの屈折ではなくて）、アレゴリーと装飾性（これらは本質的な「もうひとつの何か」を指示するカテゴリーで、ポップ・アートにはない要素だ）、および道徳的変化に結びついた情緒的合一[28]を拠りどころとしている。ポップ・アートが「具象」芸術と取り違えられることがあるが、それは消費社会の色つき絵本や素朴な年代記などのまったく幼稚なレベルにおいてである。ポップ・アーティストたちが好んで具象派ぶっているのは事実だ。彼らの無邪気さと曖昧さは大変なものだが、彼らのユーモアまたはそう思われている気質についてはまだはっきりしたことはいえない。この点に関して、見物人たちの反応を書きとめておくことは無駄ではないだろう。ポップの作品

28　「ポピュラー」アートはモノにではなく、いつでもまず最初に人間と動作に注目する。だからソーセージや星条旗を描かずに、ソーセージを食べている人間や星条旗に敬礼している人間を描くだろう。

は多くの見物人に、道徳家的であると同時に卑猥でもある笑い（少なくとも笑いたい気持ち）を起こさせる（これらの絵はクラシックな見方をすればたしかに猥褻《わいせつ》だ）。次に、描かれたモノに対してなのか、絵そのものに対してなのかはわからないが、嘲るような微笑を引き起こす。それはすぐに共犯者的な性格を帯びる微笑である。「こいつはあまり真面目な絵じゃないな。でも眉をひそめることもないだろう。本当は、きっと……」。ここには、作品をどう解釈したらいいかわからないために生じる、自嘲と苛立《いらだ》ちの気持ちも多少混ざりあっている。そう考えれば、ポップはユーモアに満ちあふれていると同時に、ユーモアがないことになる。どうみても、ポップは破壊的で攻撃的なユーモアやシュルレアリスムのオブジェのぶつかりあいとは関係がない。つまりいくつかのモノを機能の面で互いに短絡させることはもはやありえず、相互関係を分析するためにそれらを並置することが問題となっている。この手続きは暴力的なものではなく、[29]せいぜい文化的違和感に近い効果をもつにすぎない。実は、問題は別のところにあるのだ。消費社会のシステムにおいては、「ある微笑」〔フランソワーズ・サガンの小説の題名でもある〕でさえ消費によって強制される記号の一部となっていることを忘れてはならない。微笑はもはやユーモアや批判的隔たりではなく、今日ではウィンクというかたちで表現される、あの超越的で批判的な価値を想起させることしかできない。この偽りの隔たりは、スパイ映画やゴダールの映画、あるいはそれを文化的暗示として恒常的に利用するモダンな広告などいたるところに認められる。極端にいえば、この「クールな」微笑については、どこまでがユーモアの微笑でどこまでがコマーシャリズムの共犯者の微笑なのかもうわかりはしない。ポップの場合にも、同じことが起こっている。ポップの引き起こす微笑は、結局ポップの曖昧な性格の集中的表現であって、批判的隔たりの微笑ではなく、共犯者の微笑なのである。

### メッセージの編成

テレビ、ラジオ、新聞、広告は記号とメッセージの不連続体となっていて、そこではあらゆる領域が等価物として扱われる。ラジオ放送の一部を無作為に抜きだしてみよう。

——ヒマワリ印のクリオ洗剤のコマーシャル
——ビアフラ戦争〔一九六七~七〇〕のルポルタージュ
——リップ製時計のコマーシャル
——死刑廃止についての討論
——ダンロップSPスポーツ・タイヤのコマーシャル
——過去二週間の社会騒擾《そうじょう》の要約
——レミントン剃刀のコマーシャル

29 事実、われわれはそこに「テロリスト的」ユーモアをしばしば読みとるが、それはわれわれの批判的ノスタルジーの力である。

世界史の動きとモノの表示が交互に現れるこの長ったらしい呪文（全体が黒の頁とバラ色の頁――もちろん広告のページ――の交互する一種のプレヴェール風の詩となっている）のなかでは、ニュース番組に重点がおかれているようにみえる。しかし、逆説的なようだが、この時間は中立性と非人格性の時間でもある。世界についての言説は、立場を明らかにすることを望まない。基調音となったこの「白紙性」は、陽気で熱っぽくビブラートのかかったモノの言説の強烈な自己宣伝とはまったく対照的である。実生活のエピソード、世の中の現実、説得などのもつ悲壮感がモノとその言説中にそっくり移転されているのだ。こうして「ニュース」の言説と「消費」の言説は、後者にのみ感情的色合いを帯びさせるために注意深く配合されているわけだが、この配合は背景やくどいほど繰り返される（だからこそ安心感のある）記号のネットワークとしての機能を広告に与える。世界情勢の変動にしても、記号のネットワークに少しずつ記録され、ワンカットずつ切り離されて無色透明になってしまうと、たちまち消費の論理に従いはじめる。ラジオのニュース番組は無秩序な寄せ集めのようにみえるが、そうではない。ニュースとコマーシャルを計画的に交代させながら、聴取者に受信の唯一の図式、つまり消費の図式を押しつけるのである。

おしゃべりなコマーシャルが、世界史などどうなってもよい、消費のためのモノだけが投資に値すると思いこませるから、そうした結果になるわけではない。それは二次的なことだ。実際の手口はもっと巧妙で、メッセージを組織的に連続させ、歴史と三面記事、事件とスペクタクル、ニュースとコマーシャルの、記号のレベルでの等価性を押しつけるのである。真の消費効果はこの点にあるのであって、直接的な広告の言説のなかにあるのではない。テレビやラジオという技術的媒体や手段の力を借りて、事件と世界をバラバラに切り離し、断続的に継起するが互いに矛盾しないメッセージ（放送という抽象的次元において他の記号と並んで組み合わせられる記号）とすることこそ、消費の効果である。したがって、われわれがここで消費するのは、あれこれのスペクタクルやイメージそのものではない。想像しうるありとあらゆるスペクタクルが次々と出てくる可能性をわれわれは消費するのだ。しかも番組の継続と切り取りの法則のおかげで、あらゆることが月並みなスペクタクルと記号としてだけ出現するのだという確信をも、われわれは消費している。

## メディアはメッセージである

ここでは、少なくとも前述の意味で、マクルーハンの公式「メディアはメッセージである」を消費分析の基本的特徴として受け入れる必要がある。テレビとラジオというメディアによって運ばれる真のメッセージ（無意識のうちに心の奥底で解読され「消費」されるメッセージ）は、音やイメージの明示的内容ではなく、現実を等価記号の連鎖へと分解するというこれらのメディアの技術的本質に結びついた強制的図式であるという事実を、この公式は示唆している。つまり、それは、ヴェトナムもミュージック・ホールもまったく抽象的なものに変えてしまって、一方から他方へと正常に移行させることだ。この移行は計画されたものではあれ、やはり奇蹟的といってよいほど驚くべきことである。

この移行には一種の工学的慣性の法則が作用していて、真に迫ったドキュメントや「ライヴ中継」が盛んになるにつれて、ありのままの現実は片隅に追いやられ、技術水準の飛躍的向上とともに現実の世界はかえってわれわれから遠ざかってゆく。ヴェトナム戦争のルポルタージュがコマーシャルを、コマーシャルがニュースを、という具合にそれぞれのメッセージが別のメッセージを指示することが第一の機能であるというテレビとラジオの「真相」が、こうしてますます強調される――メッセージの組織的羅列こそがメディアという言説の形態であり、メディア自身のメッセージとその意味なのである。しかし、メディアが自分自身についてこのように説明しながら、世界の切り取りと解釈の全システムを押しつけている点を見逃してはならない。

マス・コミュニケーションのこのテクノロジー的過程によって、一種のきわめて命令的なメッセージが運ばれる。それはメッセージの消費というメッセージである。つまり、世界の切り取り、スペクタクル化・否認というメッセージ、情報の商品化とその記号としての内容を礼讃するメッセージである。簡単にいえば、条件づけ（広告的な意味での条件づけ――この意味で広告はとりわけ「大衆的」なメディアであって、広告の図式は他のあらゆるメディアに浸透している）と否認の機能なのだ。

このことはすべてのメディアに当てはまるし、書物というメディア、マクルーハン理論の中心概念のひとつである「読み書き能力」についても成り立つ。マクルーハンによれば、印刷された書物の出現がわれわれの文明の方向を変える画期的な出来事であったのは、書物によって世代から世代へと伝達された内容（イデオロギー、情報、科学的知識など）のためというよりはむしろ、書物がその技術的本質を通じて行うシステム化という根源的な強制のためである。彼によれば、書物はまず技術的モデルであって、それを支配するコミュニケーションの秩序（視覚化された世界の切り取り、文字、単語、頁など）は、長期的にみれば、コミュニケーションの明示的言説であるどんな象徴や観念や幻覚よりも豊富な意味をもち、はるかに決定的なモデルなのだ。「テクノロジーの効果は意見や概念のレベルに現れるのではなく、感覚的情報と知覚モデルとを絶えず無意識のうちに入れ替える」

たしかにそのとおりだ。メディアの伝達する内容はほとんどの場合、メディアの現実の機能を隠蔽してしまう。この内容はメッセージになりすましているが、真のメッセージ（明示的言説はそれから派生した二次的含意）とは、人間関係の深部で起こる（価値基準や階梯、モデル、型の）構造的変化のことなのである。大ざっぱないい方をすれば、鉄道の「メッセージ」とはそれによって運ばれる石炭や乗客たちではなく、ひとつの世界観、人口密集地域の獲得した新しい地位なのだし、テレビの「メッセージ」はそれによって伝達されるイメージではなく、テレビによって強制される関係と知覚の新しい様式であり、家族と集団の伝統的構造の変化なのだ。さらに付け加えれば、テレビと現代的マス・メディアの場合には、そこで受信され同化され「消費」されているのは、個別的なスペクタクルというよりはむしろ、あらゆることがスペクタクルになりうるという可能性なのである。

したがって、マス・メディアの真の姿は次のようなものである。マス・メディアの機能は、世界がもっている現実に生きられた——一回限りの——出来事としての性格を中和し、互いに意味を補完しあい指示しあう同質な各種のメディアからなる多元的な世界で現実の世界を置きかえてしまうことだ。結局、各種のマス・メディアは互いに同じ内容になってしまう。——これこそは消費社会の全体主義的「メッセージ」にほかならない。

テレビというメディアがその技術的組織を通じて伝達するのは、意のままに視覚化され、意のままに切り取られ、イメージによって読みとられる世界の観念（イデオロギー）である。テレビは、記号システムとなった世界に対する読解体系の全能性というイデオロギーを伝達する。テレビの画像は不在の世界のメタ言語活動《ランガージュ》であろうとしている。最も取るに足らない技術的製品やガジェットでさえ技術がいたるところで勝利する見込みの現れであるのと同様に、イメージ／記号は、世界の徹底的な虚構化、つまり現実の世界を全面的にイメージ化すること（イメージはいわば世界の記憶——普遍的読解の細胞——のようなものだ）の傲慢さの現れである。「イメージの消費」の背後には、読解体系の帝国主義が姿を現している。読むに足るもの（読まねばならないもの、「伝説的なもの」）だけしか存在しなくなるような事態がますます迫っているのだ。そうなれば世界と世界史の真実などもはや問題ではなくなり、読解システムの内的整合性だけが問われるようになるだろう。こうして、混乱と紛争と矛盾に満ちた世界に、各種のメディアがまったく抽象的だが首尾一貫した自己の論理を押しつけ、マクルーハンの表現によればメディア自身をメッセージとして押しつけている。われわれが「消費する」のは、技術的であると同時に「伝説的」でもあるコードに従って細分化され濾過され再解釈された世界の実体である。世界のすべての内容、文化全体は最終生産物として、記号の用具として産業的に処理されることになる。そこからは、文化的であれ政治的であれ、出来事としての価値はすべて雲散霧消してしまっている。

記号を、意味するもの《シニフィアン》と意味されるもの《シニフィエ》の結合体とみなせば、次の二種類の混同の本質が明らかになる。第一のタイプは子どもや未開人に見られる混同で、意味されるもののために意味するものが消滅することがある（自分自身の像を別の生き物と思いこむ子どもや、スクリーンから消えた人間はどこへ行ったのかと怪しむアフリカ人のテレビ視聴者の場合）。第二のタイプの混同では反対に自己自身に収斂するイメージや、コードに収斂するメッセージの場合、意味するものが自ら意味されるものとなる。この時、ふたつのものがひとつの円環をなして合体し、意味するものだけが際立つ。すなわち、意味されるものの消滅と意味するものの同語反復である。この第二のタイプの混同こそが消費を、マス・メディアのレベルでの組織的な消費の効果を規定するのだ。イメージを媒体として現実の世界に向かうのではなく、イメージのほうが世界を回避して自分自身に戻るわけである（意味されるものの不在証明の背後で、意味するものが自らを示している）。

こうして、意味されるものに収斂するメッセージ——他律的メッセージ——から意味するものに収斂するメッセージへの移行がみられる。たとえばテレビの場合、イメージによって意味を付与される出来事からイメージへの移行がなされる（イメージとしてのイメージとは、まさにこれらの意味されるものとしての出来事とは異なるイメージ、スペクタクルめいたイメージである。それはブレヒトの言葉を借りれば「料理のような」イメージであって、吸収されながら消滅してしまい、それ以上何ものも指示しないのである）。イメージは出来事の（歴史的・社会的・政治的）独自性を認めようとも理解しようともしないで、イデオロギー的構造であると同時に技術的構造でもある同一のコードに従ってすべての出来事を無差別に再解釈して人びとに引き渡すという意味でも、出来事とはまったく別のものである。ここでいうコードとは、テレビの場合なら、大衆文化のイデオロギー・コード（道徳的・社会的・政治的価値体系）およびメディア自身の切り取り、分節化の様式のことで、メッセージの多面的で流動的な内容を中和し、メッセージがもっている意味の命令的強制で置きかえるある種の言説性を押しつける。メディアがもっているこうした深層の論弁性は、イメージの明示的言説とは反対に、視聴者によって無意識のうちに解読されるのである。

## 広告のメディア

この意味で、広告はおそらく現代の最も注目すべきマス・メディアである。広告は個別的なモノについて語りながら、実質的にはあらゆるモノを礼讃し、個別的なモノや商標を通して総体としてのモノ、モノと商標の総和としての世界について語っているわけだが、同様に個別的消費者を通して全消費者に、また全消費者を通して個別的消費者に狙いをつける。こうして広告は、総体としての消費者なるものをでっち上げ、マクルーハン的な意味で、つまりメッセージのなかに、とりわけメディアそのものとコードのなかにはじめから伏在している共犯と共謀の関係を通じて、消費者を部族のメンバーのような存在にしてしまう。広告のイメージや文章はその都度すべての人びとの同意を強要する。彼らは潜在的にそれらを解読することを求められている。いいかえれば、彼らはメッセージを解読しつつ、メッセージが組みこまれているコードへの自動的同化を強制されているのである。

したがって、広告のマス・コミュニケーションとしての機能は、広告の内容や伝達方式や（経済的・心理的な）表面的目標に由来するのではなく、また広告の分量やその現実の受け手に由来するのでもなく（もちろんこれらにはそれなりの重要性があり、媒体として利用されてはいるが）、自律したメディアの論理から生じる。なぜメディアが自律しているのかといえば、メディアが実在的なモノ・実在的世界・準拠枠へ送り戻されるのではなくて、ある記号を他の記号へ、あるモノを他のモノへ、ある消費者を他の消費者へと順番に指示するからである。同様に、一冊の書物も、ある読者を同じ本を読むすべての人びとに同調させるなら（この時本を読むという行為は本の内容とは縁のない、文化的なれあい関係の単なる記号にすぎない）、あるいはモノとしての書物が同じ叢書中の他の書物を買う気にさせるならマス・コミュニケーションの手段となる。そればかりではない。象徴的システムである言語活動さえもが、商標と広告コピーのレベルでマス・メディア化される過程を分析することもできるだろう。いたるところで、マス・コミュニケーションは技術的メディアとコードのレベルでのこうした組織化、すなわち現実の世界にではなくメディア自身にもとづいて行われるメッセージの組織的生産によって規定されている。[30,31]

## 擬似イベントとネオ・リアリティ

われわれはここで、ブーアスティンが『幻影の時代』〔一九六二年〕で述べた擬似イベント、擬似歴史、擬似文化の世界に入りこむ〔「合成的な新奇な出来事《イベント》がわれわれの経験には充満しているが、私はそれを〈擬似イベント〉と呼ぶことにする」〈ブーアスティン『幻影の時代』後藤和彦・星野郁美訳、東京創元社、一七頁〉」。それは、矛盾に満ちてはいるが現実的で流動的な経験から生まれたのではなく、コードの諸要素とメディアの技術的操作にもとづいて人工物として生産された出来事や歴史や文化や観念の世界である。このような事態だけがすべての意味作用を消費可能なものとして定義する。マス・メディア的消費を規定するのは、実在系をコードで置きかえるこの手続きの一般化なのである。ナマの出来事は交換そのものであって、交換用具ではない。それはマス・メディアという一連の産業生産系によって濾過され、細分化され、仕上げられて、他の工業製品と同類の完成品、つまり完成された記号の組み合わせの用具とならないかぎり、「消費可能」ではない。これは女性の化粧と同じ操作だ。化粧とは、技術的要素と強制的な意味作用のコード（「美」のコード）にもとづいて、実際のあまり整っているとはいえない顔立ちを、抽象的だが一貫性のあるメッセージの網の目で全面的に置きかえることなのだから。

現代の日常生活に入りこんだ人工物、化粧や擬似モノや擬似イベントを生産するこの巨大な機構を、本物の「内容」の歪曲や偽造とみなすことは差し控えなければなるまい。すでに述べたことからわかるようにマス・メディア化された消費においては、内容の「偏った」再解釈をはるかに超越した次元で、意味を歪曲し、政治を非政治化し、文化を非文化的にし、肉体を性から切り離す作業が行われる。すべてがこうしてかたちを変えた。コードの要素の組み合わせにもとづくまったくつくりものの「ネオ・リアリティ」が、いたるところで現実に取ってかわっている。オペレーションズ・リサーチやサイバネティックスで用いられるシミュレーション・モデルに似た

30 人びとがこの意味で言語活動をいかに消費しうるかは容易にわかることだ。言語活動は、意味の媒体とならずに帰属意識の共示《コノタシオン》やある集団独自の語彙、階級やカーストの共有財産（「スノッブ」的スタイル、知識人の隠語、政党や過激派集団の政治的隠語）となった瞬間から、つまり言語活動が交換手段ではなく、集団や階級内部で使用するための交換用具となるやいなや、物神的消費対象となる。いいかえれば、言語活動の真の機能がメッセージという口実のもとに黙契と認識の機能となった瞬間から、つまり意味を流通させる代わりに集団内の同語反復過程（集団が自らを語る過程）で合い言葉としてそれ自体が流通しはじめるやいなや、言語活動はフェティッシュとして消費される。言語活動はもはや言語として（外示《デノタシオン》の判別記号体系として）実践されずに、共示のシステム、差異表示コードとして消費される。

31 「医療消費」にも同じ過程がみられる。生活水準の向上とともに健康に対する需要が著しく増大したが、その結果、「根拠のある」需要（もっとも、生命維持に必要な最小限の生物学的かつ心身相関的均衡をどのように定義して「根拠のある」というのか）と内科的・外科的・歯科的給付に対する消費衝動のあいだの境界線が消滅する。医療活動が医者そのものの活動に変化し、モノとしての医者、モノとしての薬品のぜいたくでこれ見よがしの利用が、生活程度を表すパノプリ〔パッケージ〕のなかでセカンド・ハウスや自動車と肩を並べる。この場合にも、薬品、そしてもっと裕福な階級においては医者（バリントはいう「一般医療において最も頻繁に利用されているのは、薬品というよりも医者そのものだ」）が、最終的善とみなされてきた健康の媒体ではなく、それ自体最終的需要となる。そうなると、それらは客観的な実用的機能から物神的な記号計算への方向転換の図式に従って消費される。

実は、この「消費」のふたつのレベルを区別しなければならない。まず、薬品の投与と苦痛を軽減させる医療的気づかいに対する「ノイローゼ的」需要がある。この需要は器質的疾患から生まれる需要と同じくらい客観的なものだが、このレベルでは医者はもう固有の価値をもたない。医者が苦痛を軽減させる人（または審級）として、アルコールやショッピング、蒐集（消費者は医者と薬品を「蒐集する」）などのあらゆる種類の部分的退行過程とも取りかえ可能であるという意味で、この需要は「消費」に通じている。電気洗濯機が安楽な生活と地位の記号として消費されるように、医者も単なる記号として消費される。

したがって、深層において「医療消費」をつくりだすものは、人びとを悩ませるノイローゼの論理を貫く社会的↙

膨大なシミュレーション過程が、日常生活のあらゆる領域で進められている。実物の特徴や要素を組み合わせてひとつのモデルが「製造」され、現実のさまざまな側面を組み合わせて事件や構造や状況の予測が行われ、この予測から現実の世界に働きかけるための戦術が決定される。この方法は、慎重な科学的研究の場合にはひとつの分析手段となるだろうが、マス・コミュニケーションにおいては、現実としての力をもつことになる。そこでは現実は消え失せて、メディア自身によってかたちを与えられたモデルがもっているネオ・リアリティが優位に立つ。

それゆえ、「偽りの」とか「擬似的」とか「人工的」とかいう表現を機械的に用いる言語活動には用心する必要がある。ブーアスティンとともに、ここでもう一度広告の問題に立ち戻り、新しい行動でもあり、新しい「メンタリティ」でもあるこの新しい論理の本質をつきとめることにしよう。

## 真偽の彼方へ

広告はシミュレーション過程における戦略上の要衝のひとつであって、とりわけ擬似イベントの支配する場となっている。広告はモノを出来事《イベント》にしてしまう。モノの客観的特性を取り除いておいて、モノを出来事《イベント》として、モデルとして、大げさな三面記事としてつくり上げる。「宣伝がもはや〝素朴なお知らせ〟ではなくなり〝つくりもののニュース〟となったとき、現代広告が誕生した」（こうして、広告はやはり「神話的」な働きをしているニュースと同質のものになる。広告とニュースはイメージや活字や音声で表現される同一の神話的内容をもつが、あらゆるメディアを通じて広告とニュースが交互に現れる現象はわれわれの目にはごく自然に見える。それらは同じ好奇心と同じ見世物的・遊び的熱中を引き起こす[32])。ジャーナリストと広告業者はモノや出来事《イベント》を演出し筋書きを考えだす神話的世界のオペレーターである。彼らはそれらを「解釈しなおして」人びとに引き渡し、極端な場合には捏造することもある。だから、客観的判断が要求されるなら、広告とニュースを神話のカテゴリーに分類しなくてはならない。神話は真実でも偽りでもなく、信じる信じないは問題ではないからだ。絶えずむしかえされる次のような問題設定が誤っているのはこのためである。

（一）広告業者は自分のやっていることを本当に信じているのだろうか（そうだとすれば、彼らは半分は許される）。

（二）消費者は実は広告を本当に信じているのではないだろうか（そうだとすれば、彼らは半分は救われる）。

32 ↙論理なのである。この社会的論理が、医者を客観的給付以上のもの、他のいかなる価値ある属性とも対等なもの、つまり記号として、一般的システムのなかに組みこんでしまう。医療消費の確立が医療機能の抽象化（縮小）にもとづくことは明らかだ。消費の原則そのものとしての、この全面的方向転換の図式は、いたるところに見出される。したがって、テレビなどのマス・メディアへの広告の導入に対する抵抗は、道徳至上主義的で古臭い反応にすぎない。問題は意味作用のシステム全体に関わっている。

ブーアスティンの考えでは、説得とごまかしは、広告業者に良心がないからというよりわれわれが欺かれるのを喜ぶから可能になるのであり、誘惑したいという彼らの願望より誘惑されたいというわれわれの願望にもとづいている以上、広告業者の汚名をすすいでやるべきなのである。彼は「いかに大衆を欺瞞するのが容易であるかということではなくて、いかに大衆はだまされることを喜ぶかということ」〔前掲訳書、二二〇頁〕を天賦の才によって発見したバーナムの例を挙げている。なるほど魅力的な仮説ではあるが、この考えは誤っている。こうした互いの倒錯的関係——真と偽をめぐる厚顔無恥な大衆操作と集団的マゾヒズム——が問題なのではない。実際には、広告（他のマス・メディアもそうだが）はわれわれを欺いたりしない。モードが美醜を越えたところにあり、記号としての機能をもつ現代的なモノが有用無用を越えたところにあるように、広告は真と偽の彼方に存在している。

したがって、広告の「真実性」という問題は、次のように提起されるべきである。広告業者が本当に「嘘をついている」としても、その嘘は容易に見破れるはずだ。ところが、彼らは嘘をついていない。というのは、彼らが利口すぎるからではなくて、「広告の技術は、真実でも虚偽でもない説得力のあるコピーをつくることにかかっている」（ブーアスティン）からである。もはや本物も現実という準拠枠も存在せず、あらゆる神話や呪文と同様広告が別のタイプの検証つまり自己実現的予言（ある言葉を発することによって、すでに実現されたことになる予言）を拠りどころとしているからといってもよい。「成功した広告業者は、新しい技術をマスターした人である。それは、物事が真実であると宣言することによって、物事を真実と化してしまう技術である。彼は自分で立てた予言を自分で実現する技術の信奉者である」〔前掲訳書、二二七頁〕。

広告は、何かを理解したり学んだりするのではなくて期待することをわからせるという点で、予言的な言葉となる。広告の語る言葉はあらかじめ存在する事実（モノの使用価値についての事実）を前提とせずに、広告の発する予言的記号がつくり上げる実在性によって追認されることを前提としている。これが広告の効果をあげるやり方である。広告はモノを擬似イベントに仕立てあげる。この擬似イベントが、広告の言説への消費者の同意を通じて、日常生活の現実の出来事となるのである。この場合、世論調査による選挙結果の予測とまったく同じように、どこまでが真実でどこまでが偽りなのかは見分けようがない。選挙の場合も、実際の投票は予測された数字を確認するだけなのか（そうだとすれば投票は現実の出来事ではなく世論調査の代用品にすぎないわけで、調査は指数化されたシミュレーション・モデルから、現実を決定する因子となる）、それとも予測が本当に世論を反映しているのか、明らかではないのだ。〔芸術が自然を模倣するのではなくて〕自然が芸術を模倣するように、こうして日常生活はついにシミュレーション・モデルの複製になってしまう。

「自己実現的予言」の様式は、同語反復的様式であって、現実は独白するモデル以上のものではなくなる。魔術師の唱える呪文にしても、シミュレーション・モデルにしても、広告にしても、この点では同じようなものだが、広告の場合にはとくにこの同語反復的言説を拠りどころとしている。広告のなかでは、すべてが商標という唯一の概念の「隠喩」である。「ひと味ちがうビール」（何と比べて？）、「ラッキー・ストライク、ローストしたシガレット」（どのシガレットもそうだ！）といった表現はまったくの堂々めぐりにすぎない。ハーツ（「世界最大のレンタカー会社」）の長文の広告の末尾の数行をみてみよう。「冷静にお考えください。わが社に他社以上のプラス・アルファがなければ、わが社の今日の発展はありえなかったでしょう……そして、この広告を出すのはおそらくわが社ではなかったはずです」——ここには、純然たる同語反復、実物による証明以外にいったい何があるだろうか。このように、いたるところで繰り返しそのものが効果的な因果関係となっている。実験室で分子の人工合成が行われているように、ここではある種の効果をもたらす言葉にもとづいて真実の「人工合成」が行われている。「ペルシィ（洗剤）なら、もっとまっ白にお洗濯」はひとつのフレーズではなく、ペルシィ言説とでも呼ばれるべきものである。この言説にしても他の広告用の連辞《シンタグム》にしても、何かについて説明するわけではないし、なんらかの意味を提示するわけでもないので、間違っているとも間違っていないともいえない。それらは明らかに意味と根拠を取り除き、その代わりに、命令の繰り返しであるフレーズのないコールサインを導入する。この言説による同語反復は、魔術師の呪文と同じで、出来事をもたらすことで同じ文句の繰り返しを認めさせようとやっきになっている。消費者のほうは、購買行為によってこの神話の世界の出来事を聖別することしかできないだろう。

広告言説の分析をこの方向でもっと深化させることもできるだろうが、この分析を他のさまざまな現代的メディアにまで拡大することも可能である。そうすることによって、真偽の観念にもとづく意味作用と解釈という伝統的論理が根底から覆ったために、物質財の生産同様今や産業化された言葉の生産システムに従って、いたるところで神話（あるいはモデル）自体が出来事となっている過程が理解できるようになるだろう。

## 2　消費の最も美しい対象——肉体

消費対象のパノプリ〔パッケージ〕のなかには、何よりも美しく貴重ですばらしいモノ——あらゆるモノの要約的表現である自動車よりはるかに多くの共示を含んだモノがある。肉体だ。長いあいだ続いたピューリタニズムの時代ののちに、肉体と性の解放を標榜して肉体の再発見が行われ、今や肉体は広告、モード、大衆文化などいたるところに氾濫している（とくに女性の肉体がそうなのだが、その理由についてはあとで検討する必要がある）。肉体を取り巻く衛生観念や栄養や医療の崇拝、若さ、エレガンス、男らしさ、女らしさなどの強迫観念、美容や痩せるためのダイエットおよびそれらの生贄の儀式を思わせるやり方、そして肉体にまつわる快楽の神話——これらはすべて今日では肉体が救済の対象となったことを示している。救済という道徳的・イデオロギー的機能において、肉体は文字通り霊魂に取ってかわったのである。

執拗なプロパガンダが、讃美歌の歌詞そっくりの言葉で、人間はひとつしか肉体をもたないのだからこの肉体を救済しなければならないということをわれわれに思い出させる。幾世紀ものあいだ、お前たちは肉体をもたないのだと説きつけられてきた人びと（もっとも彼らは決して本気にしなかった）が、今度は急に皆さんは素敵な肉体をおもちですといい聞かされている。おかしな話だ。肉体の存在はまったく自明のことではないのか。どうもそうではないらしい。肉体がどんな地位を占めているかということは、ひとつの文化的事実なのである。人間と肉体との関係を決定する様式は、どの文化においても人間とモノとの関係や社会的関係を決定する様式を反映している。資本主義社会では、肉体そのものと、肉体を利用した社会的活動や精神的表象は、私有財産一般と同じ地位を与えられる。伝統的社会秩序（たとえば農民の場合）においては、自分の肉体へのナルシシズム的熱中も見世物じみた扱いもなく、労働過程および自然との関係から生じる魔術的で道具的な肉体観が見出される。

われわれが明らかにしたいのは、現在の生産＝消費の構造が人びとのうちに、自己の肉体から分離した（だが深いところではつながっている）表象に結びついた二重の扱い方を誘いだすこと、つまり、資本として、物神《フェティッシュ》（あるいは消費対象）として肉体を扱うことである。いずれの場合にも、肉体は否定されたり排斥されたりするどころか、むしろ意図的に（経済的な意味で）投資され、同時に（心理的な意味で）物神崇拝されている、ということが肝要である。

### あなたの肉体の秘密の鍵

肉体をふたたび取り戻すための計画的試みの見事な例が、「エル」誌の「コンプレックスのない生活への道を開く、あなたの肉体の秘密の鍵」と題する記事だ。

「あなたの肉体、それはあなたの限界であると同時に第六感でもあります」という言葉で始まるこの文章は、真面目な記事のつもりで肉体とそのイメージを取り戻すための心理的過程を小説風に描写している。「生後六ヶ月ごろに、まだとても漠然としたかたちでしたが、あなたは自分の肉体が特別なものであることに気づきはじめました」。こんな具合に鏡像段階（「心理学者たちは「エス」と呼んでいます……」）と性感帯（「フロイトによれば……」）にちょっと触れておいて、いよいよ本題に入ることになる。「あなたのからだで、どこか調子の悪いところはありませんか」。ここでブリジット・バルドー（B・B）の登場だ。「彼女はからだじゅうが生き生きしています」、「背中も、首すじも、ヒップも、すべてが美しい」、「B《べ》・B《べ》の美しさの秘密ですって？　それは彼女が本当に自分の肉体を満たしている「に住んでいる」ことです。彼女はまるでしなやかな肢体をもつ小動物のよう」（彼女が自分で満たしているのは彼女の肉体だろうか、それとも身につけているドレスのほうだろうか。肉体とドレスとでは、どちらが借りものなのだろうか。正確にいえば、彼女はドレスを身にまとうように肉体を身につけているのだが、このことからわかるように、「自分で満たす（住まう）」という行為はモノのモードとパノプリ「パッケージ」効果や、〝小動物〟という表現によって強められる遊びの原則と関係がある）。かつては「魂が肉体を包んでいた」が、今や肌が肉体を包んでいる。肌といっても、裸体の（したがって欲望の）氾濫のことではなく、華美な衣服やセカンド・ハウス、記号や流行の準拠としての肌のことである（だから、肌はまったく意味を変えずにドレスの代わりをすることができる。演劇などで裸体が現在どのように用いられているかをみればよくわかることだ。そこでは、偽りの性的興奮とは別に、裸体が流行の衣裳という範例《パラダイム》に付け加えられた一項目となっている）。

「エル」誌の記事に戻ろう。

自分自身に関心をもつこと、自分の肉体の〝読み方〟を学ぶことが大切です（さもないと、あなたはアンチB・B）。

床に横になって両腕を広げてごらんなさい。左手の薬指から腕に沿って肘のくぼみから腋の下まで続く目に見えない線を、右手の中指でなぞりなさい。両脚にも同じ線があります。これが感じやすさの線、あなたの『愛の案内図』（フランス一七世紀の女流作家スキュデリー嬢の有名な作品）です。背骨沿いにも、首すじや腹部や肩にも別の愛の線があります……これらの線を知らないでいると、心理的抑圧と同じ現象が肉体に生じます……肉体の敏感でない部分は、思考力が働かない部分と同じで、不幸な部分です……そこでは血液の循環が悪く、気力にも乏しいので、そのままにしておくと蜂窩織炎《ほうかしきえん》（！）に取りつかれてしまうかもしれません……。

別のいい方をすれば、肉体への日々の勤めを行わず怠慢の罪を犯すなら、あなたは罰せられるだろう、ということだ。あなたが悩んでいるのは、すべてあなた自身（つまりあなた自身の救済）に対する罪深い無責任のせいなのだ。この「愛の案内図」に奇妙な倫理的攻撃性《テロリズム》がみなぎっていることについては、ここでは指摘するだけにとどめておこう（プロテスタンティズムの攻撃性と同質のものだが、こちらの場合にはあなたを罰するのはもはや神ではなく、あなた自身の肉体――不吉で抑圧的で、あなたが優しくしてやらないと仕返しをするような肉体――である）。この言説は人びとを自分の肉体と和解させるという口実のもとに、社会生活上の諸関連と同じ関連、社会関係の諸規定と同じ規定を、主体である人間と彼を脅かす分身として客体化された肉体とのあいだにふたたび導入する。つまり脅迫や抑圧や被害妄想的症候や夫婦生活に伴うノイローゼなどをもちこむ（この記事の数頁先にはこんな文章がある――「ご主人に優しくしてあげなければ、結婚生活の失敗はあなたのせいですよ」）。したがって、「エル」誌ではとくに女性を対象としているこうした隠された攻撃性以外にわれわれの関心を引くのは、自分の肉体に熱中し、「内側から」自己陶酔的に肉体に執着せよという提案である。この提案は肉体を深く認識するためにではまったくなく、むしろフェティシズムと見世物の論理に従って、肉体を他のモノよりなめらかで完璧で機能的なモノとして外側に向けてつくり上げるためになされている。この自己陶酔的関係は管理されたナルシシズムにもとづいており、肉体を処女地や植民地を開拓するように、あるいは鉱脈を掘りあてるように「優しく」開発し、幸福、健康、モードの世界で大流行の野性美などの目に見える記号を肉体から浮かび上がらせることになる。こうしたナルシシズムの狂信的な例が次のような女性読者の告白である。「私は自分の肉体を発見しました。からだじゅうがしびれるようでした。あんなことははじめてです」。あるいはもっといい例では「……まるで私の肉体が私と抱きあったみたいでした。私は自分の肉体を愛し始めたのです。そうすると、自分の子どもをかわいがるようにこの肉体をかわいがってやりたくなりました」。子どものような肉体や装飾用小物としての肉体（玩弄されあやされ……去勢されるペニスの尽きることのない隠喩としての肉体）への愛情の退却には深い意味がある。つまり、気づかいの最も美しい対象となった肉体はいわゆる正常な愛情（実在する他者に向けられる愛情）を完全に独占してしまうのだが、そのために独自の価値をもつようにはならない。というのは、愛情の方向が変えられるこの過程では、肉体に限らずどんなモノでも同じフェティシズムの論理に従ってこの役割を演じることが可能だからだ。心理的な意味で所有され操作され消費されるモノのうちで、肉体は最も美しいモノだというだけのことである。

しかし、問題の本質は人間解放と自己完成の神秘的手段としてもてはやされているこの自己陶酔的な肉体への熱中が、実は同時に他人との競争に勝つという意味でも経済的にも有効な投資となっているという事実なのである。こうして「ふたたび自分のものとなった」肉体は、明らかに「資本主義」的目標に応じて投資される。肉体が投資されるのは、肉体に利潤を生ませるためである。この再所有された肉体は、主体の自律的目的性に応じて投資されるのではなくて、享楽と快楽主義的効率性の規範的原理によって、また管理された生産・消費社会のコードと規範に直接に接合された道具性という制約条件に応じて投資されるのだ。要するに、肉体はひとつの資産として管理・整備され、社会的地位を表示するさまざまな記号の形式のひとつとして操作されるわけである。「自分の子どもをかわいがるように自分の肉体をかわいがる」といった女性は、こう付け加える。「私は美容院に通いはじめました……あのことがあったあとで私を見た人たちは前より幸せそうできれいになったといってくれました……」。肉体は、享受の道具および威信を示す指数としての役割を担わせられると投資＝物神崇拝的労働（気づかいや執着）の対象となる。この種の労働は、人間解放という神話に包まれる傾向にあるが、労働力としての肉体の搾取よりははるかに疎外された労働だといってよいだろう。[33]

## 機能的美しさ

指数的価値としての肉体、機能的肉体、つまりもはや宗教的意味での「肉」でも産業社会の論理における労働力でもなく、自己陶酔的崇拝の対象や社会的儀式の戦術的要素として、その物質性（あるいは「目に見える」観念性）の面からとらえなおされた肉体——この肉体を神聖視するための長いプロセスにおいては、美しさとエロティシズムが二大ライトモチーフとなっている。美しさとエロティシズムは不可分の概念であり、一体となって人間とその肉体との関係につい

33　「ヴォーグ」誌からもうひとつの例を引用しておこう。「女性美の世界に新しい風が吹きはじめました。今までより自由で、健全で、偽善的でない風が。肉体への誇り、それは品の悪いうぬぼれではありません。女性の肉体はじょうずに利用されるために、受け入れられ、愛され、手入れされる値うちがあるのだという当然の自覚なのです。膝がしなやかで、脚が長く、足もとが軽やかなら、わたしたちは幸せです……（脚のためにも、顔と同じようにパックを使います……すてきなクリーム〝スーパーソニック〟を塗って指をマッサージ、腕のよいペディキュール〔足の治療師〕もやっと見つけました。詳しくは七二頁をご覧ください）。肉体をつま先まですっかりつやつやさせるヴェールのような新しい香水ができました。うれしいことですね。左の写真は、ラメル（クリスチャン・ディオール）が刺繍した南アフリカ産のダチョウの羽根のスリッパです」等々。

ての新しい倫理を打ち立てる。男性にも女性にも当てはまるこれらの概念は、しかしながら男性的モデルと女性的モデルの両極に区分される。これらふたつの対極的モデルをプリュネーイズム(女性美追求)、アスレティズム(男性美追求)と名づけることができるが、両者の基本的条件は本質的には同一であって、互いに交換されている。もっとも、女性的モデルのほうが優位に立っていて、新しい倫理を導く図式となっているといえないこともなく、われわれが分析したようなタイプの文章が「エル」誌中に見出されるのも偶然ではないのである。[34]

美しさは女性にとって絶対的で宗教的ともいえる至上命令となった。美人だということはもはや生まれつきでも精神的資質の付け足しでもなく、魂を大事にするのと同じくらい容貌とからだの線に気を配る女性たちにとって不可欠で基本的な資質であり、ビジネスの世界での成功がそうであるように、肉体の世界で神に選ばれたしるしである。美しさと成功は、女性雑誌でも男性雑誌でも同一の神秘的根拠を与えられている。女性の場合には、肉体のあらゆる部分を探索し「内側から」目覚めさせる感性、ビジネスマンの場合には、あらゆる潜在的市場を探し当てる正確な直感がそうだ。神による選抜と救済のしるしといってもいいが、これはもうプロテスタンティズムの倫理ではないか。そういえば、美しくあることがこれほど絶対的な至上命令なのは、それが資本の一形態だからなのである。

この論理をもっと先まで推し進めてみよう。美の論理とは流行の論理にほかならず、肉体のあらゆる具体的価値、つまりエネルギー的・動作的・性的「使用価値」を唯一の機能的「交換価値」に還元することと定義できる。この「交換価値」は完成された輝かしい肉体という理念、欲望と

34

「エル」誌の文章に優るとも劣らないのがアスレティック・クラブ「プレジダン」の広告「管理職に情は無用か？」だ（ナルシシズム、放っておかれた肉体の報復、からだづくりの技術、機能的再訓練《ルシクラージュ》といったことで分析したあらゆるテーマを要約している見事な文章だ。もっとも女性用のモデルが「美しさ」と魅惑に重点をおいていたのに対して、男性用のモデルは「体型と体調」と社会的成功を強調している）。

「四〇歳の管理職、現代文明は彼に若さを要求します。社会的成功のシンボルだった太鼓腹を自慢するようでは、早速お払い箱です。上司、部下、妻、愛人、子どもたち、あるいはもしかしたらと思いながらカフェテラスで声をかけてみた超ミニ・スカートの若い娘……みなが、服装の質とスタイル、ネクタイや化粧水の選び方、からだのしなやかさやスマートさで、彼を評価します。ズボンの折り目、ワイシャツの襟首、洒落のいい方、そして踊るときには足もと、食事中にはダイエット、階段を登るときには息づかい、重いものを持つときには脊椎、あらゆるところに気を配る必要があります。これまでは仕事が立派にできればそれで十分でしたが、今日では仕事と同じ理由で体型と体調とエレガンスが管理職に要求されています」

「自信とゆとりに満ち、肉体的にも精神的にも均整のとれた、いわばジェームズ・ボンドとヘンリー・フォードを足して二で割ったようなアメリカの健康なビジネスマンの神話が現代文明にしっかりと根をおろしています。精力旺盛でダイナミックな協力者を見つけだしてつかまえておくことが、すべての経営者の第一の関心事なのです」

「四〇歳の管理職こそはこのイメージの共犯者です。現代の新しいナルシスである彼は自分に関心をもち、自分自身にうっとりします。ダイエット、栄養剤、体操、そして禁煙の苦しさを彼は喜んで味わおうとするのです」

「社会的成功が自分に対して他人の抱くイメージに全面的に依存していること、そのためには体型と体調が最も重要な切り札であることを自覚した四〇歳の管理職は、若さを取り戻して第二の青春を追求します」

このあと「プレジダン」の宣伝が続く。体型と体調、この魔法の言葉、この「現代の妖精」（ナルシスの次は妖精だ！）を求めて、会社の社長、上級管理職、ジャーナリスト、医者といった人びとがアスレティック・クラブに押しかける。「冷暖房完備の心地よい雰囲気」、「ペダル、ローラー、バーベル、ヴァイブレーター、レバー、ピアノ線などを用いた三七の装置がご利用になれます」（女性美追求と「美しさ」同様、男性美追求と「体型と体調」もガジュットを好むらしい）

享受の理念を勝手に抽象化し、その結果これらの理念の実体を否定し無視さえして、記号の交換過程で消滅させてしまう。なぜなら、美しさとは互いに交換される記号の用具以外の何ものでもなく、価値記号として機能するのだから。したがって、「美しくなれ」という命令法は機能的命令法の様態のひとつであるということができる。これはモノについても、女性（そして男性）にも当てはまるのであって、すべての女性が自分自身の美容師になる、つまり企業のデザイナーやスタイリストと同じ役割を引き受けるわけだ。

さらに、工業美学の支配的原理である機能主義について考えてみれば、それらがそのまま美しさの基本原則にもなりうることがわかる。「からだじゅうが生き生きしていて」、「しなやかな肢体をもつ」B・Bという表現は「機能とかたちのハーモニー」と同じ図式なのである。

### 機能的エロティシズム

前の項で定義した美しさとともに、今日いたるところで肉体の「再発見」と消費を方向づけているのは性欲である。自己陶酔的執着という回り道をとって、肉体を開発せよという美しさの至上命令は、性欲の開発としてのエロティシズムをもたらすことになる。ここで、現代社会における交換の一般的領域であるエロティシズムと本来の意味での性欲とを区別し、交換される欲望の記号を媒介するエロティックな肉体と幻想の舞台、欲望の棲み処としての肉体とを区別しておく必要がある。衝動や幻想としての肉体を支配するのは欲望の個別的構造だが、「エロティック」

な肉体を支配するのは交換の社会的機能である。礼儀作法やその他もろもろの社会的儀礼と同様、記号の具体的コードによって伝えられるエロティックな至上命令は（美しさの至上命令のように）、機能主義的至上命令の変種ないしは隠喩にすぎない。

「エル」誌に登場する女性の「温かさ」は、現代的家具セットのもつ「雰囲気」としての温かさであって、親密さや官能性の領分というより計算された性的意味作用の領分に属している。官能性は温かさそのものだが、「エル」誌のセクシーな女性は、「機能的インテリア」を彩る暖色と寒色の組み合わせと同じで、温かいとも冷たいともいえるのだから、「グッド・デザイン」の現代的なモノを包むかたちの「白さ」と同じ白さをもっていることになる。それはいわゆる「不感症的冷たさ」ではない。この言葉は今なお無理強いされたセックス（強姦など）を連想させるが、ファッション・モデルは別に不感症ではなく、抽象的存在なのである。

ファッション・モデルの肉体はもはや欲望の対象ではない。それは機能的なモノであり、記号の集合体であって、そこでは流行とエロティシズムが混ざりあっている。モード専門の写真家がシミュレーション過程[35]によって自然なポーズを再創造しようといくら腕をふるったところで、彼女の肉体はもはや自然の身振りの総合ではない。それはもはや本来の意味での肉体ではなくて、ひとつのかたち（フォルム）である。

35　実験的に無重力状態をつくりだすというような技術的意味でのシミュレーション過程、あるいは数学のシミュレーション・モデル。自然に対する単なる人工性（自然の隠蔽）とはまったく別のものだ。

現代の検閲官たちはみなこの点で思い違いをしている（あるいは故意に思い違いをしようとしている）。広告やモードに登場するヌード（女性のヌードだけでなく男性のヌードも含めて）が肉体、セックス、欲望の目的であることを拒否し、悪霊のごとき肉体を呼び起こすことによって肉体を悪魔祓いするという昇華の大がかりな過程において細切れにされた肉体[36]を道具にしていることを、彼らは見落としているのだ。

エロティシズムが記号のうちに存在し、決して欲望のうちには存在しないように、ファッション・モデルたちの機能的美しさも「からだの線」に宿っているのであって、決して表情に宿っているのではない。彼女たちの美しさはとりわけ無表情な美しさである。顔立ちが整っていないとか醜いとかいうことは無視できないはずだが、ここでは除外されている。というのは、美しさは抽象性や空虚さ、恍惚感の不在や透明性のうちにのみ存在しているからだ。こうした美しさの非肉体化は、極端にいえばまなざしのなかに集中的に表現されている。うっとりさせるようでもあり、うっとりさせられるようでもある虚ろな瞳、欲望を過度に感じさせるようでもあり、欲望をまったく含まないようでもある、どこを見つめているのかわからないまなざし、意味もなく輝き、検閲を歓迎しているような目は美しい。これこそ彼女たちのまなざしの機能である。見る者を石に変えるあのメデューサの目、メデューサによって石に変えられた目、それは純粋な記号だ。こうして、いたるところでもてはやされる露わな肉体のまわりで、快楽に疲れた目の隈《くま》ならぬ流行のアイ・シャドウで隈どりされた目のなかで、肉体の意味そのもの、肉体の真実さえもが催眠術にかけられて失われてゆく。この現象が進行するにつれて、肉体、それもとりわけ女性の肉体

（ファッション・モデルという絶対的モデルの肉体）が、広告の媒介する性的ではないが機能的な一連のモノの同類となるのである。

## 快感原則と生産力

逆のいい方をすれば、どんなに取るに足らないモノでも女性の肉体＝モノのモデルに従ってひそかに執着される場合には、やはりフェティシズムの対象となる。こうして、エロティシズムは消費の全領域に深く浸透することになる。この傾向は皮相な意味でのひとつの流行などではない。それは流行そのものの属性である徹底した論理である。肉体とモノは一体となって均質な記号の網の目を構成するが、これらの記号は、すでに述べたような抽象化作用にもとづいて意味を交換しあい（これこそ記号の「交換価値」だ）、互いに相手の価値を高めあう。

肉体とモノのこの起源を共有する相同性は、管理された消費の深層に存在するメカニズムへと

36　肉体の真実とは欲望《デジール》のことである。欲望は欠如のことだから、見せることはできない。肉体を最大限に露出させても、欲望の不在が強調されるだけで、結局は欲望を検閲するにすぎない。いつか「勃起」の写真が出現するかもしれないが、これもまた、モードのひとつとなるだけだろう。だから、検閲官たちは何も恐れることはない。彼らが恐れているのは自分自身の欲望だけなのだ。

われわれを導く。「肉体の再発見」が他のモノとの一般的関係におけるモノとしての肉体の再発見である以上、肉体の機能的所有から購買行為による財とモノの所有への移行がどれほど容易で論理的で必然的でもあるかは明らかだ。現代では、エロティシズムと肉体の美学がすべての領域での洗練された雰囲気づくりを口実にして、増加する一方の商品、ガジェット、アクセサリーなどに取り巻かれていることはいうまでもない。健康法から日光浴やスポーツなど、流行中のさまざまな「肉体解放」を経て化粧へといたる肉体の再発見は、まずモノを通じて行われる。まるで購買衝動だけが真に解放された衝動ではないかと思われるほどだ。ある日突然自分の肉体を意識して美容院に駆けこんだあの女性のことを思い出してみればよい。だが、彼女の場合とは逆に、「肉体を再発見したい」という希望を抱いて化粧水を買いこんだり、マッサージや健康法にはげんだりする女性のほうが多いのである。したがって、肉体とモノとが記号としては理論的に等価であるという事実から、「買い物をすれば、あなたは生き生きとした女性になれます」という（購買と健康の）魔術的等価性が生じることになる。

　これまで分析してきた心理的な意味での機能性は、この段階でついに経済的にもイデオロギー的にも深い意味をもつのである。肉体、美しさ、エロティシズム、それらには売り上げを増やす力がある。これは「肉体の解放」の全歴史的過程を決定的に方向づける要因として少なからぬ重要性をもつ事実である。労働力についても肉体と同じことがいえる。生産性向上のために合理的に搾取されるには、肉体があらゆる束縛から「解放」されなければならない。労働力が賃金にもとづく支払い可能な需要と交換価値に変えられるためには、労働者の個人的自由の形式的原則である自由な意思決定と個人的利益が保証されなければならないのと同じように、欲望の力が合理的操作の可能な記号としてのモノの需要に変えられるためには、個人は自分の肉体を再発見し、自分の肉体に自己陶酔的に熱中する必要がある（形式的快感原則）。つまり、解体された肉体と分断された性欲のレベルで収益を上げるという経済的過程が確立するためには、個人が自分自身をひとつのモノ、それも最も美しいモノ、最も貴重な交換材料とみなす必要があるのだ。

## 肉体の現代的戦略

とはいえ、この生産至上主義的目標（生産の社会的構造によって肉体のレベルにまで一般化される収益を上げるという経済的過程）は、肉体をめぐる神話的・心理的全装置を通じて行われる社会の統合と管理という目的に比較すれば、やはり二次的なものといえるだろう。

イデオロギーの歴史において、肉体に関するイデオロギーは霊魂または他の非物質的原理を中心とする精神主義的イデオロギー（ピューリタニズムや道徳主義）を攻撃する批判的価値を長いあいだ維持してきた。中世以降、すべての異端は教会の厳格な教義に対抗して肉体の復活と復権を先取りするという役割を演じた（絶えず蘇ってはそのたびに正統によって断罪されたアダム派〔裸体で礼拝を行い結婚制度を否定した二世紀の異端〕的傾向がそうだ）。一八世紀以後、感覚論、経験論、唯物論などの哲学が、伝統的な精神主義の教義に真っ向から挑戦した。霊魂と呼ばれるこの基本的価値が解体されてゆく長期にわたる歴史的過程を詳しく分析するのは興味深いことにちがいない。救霊の個人的図式と社会の統合過程はすべて霊魂を中心にして成り立っていたのだから。肉体を前面に押しだすために行われたこのような長期にわたる聖性剝奪と世俗化の流れは、西欧のあらゆる時代を貫徹している。肉体の諸価値は破壊力をもった価値であり、最も深刻なイデオロギー的矛盾の源泉であった。これらの諸価値が市民権を獲得し、新しい倫理として認められるようになった現在、事態はいったいどうなっているのだろうか（この点については多くのことが語られなければなるまい。われわれが到達したのはむしろ、ピューリタン的イデオロギーと快楽主義的イデオロギーが癒着し、それぞれの言説があらゆる領域で混ざりあっている段階である）。今日、勝利を収めたかに見える肉体は、矛盾をはらんではいるが生命力をもつ審級、つまり「迷信や神話を破壊する」審級でありつづけることをやめ、きわめてあっさりと神話の審級、ドグマ、救霊の図式として次の時代への橋渡しをするだけで満足してしまった。肉体の「発見」、それは長いあいだ、より大きな自由と真理と解放をめざす、聖なるものに対する批判、すなわち神に対抗して人間性をめざす闘争だったのだが、今日ではふたたび神聖化されかねない有様である。肉体崇拝はもはや霊魂崇拝と矛盾しないばかりか、霊魂崇拝の果たしていたイデオロギー的機能を継承しているのだ。ノーマン・ブラウンのいうように、「聖と俗の絶対的二律背反に惑わされたり、聖なるものの変形にすぎないものを〝世俗化〟と見誤ったりしてはならない」（『エロスとタナトス』）。

われわれは「解放された」肉体なるものの物質的明証に欺かれてならない（すでに見たように、解放されたといっても、モノ＝記号として解放されただけであり、エロティシズムやスポーツや健康法のかたちで欲望としての破壊的本質を検閲でカットされているのだから）。肉体のこうした物質的明証は、時代遅れになった霊魂のイデオロギー（発達した生産至上主義のシステムにそぐわず、もはや社会のイデオロギー的統合を保証しえないイデオロギー）に、もっと機能的なイデオロギー（本質的には個人主義の価値体系とそれに結びついた社会構造を守ることになるイデオロギー）が取ってかわったことを表現しているにすぎない。それは個人主義の価値体系と社会構造を強化し、それらの揺るぎない基盤となる。なぜなら霊魂の超越性が肉体の全面的な内在性と自然発生的な明証で置きかえられるからである。とはいうものの、この肉体の明証はにせものなのである。現代の神話がつくりだした肉体は、霊魂以上に物質的であるわけではない。霊魂同様、肉体はひとつの観念である。もっとも、観念という語には大した意味がないから、むしろ部分的に実体化されたモノ、特権的な分身（あるいは特権的なモノとして執着の対象となる分身）とでもいうべきかもしれない。かつて霊魂がそうであったように、肉体は自己の対象化（すべてをモノにする働き）の特権的担い手、すなわち消費の倫理を導く神話となった。肉体が（経済的）担い手として、個人の社会への管理された（心理的）統合の原則として、社会統制の（政治的）戦略として、生産の目的にどれほど密接に結びついているかは明らかである。

## 肉体は女性のものか

この章のはじめで保留しておいた問題、つまり美しさと性欲と管理されたナルシシズムの特権的媒介物としての女性とその肉体に割り当てられた役割は何かという問題に戻ろう。なぜなら、肉体を美的＝扇情的な交換価値に還元する過程が男性にも女性にも関わっていることはいうまでもないが、あの大いなる美的＝扇情的な神話を組織するのは女性のほうなのである。いや、むしろこの神話は女性の肉体の上でつくられるというべきかもしれない。われわれは交換価値としての肉体について、アスレティズムとプリュネーイズムという用語を提案しておいた。プリュネーイズムは大ざっぱにいって「エル」誌やモード雑誌に登場する女性のことで、男性のアスレティズムの典型は広告や映画や大衆小説のいたるところに現れる、鋭い目とがっしりした肩としなやかな筋肉、それにスポーツカーをもつビジネス・エリートだ。このアスレティズムのモデルには性的なアスレティズムも含まれているので、「ル・モンド」紙の求人欄で求められているような技術系ビジネス・エリートは、そのまま「リュイ」誌〔フランスの男性雑誌〕に登場する男性でもある。アスレティズムのモデルには〝変態的で倒錯的〟[37]な性の舞台であり、いわば第三の性でもある「若者たち」も含まれる。もっともこの場合には男性モデル[38]に入れるべきか、過渡的な中性モデルに入れるべきか、議論の余地はあるが。この現象を説明するには、「性とは女性のことである。なぜなら女性とは自然そのものだから」などといった類いの月並みな理由とは別の理由を見つけだす必要がある。たしかに、これまでのところ女性は不吉な性と混同され、そのようなものとして断罪されてきたとはいえ、この道徳的・性的意味での断罪を全面的に支えているのは社会的隷属の機構であることを忘れてはならない。西欧世界の全史を通じて、女性と肉体は同じ隷属と追放を経験したのである。女性の性的規定は歴史的なものだ。肉体の抑圧と女性の搾取とは、搾取される（したがって危険な）社会層がすべて自動的に性的規定を受けとるべきだという共通の運命の下におかれている。黒人が性的意味を付与されるのもこのためであって、彼らが「大自然に近い存在」だからではなく、奴隷として搾取されているからである。ひとつの文明全体によって抑圧され昇華された性は、社会的に抑圧され支配されることでその文明のもつ文化の土台となるような階層とこうして必然的に結びつくことになる。

ところで、女性と肉体が隷属状態におかれているという点では共通しているように、女性の解放と肉体の解放は論理的にも歴史的にも緊密に結びついている（ほぼ同じような理由から、若者たちの解放もこれらと同時代の現象である）。だが、女性と肉体の同時的解放によっても、女性と性そのものとの根本的なイデオロギー的混同が少しも除去されないことは明らかである——ピューリタニズムの束縛が大きな障害となっているのだ。もっとはっきりいえば、かつて性として隷従を強いられていた女性が今度はやはり性として「解放」されるわけで、この混同は現代でも姿を消すどころか、あらゆるかたちで取り返しのつかないほど深刻化している。というのも、女性の「解放」が進むにつれて、女性が自分自身を自分の肉体そのものと取り違える傾向がますます激しくなるからである。こうした傾向がどのような状況のもとで生じるかについては、すでに考察したとおりだ。表面的に解放されただけの女性が、自分をやはり表面的に解放されただけの肉体と混同す

---

37　「性はもはや祝祭ではない。それは組織されたエロスのフェスティバルだ。フェスティバルという枠のなかで「多様で倒錯的な」性を復活させるためのあらゆる試みがなされている（たとえばコペンハーゲンの第一回国際ポルノ見本市）。

38　この点については第2部第3章の「構造的モデル」の項を参照のこと。

るのである。女性と肉体についていえることは、若者たちについても、また彼らを解放することが現代の民主主義社会のライトモチーフとなっているあらゆる社会階層についてもいえるのであって、彼らの解放の旗印であるフリー・セックス、エロティシズム、ギャンブルなどはすべて「後見付きの」価値体系を自称している。それは、消費行動ばかりでなく、社会から特定の人間を追放する行動さえも方向づけてしまう「無責任な」価値の体系である。たとえば、手放しの称讃や過度の名誉心といったものは、現実の社会的・経済的責任を消し去ってしまうことになる。

数千年にわたって虐げられ忘れられていた女性たち、若者たち、そして肉体が公然と姿を現したという事実は、たしかに潜在的には最も革命的な出来事であり、したがっていかなる既成の社会秩序にとっても危険きわまりない事態であるはずなのだが、実際には「人間解放の神話」として体制に組みこまれ再利用されてしまう。だから女性たちは女性の神話に従い、若者たちは若者の神話に従って消費するようになる。この形式的で自己陶酔的でもある解放を彼らに与えることによって、既成秩序は彼らから現実的解放の可能性を奪いとり、あるいはまた、若者イコール反抗という図式を押し付けることによって、一石二鳥の効果をもたらすことに成功している。つまり、社会全体に散らばっている反抗を（若者という）特定のカテゴリーに割り当てることによって無力化し、この特定の人びとを反抗という特殊な役割のうちに閉じこめることによって、骨抜きにしてしまうのだ。管理された「解放」の驚嘆すべき悪循環の過程は女性の場合にも認められる。女性と性の解放とを混同することで、既成秩序は両者の真の要求を相殺する。女性は性の解放を通じて自らを消費し、性の解放もやはり女性を通じて自らを消費するのである。これは別に言葉遊びではない。記号または役割のシステムの形式的自律化にもとづく集団・階級・カースト（および個人）の形式的自律化こそは、消費の基本的メカニズムのひとつなのである。

社会的カテゴリーとしての女性と若者の地位が「現実」に向上したことを否定しようというわけではない。たしかに彼らは以前より自由になり、選挙権をはじめとするさまざまな権利を獲得した。その上、女性たちの職場は以前よりも広がり、若者たちは以前より早い年齢から仕事に就くようになっている。また、肉体の世話や手入れ、その快楽を含めて肉体に認められる客観的重要性、たとえば今日ごく普通の人が享受する「肉体と性欲の補充」といわれるものを否定しても無駄だろう。ランボーのいう「夢の解放」（詩人ランボーの文字通りの引用ではない）からはほど遠いにせよ、こうした現象のうちに以前より大きな行動の自由と、女性や若者や肉体の問題が積極的に社会に組みこまれたという事実がみられるのはたしかである。だが、この具体的ではあるが相対的なものにすぎない解放（それは機能的働きに直接結びついた抽象的カテゴリーとしての女性と若者と肉体の解放でしかないのだから）が神話的超越性を伴うこと、というよりはむしろ神話的超越性すなわち神話としての対象化（モノ化）を分身として生み落とすということをここで強調しておかなければならない。ある種の女性たちの解放（全女性の相対的解放といってもよいが）は、こういってよければ、次のような大がかりな戦略的操作の副次的恩恵であり、思いがけない結果であり、この操作のアリバイ証明でしかない。この戦略的操作は女性とその肉体の理念のうちに性の解放に伴う社会的危険を、また性の解放の理念（あるいはエロティシズム）のうちに女性の解放に伴う危険を封じこめ、その上で女性をモノとして記号化することによって現実の女性たちの社会的解放に伴う一切の危険を遠ざけるというものである。[39]

## 医療崇拝――「体型と体調」

健康に対する人びとの態度も、本来的な意味での肉体というより機能的で「個性化された」肉体に対する現時点での態度によって決定される。健康への態度は、道具としての肉体によって表される場合には肉体の均衡の一般的機能と定義されるが、威信をもたらす財としての肉体によって表される場合には地位向上の要求の一機能となる。その結果、健康は競争の論理に組みこまれ、医療や薬に対する潜在的には限りのない要求というかたちで表現されることになる。それは部分品としての肉体への自己陶酔的執着に結びついた強迫観念的な要求であると同時に、個性化と社会移動の過程に結びついた地位向上の要求であって、いずれにしても、自由や私的所有への権利を補足する基本的人権の現代的発展としての「健康権」とはほとんど関係がない。健康は今日では生き残るための生物学的な意味での至上命令である以上に、地位向上のための社会的至上命令となっているのであって、基本的「価値」というよりは見せびらかしなのである。見せびらかしの神秘をまとった形態（フォルム）〔マルクスの商品論を下敷きにしているので、〈フォルム〉とは〈価値形態〉を指す〕が美しさと直接結びつく。美しさと健康の記号は個性化、つまり肉体の記号化された機能の完全主義的だがいささか心もとない操作の範囲内で互いに交換される。ナルシシズムを社会的威信と結合させる見せびらかしとしての肉体のさまざまな症候群は、今ではきわめて一般的になっていて、現代的倫理の本質的要素とみなさなければならないような次の事実のなかにもはっきりと逆立ちしたかたちでみられる。つまりいかなる社会的威信の失墜もいかなる社会的・心理的失敗も直ちに身体的症候として表れる、という事実である。

だから、このごろは医療(医者の診療態度も含めて)が「神聖でなくなった」とか、人びとが以前より自由に、よりしばしば医者にかかり、この民主化された社会的サーヴィスを気兼ねなく利用し濫用さえしている(これは事実に反するが)のだから、誰もが医療と医学の「客観的」実践に近しくなっているとか主張するのは皮相な見解である。「民主的消費の一環をなす」とされる医療はその聖性と魔術的機能性をいささかも失ってはいない。ここでいう医療はもちろんかつての伝統的医療とは別のものである。伝統的医療の場合、坊主医者や呪術師や祈禱師たち自身が自分の肉体を、見知らぬ運命によってもてあそばれる実用的・道具的肉体とみなし、そう取り扱っていたものだ。こうした考え方は、今でも農民的で「幼稚な」ものの考え方のなかに表れている。その場合、肉体は人格的価値として内面化されており、「個性化」されてはいない。魂の救済が行

39 技術の消費にも同じ過程がみられる。社会全体の進歩に対して技術の進歩が巨大なインパクトを与えたことを認めないわけではないが、いかにして技術そのものが消費の領域に入り、無数の「機能的」ガジェットによって「解放」された技術の日常的利用と、神格化された技術の超越的神話とに分裂するかを理解する必要がある。両者の結合が、技術の全面的な社会的利用のあらゆる革命的潜在性を封じてしまうのだ(「ユートピア」誌〈二三号、一九六九年五月〉、「技術の社会的利用」を参照のこと)。

われるわけでもなく、肉体を通じて地位を見せびらかすわけでもない。肉体は労働用具であり、マナつまり効率的な力なのである。肉体の調子が悪くなると医者が肉体のマナを回復させるわけだが、しかし、この種の魔術的考え方は、近代人の「ものの見方」において、身体についての客観的表象に席を譲ったわけではない。それが席を譲ったのは、ナルシシズム的熱中と見せびらかし――〈心的〉次元と身分的次元――というふたつの相補う状態である。したがって、医者と健康の地位もこれらふたつの方向（意味）に沿ってつくりなおされる。肉体の「再発見」と個別的神聖化を通じて、医療制度はやっとその真価を発揮できるようになった（超越的制度としての聖職制度もやはり「個人の霊魂」の神話的結晶化とともに飛躍的に発達したのである）。

原始宗教には集団的儀式はあるが、「秘蹟《ひせき》」はない。秘蹟とそれを執行する「司祭」の制度は、（主としてキリスト教の）救霊原理の個別化とともに確立するのだし、最も代表的な秘蹟である個人的懺悔《ざんげ》の制度も、意識の高度な個人化とともに確立することになる。類推に伴う危険は承知の上で、現代の肉体と医療についても程度の差こそあれ、同じことが起こっているといえそうである。（臨床的な意味ではなく最も広い意味での）個別的身体化が一般的になり、肉体が威信と救霊のためのモノ（基本的価値としての）となるにつけて、医者は「聴罪司祭」、「罪障消滅宣告者」、「祭式執行者」となり、今日のような過大な社会的特権を手に入れるのである。

私有物としての性格を帯びるこの個性化された肉体に、自愛と呪い、満足と抑圧などあらゆる種類の供犠的行動がますます激しく集中し、治療や実用の目的をもたず経済的要請に背きさえする二次的で「非合理的」な一連の消費が肉体を対象にして行われる（医薬品の半分は社会保険加入者の場合でさえ処方箋なしで購入されている）。こうした行動を支えているのは、健康を手に入れるには、引き換えに何がしかの代金を支払わなければならない（あるいは支払いさえすればよい）という根深い思想以外の何ものでもない。つまり医療の実際の効果より、医療を受けるという儀式的で供犠的な消費のほうが問題なのだ。したがって、下層階級においては医薬品に対する強迫観念的需要が、裕福な階級においては医者に対する需要が存在するわけである。医者は、上層階級にとってはむしろ「肉体の精神分析家」であり、下層階級にとっては物質的な財と記号の分配者であるということができるが、いずれにせよ医者と薬は治療のための機能にも増して文化としての効果をもち、「潜在的」マナとして消費の対象となる。この消費はもちろんまったく現代的な倫理に従ってなされるのであって、肉体は奉仕すべしという伝統的倫理とは逆に、各人は自分の肉体に奉仕すべし（「エル」誌の記事を参照のこと）と命じられているのである。教養を身につけるのと同じように、自分の肉体に気を配ることが現代人の義務であり、尊敬を受けるための条件となった。現代女性はヴェスタ〔古代ローマの炉の女神〕に仕える処女であると同時に、自分の肉体のマネージャーであって、肉体を誰にも負けないほど美しく保つよう心がけている。機能性と聖性がここでは渾然一体と混ざりあい、医者は専門家の受けるべき尊敬と聖職者の受けるべき畏敬の念とを一身に集めるわけである。

痩せたいという強迫観念――「からだの線」

からだの線を美しく保ちたいという強迫観念も、健康の場合と同様の定言的命令に従って説明される。さまざまな文化的価値を一瞥すれば明らかなように、美しさとほっそりしたからだのあいだにはもちろんいかなる自然の類縁関係も存在しない。かつてはふっくらと太ったからだが美しいとされた場所も時代も存在したのだが、消費社会の入口に万人の権利および義務として書きつけられている強制的・普遍的・民主的なこの美しさは、ほっそりしたからだと不可分である。かたちの調和にもとづく美しさの伝統的定義によれば、太っていても痩せていても、ずんぐりしていてもすらりとしていても、どちらでもよかったはずだが、今日ではそうはいかない。モノの機能性や図表中の曲線の優美さと同じ代数学的調和に支配された記号の組み合わせの論理に従う以上、現代的美しさはほっそりしてしなやかなからだのもつ美しさ以外には考えられない。自然の肉づきを否定しモードを礼讃する男女のファッション・モデルのシルエットの場合には、痩せて肉が落ちていることさえもが美しいとされるようだ。

このことは奇異に思われるかもしれない。消費を流行の組み合わせ的過程の普遍化としてとくに定義したのは、流行が新式と旧式、《美》と《醜》（古典的定義による）、道徳性と不道徳性などの対立概念を無差別的に次から次へと交代させることがよく知られているからである。ところが、流行は太ったからだとほっそりしたからだを交代させることができない。そこには絶対的限界のようなものが存在しているのだ。食料品が過剰に消費される社会では、すらりとしたからだはそれだけでひとつの差異表示記号となるからだろうか。これまでのすべての文化や過去の世代の人びとに対して、あるいは農民階級や下層階級に対して、痩せていることは差異表示記号として機能するかもしれないが、実際にはそれ自体で差異表示記号となるようなものは存在せず、形式的に対立する記号（新式と旧式、スカート丈の長短など）が存在するにすぎない。これらの対になった記号は差異表示記号として、差異表示用具を更新するために互いに入れ替わることはあっても、一方が他方を決定的に排斥するということはなかった。ところが、とくに流行に支配された領域である「からだの線」の領域では、逆説的なようだが流行の周期的変化がもはや起こらなくなってしまった。ここには差をつけるという問題よりも根本的な何かが存在しているにちがいない。それは、すでにみたような現代的現象である自己の肉体との共犯関係のあり方そのものに結びついた何かであるはずだ。

肉体の「解放」の結果、肉体は気づかいの一対象となった。この気づかいは、肉体そのものおよび肉体との関係についてのあらゆる概念と同様に両義的であって、肯定的な側面と否定的な側面とをもっているので、肉体は常にこの二重の気づかいの対象として「解放」される。[40] その結果、われわれが肉体の現代的制度として描いた恩恵的気づかいの膨大な過程には、同じ規模と同じ重

40 solliciter は曖昧な言葉である。ある時は懇請、要求、さらには操作を意味し、ある時には気づかいや心づけを意味する。第3部第2章「気づかいの秘蹟」を参照のこと。

要性をもつ抑圧的気づかいへの執着が重なりあうことになる。

肉体に関する現代のいかなる集団的強迫観念のうちにも、こうした抑圧的気づかいの表現が見出される。消毒、殺菌、予防などの肯定的幻覚だけでなく接触、感染、汚染などの否定的幻覚を伴うあらゆる形態の衛生観念は、「有機体」としての肉体を、とりわけその排泄《はいせつ》・分泌機能を追放する傾向にあり、消去法に従って、なめらかで、無傷で、性欲をもたず、外部からの攻撃から隔離され、そのために自分自身からも守られたモノとして否定的に肉体を規定しようとしている。とはいっても、衛生の強迫観念は、肉体を否定し、排斥し、抑圧するピューリタニズムのモラルを直接継承するわけではない。現代の倫理はもっと巧妙になっていて、肉体から衛生観念だけを抽出し、忘却され検閲された欲望の単なる記号形式とすることによって、肉体を神聖化する。全体としては、衛生への強い関心は悲壮なモラルより遊び的なモラルを基礎づけ、肉体に対する（大げさで強迫観念的な）衛生への執念が今日いたるところに見出されるのはこのためである。だが表面的で皮相な信仰の力を借りて深層の幻覚を「遠ざける」。つまり、肉体に気を配り、「惚れこみ」さえして、肉体が欲望と直接結びつくあらゆる可能性をあらかじめ封じてしまうのである。要するに衛生への強い関心は、ピューリタニズムの時代の抑圧的倫理よりも、未開社会において供犠用に肉体を「準備する」技術や、肉体を（抑圧するのではなく）管理する遊び的性格を帯びた技術に近いといえよう。

肉体そのものと同時に「解放」された、肉体に対するこの種の攻撃的衝動は、衛生においてよりもダイエットの苦行のうちにはっきりと読みとることができる。近代化以前の社会には断食の儀礼を行う習慣があった。それは宗教上の祭りに結びついた集団的儀式（聖体拝領の前や待降節中の断食、告解火曜日のあとの四旬節中の肉断ちなど）であり、肉体に対する散発的な攻撃的衝動を集団的戒律の内部にすっかり吸収する機能をもっていた（食糧と消費に対する肉体の関係の両義性はすべてこの点に由来している）。ところが、さまざまな断食と苦行の制度は、肉体の全面的かつ民主的な解放と両立しない時代遅れの風習と同様、すっかり廃れてしまった。現在の消費社会はいかなる抑圧的規範にも耐えられなくなっているし、そうした規範を排除する方針をとっていることはいうまでもない。肉体を解放し、その欲求を実質的にはすべて満たしてやることによって、消費社会は人間とその肉体とのあいだにかつては当然のものとして存在していた調和ある関係を解放できると思いこんでいたのだが、それは大変な誤解である。なぜなら、肉体と同時に解放された、肉体に対する攻撃的衝動が今では社会制度によって一定の方向に導かれずに、肉体への大がかりな気づかいの中心部へと逆流することになったのだから。今日、先進国の成人人口の三分の一（女性の場合には五〇パーセントに達する。アメリカでのある調査によれば、未成年の女子四四六人中三〇〇人がダイエットを行っている）を巻きこんでいる正真正銘の自己抑圧の試みの原動力となっているのは、この攻撃的衝動である。こうした衝動は、流行の働きより強力に作用して（もちろん流行の働きも否定できないが）、非合理的で抑えようのない自己破壊への熱中を助長する。そうなると、最初の目的であった美しさとエレガンスは毎日執念深く繰りこされる懲罰的訓練の単なる口実にすぎなくなってしまう。この段階で、肉体は突然、監視する必要がある危険なモノに変化する。「ヴォーグ」誌の痩せこけたモデルたちの写真を見ながら自分の肉体を「美的」目的のために屈服させ、痛めつけなければならないというわけだ。肉づきの悪いモデルたちの姿からは、肉体礼讃へと向かう豊かな社会にはそぐわない攻撃性と、豊かな社会の原理そのものに激しく抵抗する態度を読みとることも可能である。

からだの線の崇拝においては美しさと抑圧とが固く結びついているが、この場合、肉体は物質性とも性欲とも関係がなく、欲望充足原理とはまったく異なるふたつの論理――社会的組織化の原理である流行の至上命令と精神的組織化の原理である死の至上命令――の担い手となる。美しさと抑圧のこの結合は、われわれの《文明》の大きなパラドックスのひとつである。からだの線への信仰とほっそりしたからだの魅惑がこれほど大きな力を発揮するのは、それらが暴力の表現形式であり、肉体がそこでは文字通り生贄となって、完成された状態で硬直すると同時に供犠の最中のように激しく動きまわるからにほかならない。われわれの社会のあらゆる矛盾が、肉体を通じてこうして集中的に表現されている。

スカンジ・サウナのすばらしい効果。ウエスト、ヒップ、太もも、ふくらはぎを見違えるほどすっきりと引き締め、お腹をひっこめ、無駄な脂肪を落とし、お肌をなめらかにして、新しいからだの線をお約束します。

スカンジ・サウナに三ヶ月通ったおかげで……私はぜい肉を減らしただけでなく、すばらしい体調と精神の安定を手に入れたのです。

アメリカでは、「低カロリー食品」や人工甘味料、無脂肪バター、それにダイエット用品などが大がかりな宣伝によって飛ぶように売れるので、食品メーカーと投資家たちは巨万の富を得ることになった。三千万人ものアメリカ人が太りすぎか、あるいは太りすぎだと思いこんでいると推定されている。

## セックス交換基準

生活必需品が機械的に性的意味を付与される事態が起こっている。

- 新製品のタイヤだろうと棺桶だろうと、ある商品が市場に送りこまれるときには、いつも同じ場所に狙いをつけてお客を獲得しようとする。その場所とは、つまりベルトから下の部分である。エリートにはエロティシズム、一般大衆にはポルノが必要だ（ジャック・シュテルンベール『おまえ、わが夜』）。
- ヌード演劇（ブロードウェイ「オー！　カルカッタ！」〔一九六九年〕）。警察は勃起および挿入シーンがないことを条件に上演を許可した。
- 第一回コペンハーゲン・ポルノ見本市「セックス69」〔一九六九年〕。新聞で予告されていたようなお祭りではなく、見本市、つまりポルノ産業の各メーカーに市場制覇を続けさせるための本質的に商業的行事だ……クリスチャンボルグ社の経営者たちは、気前のいいところを見せようとポルノ産業からタブーとあらゆる神秘を取り払おうとした（したがってポルノの魅力もかなり失われたわけだ）のだが、事業の財政面を過小評価していたようだ。うま味のある投資先を探していた目先のきく人びとが、今や自由取引の対象となったこの将来性のある消費部門の開発に乗りだした。彼らは直ちに会社を設立し、ポルノ産業はデンマークで最も利益の上がる産業のひとつとなりつつある（新聞報道による）。

「未開発の性感帯はもはや一ミリもない」（J・F・エルド）。

「性の爆発」、「エロティシズムのエスカレーション」がいたるところで話題になり、セックスが消費社会の第一面で取り上げられて、マス・コミュニケーションの意味作用の全領域を重層的に決定している。見るもの、聴くものすべてに露骨な性的ビブラートの技巧が付けられ、消費されるものはすべて性的色彩を帯びている。性そのものが同時に消費の対象となっていることはいうまでもない。若者と反抗、女性と性について指摘したのと同じ操作が、ここでも行われている。商業化・産業化されたモノやメッセージの変化に応じて性をますます組織的に取り入れることによって、既成秩序はモノとメッセージの客観的合理性を歪曲し、性の爆発的な合目的性を奪いとる。こうして社会と性意識の転換がお決まりの図式に従って進められる。「文化」と広告中に現れたエロティシズムはこの図式のテスト・ケースというわけだ。

性のこの爆発と氾濫は、たしかに男女関係や肉体および性に対する個人の関係の著しい変化と同時代の現象であって、性の問題が現在多くの点で現実に新たな緊急性を帯びるようになったことを表している。だが、現代社会におけるこうした性の「誇示」が性の問題そのものの大がかりな口実となり、この問題を公認することで、「性の自由」という偽りの明白さの下にそれらの深刻な矛盾を隠蔽していることもまた否定できない事実だ。

この性の氾濫は常軌を逸したもののようだが、常軌を逸していること自体がひとつの意味をもっている。性の氾濫は単に伝統的タブーの威力と束縛が危機に瀕《ひん》していることを表しているだけなのだろうか。もしそうだとすれば、性の解放が飽和状態に達し、ピューリタニズムの後継者たちの激しい欲望がひとたび癒されれば、解放された性が産業化された生産至上主義的軌道から外れてかつての均衡状態に立ち戻るかもしれないと考えられるだろう。しかし、こう考えることもできる。華々しく開始された性解放のエスカレーションは、国民総生産や宇宙征服、新しい流行と新製品の開発などのエスカレーションと同様、またそれらと同じ理由で今後も続けられるだろう（J・F・エルド）と。この見通しに立てば、性は生産と限界差異化の果てしない過程に決定的に引きこまれたことになる。なぜなら、性をエロスのシステムとして、消費の個人的・集団的機能として「解放」したのは、生産システムの論理そのものなのだから。

あらゆる種類の道徳的検閲を退けておくことにしよう。ここで問題なのは「堕落」などではない。最悪の性的「堕落」でさえ、生命力と豊かさと解放の徴候となりうることをわれわれは知っているのだ。だから性的堕落は革命的なものであり、勝利を自覚した新興階級が歴史的に最盛期に達したことを表現している――イタリア・ルネッサンスの場合がそうだった。このような意味では、性は祭りのしるしなのだ。ところが、ある社会が衰退に向かうときには、こうした性ではなく性の亡霊にすぎないものが死のしるしとして姿を現す。ある階級や社会の解体過程では、その構成員がひとりひとりバラバラに切り離される現象が生じ、やがて性が個人的衝動や社会的雰囲気として（他の要素よりも広汎に）蔓延しはじめると、その階級や社会はもうおしまいである。フランス革命前のアンシャン・レジームの末期もそうだった。過去から切り離され未来への想像力も失ってしまったために危険なほど分裂の進んだ集団は、ほとんど衝動だけの世界、利潤と性に関する激しい欲求不満が渦巻く世界において蘇るように思われる。社会関係の動揺、つまり経済的世界の環境そのものとなっている不安定な結合と激烈な競争が人びとの神経と感覚を直接揺り動かすので、性は社会的統一と集団的高揚の要因であることをやめて、気違いじみた個人的利潤追求の場となる。性は強迫観念となって人びとにつきまとい、彼らをバラバラに切り離してしまう。しかも特徴的なのは、性がほかならぬ性そのものに対して不安を抱くようになることである。性を圧迫するのはもはや不名誉、羞恥心、罪の意識などではない。それらは幾世紀にもわたる伝統の刻印、ピューリタニズム的感情であって、公的な規範や禁忌とともに徐々に姿を消しつつある。今日では、性の解放に制裁を加えるのは抑圧の個人的審級、いわば内面化された検閲である。検閲はもはや性に絶対的に敵対する（宗教的・道徳的・法律的）制度ではなくて、個人の無意識のなかに忍びこみ、性と同じ源泉に依拠して存続することになるだろう。現代人を取り囲む性的寛大さのうちには、絶えざる自己検閲機能がひそんでいる。性に関しては、公然たる抑圧はもはや存在せず（あるいは少なくなり）、自己検閲が日常生活の一機能となったのである。

「僕たちは聞いたこともないような放蕩をもたらすだろう」とランボーは「都市」のなかでいったものだ（『イリュミナシオン』中の三篇の「都市」にはこの言葉はない）。だが、エロティシズムのエスカレーションと性の解放は（ランボーのいう）「あらゆる感覚の錯乱」（ドムニ宛の「見者の手紙」（一八七一年）中の有名な言葉）とはなんの関係もない。現在もてはやされているような放埓《ほうらつ》とそこに浸みこんだ表面からではわからない苦悩は、「生活を変える」（ランボー『地獄の季節』中の言葉）どころか、性が私的関心事となるような集団的「雰囲気」をかもしだすぐらいのことしかできない。この雰囲気のなかでは、性は自分自身を鋭く意識し、自分にうっとりもしうんざりもするわけだが、これこそは性が風俗を通じてつくり上げたシステム、性をひとつの政治的装置として利用するシステムのイデオロギーにほかならない。というのは、売れ行きをよくするために性を利用する広告業者の背後には、人間の全面的解放へと向かう危険な弁証法に対抗して性的解放を（道徳的には非難するにしても）利用する既成の社会秩序が控えているからである。

### 広告における象徴と幻覚

消費対象としての性を規定するこの日常化した検閲を、道徳的意味での検閲と混同してはならない。われわれのいう検閲は、意識的要請にもとづいて意識的性行動を規制するものではない。事実、性行動に関しては、見せかけだけにせよ放任主義が要求され、奨励されており、倒錯的セックスさえ容認されている（もちろん限度というものがあるが、これが現在の趨勢《すうせい》である）。われわれの社会が性に対して神経過敏になっているために生まれた検閲は非常に巧妙で、幻覚そのものと象徴的機能のレベルで作用している。伝統的検閲に戦闘を挑むいかなる活動も、この現代的検閲に対してはまったく無力である。検閲制度に反対するこれらの活動は、ピューリタニズムの勢力（それは今なお強力である）がピューリタン的な検閲と道徳という時代遅れの武器を振りまわしているのと同様に、すでに過去のものとなった敵と闘っているわけだ。本質的変化は、性の倫理的価値（プラスの価値もマイナスの価値も含めて）という意識的で表面に現れたレベルとは別のところで進行している。この問題については、性の解放に反対する者も賛成する者も、右翼も左翼も驚くほど単純素朴な見解しかもっていない。

　ここで、J・-F・エルドが引用しているアンリオ社のシャンパンのコマーシャルを取り上げることにしよう。

　　シャンパンが一本にバラが一輪。バラの花が赤らんで半開きになる。クローズ・アップ。バラがふくらみ、脹《ふく》れ上がる。心臓の鼓動が部屋中に響きわたり、次第に速度を増し、画面からは熱っぽい雰囲気が伝わってくる。シャンパンの壜《びん》の頸《くび》から栓がゆっくりと抜けはじめ、だんだん太くなる。クローズ・アップ。針金の枷《かせ》がひとつずつ外れだす。心臓の鼓動が激しさを増す。バラが膨脹する。また栓が——あっ！　突然鼓動が止まって、栓がはじけ飛ぶ。シャンパンの泡がどくどくと壜の頸を伝わる。バラの花が青ざめ、弱々しく閉じられる。緊張が静かに解けてゆく。

ヴァンプ〔妖精〕役の女優が取っ手や管など陰茎と精液を連想させる小道具を使って、からだを何度もよじらせながらオルガスムスに達する様子を徐々にクローズ・アップする水道の蛇口のコマーシャルを思い出してみよう。これに似たような広告は無数に存在していて、そこでは、われわれの衝動と幻覚にきわめて危険な操作を加えるいわゆる「秘密の説得」が行われている。この説得は消費者の想像力を刺激するよりはむしろ、知識人好みの話題を提供しているようだ。うずくような痛みと後めたい気持ちを起こさせるエロティックな広告は、われわれの内面に深刻な動揺を生みだす……黒いズボンつりをつけた金髪の裸女、それだけで十分だ。勝負は終わった。こうしてズボンつり商人は大金持ちになる。

エルドは「なんの変哲もない雨傘も空に向けさえすれば陰茎の象徴になる」ことを認めたうえで、こうした類いの象徴がまさに象徴であることによって有効需要の増加をもたらすことは間違いないと主張する。さらに、彼は下着メーカー、ヴェベールの宣伝用のふたつの案を比較して、メーカーが最初の案を選んだのは正しかったとして、その理由をこう説明する。

〔女性のあまりの美しさに〕気絶しそうになった青年は神に捧げられた生贄のようなものだ。女性にとって男性の支配者となることの誘惑は大きい……だが、それは空恐ろしいような誘惑でもある……もし少女の顔をしたスフィンクスとその犠牲者の青年がヴェベール製下着のイメージになっていたとしたら、女性たちは漠然とした罪の意識に苛《さいな》まれて、あまり大胆でないブラジャーを選んでいたことだろう。

こんな具合に、精神分析学者たちは、あちこちの広告に表れた激しい口唇性欲や肛門性欲、男根崇拝などの幻覚を、ぞくぞくしながら大真面目に研究しようとする。広告によって操作されたくて、ひそかにこれらの幻覚を待ち望んでいた消費者の無意識なるものに、すべてが結びつけられるのである（もちろんこの無意識があらかじめ消費者のうちに存在しているという前提があるわけだ。彼らによれば、フロイトもいったように無意識とは象徴と幻覚を糧とする人間の隠された本質なのである）。ここには、無意識と幻覚のあいだの、かつて意識のレベルで主体と客体のあいだにみられたのと同じ悪循環がみられる。彼らは無意識と幻覚を重ね合わせ、個別的機能としてステレオタイプ化された無意識と広告代理店によって完成品のかたちで引き渡される幻覚とを結び合わせる。つまり、無意識と幻覚とを記号の意味作用と有効性に関する機械的過程のなかで大げさに目立たせることによって、無意識と象徴機能の論理が提起する本質的な問題をすべて回避してしまうのである。「まず無意識が存在し、次にさまざまな幻覚が無意識を引きつける。両者のこの奇蹟的な結合のおかげで商売が繁昌する」というわけだ。こうした単純素朴な思考は、土着民の伝える神話をそっくりそのまま信じこみ、神話や儀式の魔術的効力に対する彼らの迷信さえも「原始心性」という自分がつくり上げた合理主義的神話を維持するために鵜呑みにした民族学者の思考とまったく同じである。ところが、今や販売に対する広告の直接的効果が疑われはじめている。精神分析学者だけでなく広告業者の口実となっているこの単純素朴な幻覚のからくりを根本的に再検討しなければなるまい。

大ざっぱにいえば、問題は次のようなものである。ここには本当にリビドーが存在しているのだろうか。エロティシズムの氾濫のなかには、真に性的なもの、リビドー的なものがあるのだろうか。広告（のみならず他のあらゆるマス・メディアのシステム）は真に幻覚的「シーン〔場面〕」となっているだろうか。そこに表れた象徴と幻覚の内容を、夢に表われたイメージの内容以上に真に受けてよいものだろうか。商業的指令が商業的有効性をもたないのと同様、扇情的指令は実は象徴的価値も有効性ももたないのではないだろうか。これらの問題はいったい何を意味しているのだろうか。

実をいえば、われわれは第二段階の神話の前にいるのだ。それは魔法幻燈《ファンタスマゴリー》の画面にすぎないものを幻覚《ファンタスム》と思わせ、偽りの象徴機能を通じて人びとを彼らの個人的無意識という神話の罠におとしいれ、彼らにこの無意識を消費機能として投資させようと努める神話である。人びとはこう信じなければならない。自分たちは無意識を「もっている」、無意識は広告の「扇情的」象徴機能のなかに投影され客体化されている、これは無意識の存在する証拠だ、だから無意識を信じることは正しいし、したがってまず象徴の「読解」のレベルで、次いでこれらの「象徴」によって指示され、これらの「幻覚」を担わされた財の所有を通じて無意識を引き受けようとすることもまた正しい……と。

ところで、このエロスの祝祭のどこを探しても象徴も幻覚も見つかりはしないのだから、これを「欲望の戦略」だと決めつけるのは、風車と闘うドン・キホーテのようなものだ。男根崇拝などのメッセージがちょっと見ただけではまったく遊び的で、無邪気なように思われる場合でさえ、われわれを取り巻く扇情的な用具が完全に教養化されていることは容易に理解できる。それは幻覚や象徴の用具ではなく、雰囲気づくりのための用具であり、そこでわれわれに語りかけるのは、欲望でも無意識でもなく、ひとつの文化、それも月並みで陳腐になった無内容な精神分析的サブ・カルチャーなのである。第二のレベルでの寓話化、つまりアレゴリーといってもよい。だから、そこで語るのはエス（無意識）ではない。エスは、この場合、文化システム中でつくられ、今やこのシステムに統合され、組みこまれてしまった精神分析をわれわれに指示するにすぎない。この精神分析はもちろん、真の分析的実践ではなく、教養化、マス・メディア化された精神分析の機能＝記号なのだ。人工的な薪を火の象徴と混同してはならないように、神話化されたテーマの形式的で寓意的な組み合わせを無意識の言説と混同してはなるまい。「記号化された」薪の火とバシュラールが分析した火の詩的本質〔『火の精神分析』（一九三八年）〕とのあいだには、いかなる共通性も存在しない。この薪の火は単なる文化的記号であり、文化的準拠としての価値以外の価値をもたない。このように、現代の広告とエロティシズムはすべて、意味によってではなく、記号によってつくり上げられているわけである。

広告中のエロティックな表現のエスカレーション（およびそれに歩調を合わせた広告の「反語的表現」、遊び、距離、「反広告」的手法のエスカレーション）に見とれていても仕方がない。こうしたエロティックな内容は、唯一の真のメッセージである商標という超記号へとたどりつくように並べられた信号にすぎない。そこには言語活動は存在しないし、まして無意識などあるはずがない。だからこそ、たとえばエールボルヌ（エアボーン）社の最近の広告で、五〇人の女性のヒップだけを意味ありげに並べたり、それに類することができるのである（「そのとおり、ヒップこそはいちばん大切な、私たちが第一に研究しなければならない場所なのです……考えられるあらゆる姿勢に並べてみました……セヴィニエ夫人〔フランス一七世紀の書簡作家〕の苦労がわかろうというものです」〔椅子の広告〕）。これはまったく無害な広告で、われわれの「深層」にあるものを何ひとつ目覚めさせはしない。五〇人の女性のヒップは文化的共示、あるいは共示のメタ言語にすぎず、「目下流行中」の文化の、なんでもセックスに結びつける神話を語っているのであって、実際の肛門性欲とは関係がない。だからこそ安全なので、イメージとしてそのまま消費される。

真の幻覚は表現しえないものだ。たとえ表現しえたとしても、それは直視に耐えないものとなるだろう。剃刀の刃で囲まれた、女性のぬめぬめした唇を表すジレット剃刀の広告が直視に耐えるのは、そこに暗示されているペニスを去勢する膣の幻覚そのものを表現しているわけではないからだ。つまり、こうした広告は統辞法を奪われ、バラバラに切り離された上できちんと整理された一連の記号を組み合わせるだけで満足しているのであって、これらの記号はいかなる無意識的連想をも喚起せず（むしろそれらを徹底的に遠ざけ）、「文化的」連想だけを呼び起こすにすぎない。それはさまざまな象徴を集めたグレヴァン蠟人形館的場面であり、性的衝動の作用の痕跡をもはや少しも留めてはいない、記号としての幻覚の化石化した集合体なのである。

要するに、広告を（大衆の）情動操作のかどで告発することは、広告を過大評価することになってしまう。検閲する側も擁護する側もこぞってしがみついているこの巨大な欺瞞はおそらく、きわめて明確な機能をもっているのだ。それは、真の告発を（現代広告という魔法幻燈の背後で非常に有効に作用している検閲過程そのものの徹底的分析を）ないがしろにするという機能である。広告の扇情的装置を通じてわれわれを真に条件づけているのは、「隠された」説得や無意識的暗示ではなくて、その反対に象徴機能や明瞭に分節化された統辞法中に用いられた幻覚的表現など、要するに性的意味をもつものの生き生きした発現に対する検閲という、深い意味での検閲である。性的記号がコード化される過程では、象徴機能も幻覚もその他の性的意味をもつものもすべて削除・検閲・廃棄されてしまう。というのも、このコード化によっていたるところに性的なものがばらまかれるが、それらは統辞法の支配から逃れた直後に、閉鎖的で同語反復的な操作の対象となるからである。あらゆる形態の性は、この組織化されたテロリズムによって実体を失い消費用具となる。この段階で、性は消費過程に吸収される。これは、罪のない露出症や安っぽい男根崇拝、滑稽なフロイト信仰などよりはるかに深刻な事態である。

## 性器つき人形

これは新しい玩具（「おしっこをする人形」）である。玩具といっても馬鹿にしてはならない。大人の幻覚にもとづいてつくられた子ども用の玩具が、今やわれわれの文明全体と関わりをもつことになるのだ。この新しい人形は、消費社会における性（およびその他のすべてのもの）に対するわれわれの関係の一般的性格、すなわち偽装と復元の過程に支配される関係を表現するが、この過程の原則はリアリズム的かつ人為的な眩暈そのものであり、ここでは性が性器という「客観的」実在と混同されている。

われわれの周囲を注意深く観察してみれば、この種の人形に限らず、カラーテレビの画面の色や広告などに登場するヌードも、あるいは工場での労働者の経営参加、前衛演劇の「総合」スペクタクルでの観客の「熱気あふれる活発な」参加も同様の現象であることがわかる。いずれの場合も、そこで行われているのは「真理」または「全体性」の人為的復元、すなわち分業と各機能の分担をあらかじめ前提としておいて全体性を組織的に復元することなのである。

性器つき人形（性器が玩具化され、子どもが操作できるようになっている）の場合、全体的《トータル》交換という象徴的機能をもつ全体性《トータリテ》としての性がまず解体され、性的記号（生殖器、ヌード、第二次性徴、そしてすべてのものに一般化されたエロティックな意味作用）のなかに閉じこめられた上で、私有物あるいは属性として個人に割り当てられている。

「伝統的なタイプの」人形でさえ、それなりに象徴機能（つまり性的機能でもある）を十分に果たしていたわけだが、この新種の人形のように人形に特定の性的記号を付与することは、この象徴機能を阻害し、人形に見世物としての機能だけを担わせることにほかならない。もっとも、性器つき人形は特殊な例ではない。二次的属性、性的寓意、象徴機能の検閲として人形に付け加えられたこの性器は、子どものレベルでの裸体主義とエロティシズムの寓話化であり、いたるところでわれわれを取り巻いている肉体の記号の礼讃でもある。

本来、性は全体的かつ象徴的交換の構造なのである。ところが人びとは、（一）性を性器のリアルで露骨で見世物的な意味作用と「性的欲求」で置きかえることによって、性から象徴性を奪いとる。(二) エロスをバラバラに切り離し、セックスを個人に、また個人をセックスに割り当てることによって、性から交換性を奪いとる(これは本質的なことだ)。こうした事態は技術的・社会的分業の帰結であり、セックスが(全体的ではなく)部分的機能となって私有財産としてひとりひとりに割り当てられている。先に述べた無意識の場合と同じことだ。

結局ここではただひとつのことが問題になっているのがわかる。それは、象徴的交換としての性、つまり機能的分割を超越した全体的過程としての(いわば秩序破壊的な)性の否定である。

性の全体的で象徴的な交換機能が破壊され失われてしまうと、性は使用価値と交換価値(いずれもモノの概念の特性だ)の二重の図式に組みこまれ、次のような切り離された機能として客観化される。

(一) 個人にとっての使用価値(自分自身の性器や性的テクニックを通じて表れる使用価値――なぜならここでは欲望《デジール》ではなく、技術と欲求《ブズワン》が問題になっているからだ)。

(二) 交換価値(やはり象徴的価値ではなく、あらゆる形態の売春のような経済的・商業的交換価値、または今日ではそれよりずっと重要になっている見せびらかし的記号としての価値、つまり「性に関する生活程度」)。

「進歩的」玩具の装いをこらした性器つき人形は、実はこうしたことすべてをわれわれに語りかけているのだ。オーディオ装置やインド航空の景品用ヌードポスターに登場する女性の豊かなヒップと同様、この人形の性器は論理的錯誤の産物であって、海水浴場で見かける思春期前の少女のブラジャーと同じくらいグロテスクなしろものである。性器つき人形と少女のブラジャーは、一見正反対のようでも、実は同じ意味をもっている。一方は隠し、他方は露出するわけだが、両方とも不自然で、ピューリタン的であることに変わりはない。いずれの場合にも、人為的操作、すなわち常に一種のリアリズムの形而上学にもとづく見せびらかし的な偽装を通して、検閲的行為が行われているのである。この形而上学によれば、現実的なるものとは物象化されたものであり、真なるものの対立概念であるとされている。

現実的なるものの属性となった記号を追加し、より巧妙な人為的操作を加えるにしたがい、人びとは物象化された性の文化的形而上学へ象徴の荷重を振りむけることで、真実そのものを検閲するようになる。こうして、人形だけでなくすべてのものが、リビドーの力と象徴機能を巧みに封じるために、今や人為的に性的意味を付与されようとしている。しかし、性器つき人形というアイディアはまったく大したものだ。性教育のためだと本気で（？）信じこみ、あるいはそれを口実にして、性的記号を過度に露出させることによって、子どもを実際には去勢しているのは、ほかならぬ親たち自身なのである。

## 3　余暇の悲劇、または時間浪費の不可能

消費社会の現実の、あるいは架空の豊かさのなかで、時間という概念は一種の特権的地位を占めている。このきわめて特殊な財に対する需要は、それ以外のあらゆる財に対する需要に匹敵するほど大きなものだ。もちろん、自由時間に関して、他の財やサーヴィス以上の機会均等や民主的配分があるわけではない。一方、自由時間をクロノメーターで測られるような時間に換算することは異なる時代や文化間の比較には有意義かもしれないが、絶対値としての時間は現在のわれわれにとってはもはや意味がない。むしろ、この自由時間の質、リズム、内容など——自由時間が労働という強制のあとの残余の時間であろうと、それとも「自律的」時間であろうと——こうしたことはすべて、個人、社会階層、階級に伴う差異表示記号となっている。今日では、労働の量が増加することや余暇がとれないことさえも、経営者や責任者の特権となりうるのである。地位表示記号に関する差異化の理論（自由時間の「消費」もその一部だ）のなかではじめて意味をもつであろうこれらの特殊例は別にしても、時間は人間の条件の平等化という特殊な神話的価値をもっているが、今やこの価値が余暇の登場によってふたたび強調され、問題になっているわけである。「時間と死の前では万人が平等である」——かつて社会的正義に対する一切の要求を凝縮していたこの古い諺《ことわざ》は、「余暇においては万人がふたたび平等になる」という現在注意深く維持

されている神話のなかに生き残った。

「一緒に海に潜ったり、サモス〔食前酒の一種〕を一杯やったりしているうちに、彼らのあいだに友情が芽生えた。帰りの船のなかでふたりは互いのファースト・ネームしか知らなかったことに気づき、住所を教えあったとき、同じ工場に勤める技術部長と夜警であることがわかってびっくり仰天したという」

「地中海クラブ《クラブ・メッド》」の全イデオロギーが要約されているこの楽しい寓話は、次のような形而上学的公準を内包している。すなわち——

(一) 余暇とは自由の支配である。

(二) 各人は生まれながらにして、また実質的に自由かつ平等である。彼がこの実質的な自由と平等と博愛を取り戻すためには、彼を自然状態に連れ戻してやりさえすればよい。ギリシャの島々と海底は、フランス革命の理想を継承している。

(三) 時間は、その現実の内容に先立って存在する先験的・超越的次元である。時間はあなたより前から存在していて、あなたを待っている。もし時間が労働のなかで疎外され奴隷化されているなら、あなたは「時間をもたない」。反対に時間が労働や拘束の外にあれば、あなたは「時間をもつ」。水や空気と同じように絶対的で譲渡不可能な次元である時間は、したがって余暇のなかでふたたび万人の私有財産となる。

以上の公準のなかでは、時間が一定の文化の、もっと正確にいえば一定の生産様式の産物にすぎないことを暗示している点で、第三の公準が最も重要である。この場合には、時間は必然的に、生産システムの枠内で生産される（または処分可能な）すべての財と同一の資格をもつことになる。つまり、公有財産や私有財産、取得の対象となる財と同じ資格——組織的に生産されるすべてのモノと同様、交換価値の物象化としての抽象性を帯びた譲渡可能な所有物（それが疎外されているか、自由であるかは別として）の資格——をもつのである。

いずれにしても大部分のモノは理論的には交換価値と切り離すことのできる一定の使用価値をもつわけだが、時間はどうだろうか。なんらかの客観的機能や特殊な用途によって規定可能な時間の使用価値はいったいどこにあるのだろうか。なぜこんな疑問を提起するのかといえば、時間にその使用価値を取り戻させること、時間を空っぽの次元として解放し、個人的自由でいっぱいにすることこそが「自由」時間の根底にある要求だからである。ところで、われわれのシステムにおいては、時間はモノとして、つまり各人が「好みに応じて」投資すべき年、時、日、週などの厳密な意味での時間的資本としてしか「解放」されていない。時間は、計量されるという点で生産システムの抽象性という完全な抽象性に支配されている以上、もはや真に自由ではありえないのだ。

したがって、余暇の根底にある要求は解決不可能な、絶望的ともいうべき矛盾の虜《とりこ》となっている。余暇への要求に含まれている自由への激しい渇望は、強制と拘束のシステムが強力であることの証左なのだが、このシステムの力は他のいかなる領域にも増して、時間の領域で最大限に発揮されている。「私が時間について語りはじめると、時間はもう存在しない」といったのはアポリネールだが、余暇についても、こんなふうにいえそうである――「時間を〃所有〃しはじめると、時間はもう自由ではない」。もちろん、この矛盾は言葉の矛盾ではなく、本質的なものであって、これこそまさに消費の悲劇的逆説である。所有され消費されるひとつひとつのモノ、自由時間の一分一分のなかに、各人は自分の欲望を注ぎこもうと願うか、あるいは注ぎこんだと信じている。だが、所有されたモノや実現された充足のなかにも、「自由に使える」時間のなかにも、欲望はもはや存在しないし、存在できるはずがないのである。そこにあるのは、消費された欲望の残りカスにすぎない。

未開社会には時間が存在しないので、人びとが時間をもっているかどうかを問うことは意味がない。そこでは、時間は、反復される集団活動（労働や祭りの儀礼）のリズム以外の何ものでもない。時間をこれらの活動から切り離して未来に投影し、予測と操作を行うことは不可能である。時間は個人的なものでなく、祭りの行事において頂点に達する交換のリズムそのものなのだ。未開社会では、時間はわざわざ「時間」と呼ばれる必要がないので、交換に関する動詞や人間および自然の周期と一体になっている。だから、時間は「つながれている」が拘束されておらず、しかも「つながれていること」〔Gebundenheit〕さえもが、どんな自由とも対立しないのである。この時間は純粋に象徴的な時間であって、時間だけを切り離して抽象的概念とすることはできない。「時間は象徴的である」ということ自体が無意味だといってもよい。要するに、未開社会には貨幣が存在しないのとまったく同じように、時間も存在しないのである。

もっとも、時間と貨幣との類似性は、われわれの時間を分析するためにも、労働時間と自由時間とのあいだの深い意味をもつ切断が内包するものを分析するためにも基本的な事柄である。この切断は、消費社会の根本的選択を成り立たせている決定的な切断である。

タイム・イズ・マネー——レミントンのタイプライターにあざやかな文字で印されているこの金言は、工場の入口にも、日常生活の奴隷化した時間のなかにも刻まれているし、さらには最近ますます重要性を増している「時間予算」という概念中にも書きこまれている。この章との関連でいえば、余暇と自由時間さえも支配しているのである。空っぽの時間を規定するのも、海水浴場の日時計やヴァカンス・クラブの入口に刻まれているのも、やはりこの金言である。

時間は、交換価値の法則に従う稀少かつ貴重な商品である。このことは売買の対象となる労働時間についてはすぐにわかるのだが、自由時間でさえも、消費されるためには直接的・間接的に購買の対象とならざるをえない事態が生じている。ノーマン・メイラーは冷凍と液体のオレンジ・ジュース（カートン入り）の原価をそれぞれについて計算しているが、彼によれば、液体のオレンジ・ジュースのほうが解凍に要する二分間の時間を稼げるので、その分だけ高い値段がつけられているという。こうして、消費者は自分自身の自由時間さえも金を出して買わなければならないことになる。もっとも、これは当然のことだ。なぜなら、「自由」時間とは実際には「稼がれた」時間、つまり利潤を生む資本、潜在的生産力であって、それを手に入れるためには買い戻さなければならないからである。この現実に驚いたり憤慨したりするのは、理念的には無色透明ですべての人が手に入れることのできる「自然的」時間という単純素朴な仮説にしがみついている証拠だ。ジューク・ボックスに一フラン入れると二分間の静けさを買い戻せるという、決して突飛ではない思いつきも「自由」時間についてのこの真理の一例となっている。

分割可能で抽象的でクロノメーターで測られるような時間は、したがって交換価値のシステムのなかで均質化し、他のあらゆるモノと同じ資格でこのシステムに組みこまれる。時間計算の対象であるこうした時間は、他のあらゆる商品（とくに貨幣）と交換可能だし、また交換されなくてはならない。それに、時間イコールモノという概念は可逆的であって、時間がモノであるのとまったく同じように、あらゆる生産物は結晶化した時間とみなすことができる（それらの商品価値を形成する労働時間ばかりでなく、技術革新によって生まれた商品が使用者の時間を節約し、この節約が購買の対象となるかぎりにおいては余暇の時間の結晶でもあるわけだ）。主婦にとって、電気洗濯機は自由時間を意味する。それは、売買できるようにモノにかたちを変えた潜在的自由時間である（この自由時間を、主婦はテレビを見ることに使うかもしれないが、そうなれば他の電気洗濯機のコマーシャルを見させられるかもしれない！）

交換価値および生産力としての時間のこの法則は、余暇全体に浸透している。余暇だけが労働時間を規制するあらゆる強制と拘束から奇蹟的に免れているというわけにはいかないのだ。生産システムの法則は休暇《ヴァカンス》をとるわけでもないので、いつでもどこでも（車を走らせていようと、海水浴場にいようと、クラブにいようと）時間を生産力として再生産する。時間を労働時間と余暇の時間とに分割し、後者を自由の超越的空間のはじまりとする表面的な見解は神話にすぎない。消費社会の現実的レベルでますます基本的になりつつあるとはいえ、この区分は依然として形式的なものである。ヴァカンスは個人生活の夏至と冬至、春のはじまりは集団生活の春分というように、「太陽年」と「社会年」を重ね合わせて一年という時間が組織されている。この巨大な時間の流れは季節変化のリズムと一致しているようにみえるが、実はそうではない。それはリズム（ある周期の自然の瞬間の連続）などではまったくなく、ひとつの機能的メカニズムであり、労働時間と余暇の時間に分けられた同じ組織的過程である。この共通の客観的論理に従って、労働時間の規範と拘束が自由時間とその内容のなかに転移していることについては、あとで検討するとしよう。

さしあたって、余暇に固有のイデオロギーに戻ろう。休息、くつろぎ、気晴らし、娯楽などはおそらく「欲求」のうちに数えられるだろうが、それら自体は時間の消費という余暇に固有の要求を規定するものではない。自由時間とは、その間に人びとが行うすべての遊び的活動のことのように思われるが、それは何よりもまず時間を無駄にする自由、時間をつぶしたり、純粋に浪費したりする自由のことなのである（したがって、余暇は労働力の再生産に必要な時間にすぎないのだから疎外された時間であるというだけでは不十分だ。余暇の疎外はもっと深刻な問題であり、余暇の労働時間への直接的従属にもとづくのではなく、むしろ時間の浪費の不可能性そのものに結びついている）。

余暇がなんとかして取り戻そうとしている時間の真の使用価値、それは浪費されることにほかならない。[41]ヴァカンス〔本来は「真空」の意〕とは、文字通り無駄にすることの可能な時間、損失を計算に入れずにすむと同時に、なんらかの方法で稼がれたものでないような時間の追求を意味する。生産と生産力に関するわれわれのシステムにおいて、人びとは時間を稼がずにはいられなくなっている。この宿命は労働の上にも、余暇の上にものしかかっている重荷である。時間をこれ見よがしに無駄にする場合でさえ、われわれは自分の時間を活用しないわけにはいかない。ヴァカンスという自由時間は依然としてヴァカンスをとる人びとの私有財産であり、一年間汗を流して働いてやっと手に入れたひとつの財なのである。この財を彼らは他の持ちものと同じように享受することになる。したがって（モノを贈る場合のように）時間を誰かに与えたり、何かの犠牲にしたり、あるいは時間の完全な可処分性つまり時間の不在（これこそ真の自由だ）を実現したりすることを望んだとしても、財となったこの時間を手離すことはできないだろう。プロメテウスが岩に鎖でつながれていたように、ヴァカンスをとる人びとはほかならぬ自分の時間に、生産力としての時間というプロメテウス的神話に縛られているわけである。

シーシュポス、タンタロス、プロメテウス……「不条理な自由」のあらゆる実存的神話は夏のヴァカンスに出かける人びとの姿を見事に象徴している。彼らは、「ヴァカンス」〔休暇、空っぽの状態〕（つまり無償の行為、完全な剝奪、空虚）のまねごとをしようとして必死になっているのだが、真のヴァカンスとは自分自身および自分の時間の喪失のことであって、時間が決定的に客体化された世界の住人である彼らにとっては絶対にたどりつけない世界である。

41　この点では時間は、所有され利用され活用されることが伝統的に「使用価値」となっている他のあらゆるモノと著しく異なると思われるかもしれない。だが、そのような考えは根本的に誤っている。そうしたモノの真の使用価値もやはり「まったく純粋に」浪費されることだろう。つまりそれは今やいたるところで功利的使用価値によって阻害され、取ってかわられている象徴的使用価値でもあるのだ。

われわれは、時間を稼いで一生を過ごさずにはいられないというこの宿命を祓いのけるのに十分なほど多くの時間を浪費することができない時代に生きている。下着を脱ぎ捨てるように時間を捨てるわけにはいかないし、貨幣と同様、時間をつぶすこともなくすこともできない。貨幣と時間は交換価値のシステムの表現そのものだからである。象徴的意味では金貨も銀貨も、客体化された時間も排泄物だが、貨幣と時間に排泄物としての古風で供犠的な機能を与えることはほとんどないし、現在のシステムの下では論理的に不可能である。そんなことが可能なら、われわれは象徴的なかたちで貨幣と時間から真に解放されることになるだろう。ところがわれわれを支配する計算と資本の秩序においては、いわばその反対のことが起こっている。この秩序によって客体化され、交換価値として操作されているのはわれわれ自身であり、貨幣と時間の排泄物となったのもむしろわれわれのほうなのである。

こうして、余暇における自由という虚構にもかかわらず、論理的には「自由」時間はどこにも存在できない。存在するのは拘束された時間だけである。消費の時間は、それが生産のサイクルのなかの「気晴らし」的時間にすぎないかぎりにおいて、生産の時間である。とはいっても、この生産の時間を補足する機能（社会階級に応じてその配分は異なるが）は、消費の時間の本質的性格ではない。余暇は表面的には無償の時間のように見えるが、生産の時間と奴隷化された日常性に伴うすべての精神的・実践的拘束を忠実に再現するという意味で、拘束された時間である。

余暇の特徴は創造的活動にあるわけではない。芸術その他の創造的作品の制作は決して余暇の活動ではない。余暇は一般的にいって、近代的形態の労働に先立つ退行的活動（日曜大工、工芸、蒐集、釣りなど）を特徴としている。自由時間の活動を導くモデルは現代人の体験する唯一の自由時間、つまり子ども時代の自由時間というモデルである。だがここでは遊びにおける自由という子ども時代の体験と、分業以前の社会段階に対する郷愁とが混同されている。どちらの場合でも、余暇が取り戻そうとしている全体性と自発性は、近代的分業を本質的特徴とする社会的時間のなかに出現するので、気晴らしと無責任という客観的形態をまとうことになる。余暇におけるこの責任の不在は、労働における責任の不在と同類であり、構造的にも両者は互いに補完し合っている。余暇の「自由」も労働の拘束も、その構造は同じなのだ。

時間がこれらの二大様態に機能的に分割されたという事実そのものがひとつのシステムを生みだし、余暇を疎外された労働のイデオロギーにしてしまう。この分割は、労働と余暇に同じ欠陥と同じ矛盾とをもたらす。したがって、余暇とヴァカンスのなかには、労働の領域にみられるものと同一の目的達成への道徳的・理想主義的執念、つまり強制（Forcing）の倫理が見出されることになる。余暇は完全に消費の一部なのだが、消費と同じようにやはり欲望充足のための行為ではない。ちょっとみただけでは、充足のための行為のように思われるかもしれないが、実際には、日焼けした肌への強迫観念、イタリアやスペインへの観光旅行や各地の美術館めぐり、義務的になった海辺での日光浴や体操、それに疲れや衰えを隠した〝微笑〟や〝生きる歓び〟などはすべて、人びとが義務と犠牲と禁欲の原則に盲従していることを証明している。これはリースマンのいう娯楽道徳であって、余暇と快楽のなかで救霊を果たすという純粋に倫理的な次元、他の目的達成の基準に従って自己の救霊を果たそうとしないかぎり免れることのできない次元である。自由や自律性への動機づけとは形式的に矛盾するようだが、行楽客が同じ場所へ押しかけるという傾向が最近ますます目立ってきている。この傾向も、労働の拘束と同類の原則に従っているのである。孤独なるものは口さきだけの価値であって実行される価値ではない。人びとは労働から逃れても、雑踏からは逃れられないのである。もちろん、この場合にも社会的差別が機能している（「コミュニカシオン」誌、八号）。海、砂、太陽そして雑踏は、富裕階級よりも下層階級にとってはるかに必要だ。たしかに経済的問題もあるが、それ以上に文化的渇望の問題が大きいようである。「受動的なヴァカンスを過ごさざるをえないこれらの人びとには、格好をつけるために海と太陽と雑踏が必要なのだ」（前掲誌、ユベール・マセ）

「余暇は社会的使命である」――この新聞の見出しめいた表現は、自由時間とその消費がひとつの制度、内在化された社会的規範としての性格を帯びるようになったことを見事に要約している。スキー場で過ごすヴァカンスや有閑階級の甘い生活や各国の料理を味わうことなどの特権は、次のふたつのものへの完全な従属を覆い隠す役割を果たしている。

（一）欲求と充足の最大化という集団のモラルへの従属（社会的領域での生産力の最大化という原則を「自由」な私的領域でそっくりそのまま反映しているモラルへの従属）。

（二）差別的コードと差異化の構造への従属（かつては「暇があること」が長いあいだ富裕階級の差異表示的基準だったが、今では無駄な時間の消費に取ってかわられた）。

（役に立つことは）何もするなという強制が余暇をまったく専制的なやり方で支配しているが、以前は同じ強制が伝統的社会における特権階級の人びとの地位を規定していたのである。依然としてきわめて不平等に分配されている余暇は、現代の民主主義体制の社会でもやはり選別と文化的差別の一要因である。もっとも、この傾向が逆転することも考えられないわけではない（少なくとも想像できないことではない）。A・ハクスリーの『すばらしい新世界』は、エリートだけが働き、大衆は快楽と余暇をむさぼりさえすればよいような世界を描いていた。余暇が増え、自由時間が誰でも手に入れられるようになると、特権が逆になって、時間の義務的消費からできるかぎり免れていることが至上の特権になるかもしれない。余暇が開発されるのに伴い、その理想的な意図とは裏腹に競争と厳格な倫理に組みこまれるようになれば（十分考えられることだ）、労働（ある種の労働というべきだろう）が余暇から解放されて一息つくための場所と時間になるかもしれない。いずれにしても、現代社会では労働はすでに差別と特権を表示する記号となることができる。一日に一五時間も働くことが自分の義務だと考えている社長や重役たちのわざとらしい「忙しさ」がいい例である。

こうしてわれわれは労働そのものが消費されるという逆説的な段階に到達する。自由時間より労働のほうが好まれる以上、また労働に関する欲求と充足の「ノイローゼ的」性格が顕著であり、労働量の増大が威信の指標となるかぎりにおいて、われわれは労働が消費される現場にいあわせることになる。もっとも、これは当然のことだ。われわれはすべてが消費の対象となりうることを知っているのだから。

余暇の地位表示的価値は、当分のあいだ変化しないだろう。余暇に対する反動で労働の株が上がったことも、余暇を高貴な価値とする見方の根強いことを裏から証明しているにすぎない。「労働をこれ見よがしに差し控えることが、名声と地位を示すための指標として世間に受け入れられている」と、ヴェブレンは『有閑階級の理論』で書いているが、生産的労働を卑しいものとする伝統は今なお健在なのだ。現代の「民主的」社会の特徴である地位獲得競争の激化とともに、この伝統は強化されさえするかもしれない。余暇の価値に関する法則は、社会に対して絶対的強制力をもっているのである。

したがって、余暇は自由時間の享受、充足、および機能的休息などというよりは、むしろ非生産的時間の消費として定義される。ここで本章の冒頭で触れた「時間の浪費」の問題に立ち戻ることになるが、今度は消費される自由時間が実は生産の時間であることを示しておこう。経済的には非生産的なこの時間は、差異表示的・地位表示的価値、威信価値を生みだす生産的時間なのである。何もしない（または生産的なことは何もしない）というのも、この意味では特殊な活動である。価値（記号なども含めて）を生産することは、一種の義務となった社会的夫役であって、たとえ受動性が余暇の顕示的言説であっても、受動的なものではまったくない。事実、余暇のなかの時間は「自由」時間ではなく、支出された時間であり、まったく無駄になっているとはいえない。というのは、この時間は社会的意味での個人にとって地位を生産する時間なのである。余暇を真に必要としている者はひとりもいないが、誰もが生産的労働に拘束されずに余暇を自由にできることの証拠を示すよう催促されている。

だから、暇な時間を使い果たすことは一種のポトラッチなのである。この場合、自由時間は（余暇に付随する活動と内在する活動がすべてそうであるように）意味作用と記号交換の用具となる。バタイユが『呪われた部分』で書いているように、ポトラッチは破壊そのもの、つまり供犠において意味をもつわけだが、余暇もまたこの「象徴的」操作[42]の行われる場合であるといえるだろう。したがって、余暇は差別と価値生産の論理において、究極的に正当化されるわけである。これはほとんど経験的に確かめられることで、「創造の自由」が手に入る状態におかれた人間が余暇に何をするかをみればわかるはずだ。彼はどこかに釘を打つところはないか、分解すべき車のエンジンはないかと必死になって探しまわるだろう。競争状態の外にいるのだから自律的欲求も自発的動機づけもないのだが、彼はそれでも何もしないで時を過ごすという考えを捨てきれず、何もしないでいたいという「欲求」を抱かずにはいられない。なぜなら、何もしないということ自体が地位表示的な社会的価値をもっているからである。

今日でも、平均的な人間がヴァカンスや自由時間を通じて要求しているのは自己実現の自由（どんな自己を実現し、どんな隠された本質を引っぱりだそうというのか）ではない。自分に与えられた時間

---

42　しかしながら、その目的は依然として厳密に個人的なものである。古代の祭りでは、時間が「それ自身のために」浪費されることは決してない。それは集団的浪費のための時間なのだから。

の無用性、つまりふんだんに使える資本（富といってもよい）としての余分な時間をもっていることを見せつける自由を、彼はまず第一に要求するのである。余暇の時間は一般的にいって消費の時間と同じように、価値を生産するきわめて重要な社会的時間となる。それは経済的に生き延びることの次元ではなくて、社会的救霊の次元である。

以上のことから、自由時間の「自由」が結局何にもとづくものなのかが明らかになる。この「自由」を、労働の「自由」や消費する「自由」と比較してみる必要がある。労働が経済的交換価値をもつために労働力として「解放」されなければならないように、また消費のシステムが確立するためには消費者が消費者として、つまり好きなモノを選ぶ（形式的）自由をもつ人間として「解放」されなければならないように、時間も次のふたつの目的のために「解放」されなければならない、つまり時間の（象徴的・儀礼的）意味から自由でなければならない。それらの目的とは──

（一）経済的交換のサイクルのなかで（労働時間のなかで）商品となることだけでなく、

（二）余暇のなかで社会的交換の価値（威信を示す遊び的価値）をもつ記号そのもの、および記号の用具となることである。

消費される時間を規定するのはこの第二の場合だけで、労働時間は「消費」される時間ではない。あるいは、エンジンがガソリンを消費するという意味で、つまり消費の論理とは無関係に消費されるだけだといってもよい。では「象徴的」時間はどうだろう。経済的拘束を受けず、機能

＝記号として「自由」でなく、つながれた時間、すなわち自然の具体的な周期や相互的・社会的交換と不可分な「象徴的」時間は、もちろん「消費」されはしない。われわれがこれを「時間」と呼んでいるのは、クロノメーターで測られるような時間についてのわれわれの考え方からの類推とその投影ゆえにすぎないのであって、実際には交換のリズムのことなのである。

われわれのシステムのように統合された全体的《トータル》システムのなかでは、時間の使い方に関する自由は存在しないだろう。余暇は時間を自由に使えることそのものではなく、この自由のポスターにすぎない。余暇の根本的な意味は、労働時間との差異を示せという強制である。だから余暇は自律的ではなく、労働時間の不在によって規定される。余暇の本質的価値でもあるこの差異はいたるところで共示され、誇張され、見せびらかされている。余暇のすべての記号・態度・実践のなかで、また余暇が話題とされるすべての言説において、余暇はそのような見せびらかしや絶えざる誇張を糧とし、自己宣伝によって成り立っている。余暇からはあらゆるものを奪いとることができるが、この事実だけは削除するわけにはいかない。これこそは余暇の本質を規定している事実なのである。

## 4　気づかいの秘蹟

消費社会の特徴は財とサーヴィスの豊かさだけではない。もっと重要な特徴は、すべてがサーヴィスとなること、すなわち消費の対象が単なる製品としては引き渡されずに、個人的サーヴィスや心づけというかたちをとって与えられるという事実である。「ギネスはあなたのためのビールです」というキャッチ・フレーズから案内嬢の笑顔やタバコの自動販売機の発する録音されたお礼の言葉、さらには国民に対する政治家の深い気づかいにいたるまで、われわれは驚くべきサーヴィス精神に取り巻かれ、献身と善意の連合軍に包囲されている。まったく取るに足らない化粧石鹸でさえ、あなたの肌をビロードのようになめらかにするために専門家グループが何ヶ月も研究を重ねた結果やっと完成した製品として、われわれの前に姿を現す。椅子メーカーのエアボーン社のコマーシャルはもっと大げさで、わが社の全頭脳を動員してあなたの「ヒップ」に取り組んでいます、という次第だ。

問題のすべてはそこ、あなたのヒップにあるのです。わが社が真っ先に研究すべき場所です……あなたを椅子に座らせること、それがわが社の仕事です。解剖学的に、社会的に、それに哲学的にといってもいいほど研究を重ねてきました。あなたの個性を綿密に観察することから、わが社の椅子は生まれるのです……卵型のポリエステル製肘掛け椅子は、あなたの繊細な体型にいっそうマッチさせるために開発されました……。

ここまでくれば、これはもう単なる椅子ではなく、あなたへの完全な社会保障的給付というべきである。

今日では純粋に消費されるもの、つまり一定の目的のためだけに購入され、所有され、利用されるものはひとつもない。あなたのまわりにあるモノは何かの役に立つというよりも、まずあなたに奉仕するのである。個性化された「あなた」という直接の対象がなければ、そして個人的給付という包括的なイデオロギーがなければ、消費は文字通り消費でしかないだろう。消費に現在のような深い意味を与えているのは、心づけとそれに意味を与える個人的慰めの温かさであって、純粋かつ単純な充足ではない。この気づかいという太陽の光を浴びて、現代の消費者たちの肌はこんがりと日焼けしている。

## 社会的転移と母性的転移

心づけと気づかいのこのシステムは、現代社会では公的制度によって支えられている。社会的再分配のさまざまな制度（社会保障、退職年金、各種の手当、助成金、保険、奨学金など）がそれであり、F・ペルーによれば「公権力は、生産的サーヴィスに報いるためでなく多様な欲求を満足させるための社会的給付を行うことによって、独占資本の権力の行きすぎを是正せざるをえなくなった。これらの転移は一見なんの代償ももたらさないようだが、長い目でみればいわゆる危険な階級の攻撃性を和らげる効果をもつ」。こうした再分配の有効性や経済的メカニズムについて、ここで論じるつもりはない。われわれに関心があるのは、この再分配が作動させる社会集団の心理的メカニズムのほうである。源泉徴収と経済的転移のおかげで、社会的審級（つまり既成秩序）は気前がいいと思われることに成功し、救済者の審級としてわれわれの前に現れる。しかも、これらの制度には社会保障、保険、子どもと老人の保護、失業手当という具合に、母親や庇護者を思わせる名称がつけられている。こうして官僚主義的「慈善」や「集団的連帯」のメカニズム——それらはいずれも「社会全体の獲得物」とされる——が、再分配のイデオロギー的操作を通じて社会統制のメカニズムとして機能する。まるで剰余価値の一部が残りの部分を確保するために犠牲にされてでもいるかのような事態が起こっているわけだが、「恩恵」を装いながら実は利潤を隠したこの気前のよさのイデオロギーによって、全権力機構が支えられているのである。賃金労働者は、あらかじめ奪われたものの一部[43]を贈与や「無償」給付という名目で受けとってすっかり満足しているのだから、権力にとってはまさに一石二鳥である。

　これはひとことでいえば、J・M・クラークが「擬似市場社会」と呼んでいるものだ。商人的気質を内に秘めているにもかかわらず、西欧社会は〔経済的弱者への〕優先的給付、社会保障立法、人生のスタートでの不平等の是正などによって社会の統一を守ろうとしている。これらすべての措置を貫く原則は金儲けとは別の次元の連帯という原則であって、等価交換の原則に従うのではなく、徐々に合理化される再分配経済の法則に従う転移のために、一定量の強制を適切に加えることが、この連帯をもたらす手段なのである。

　もっと一般的にいえば、「すべての商品は単に産業的過程ばかりでなく、関係、制度、転移、文化等の過程の結節点である。組織された社会では、人びとは単純に商品だけを交換するわけにはいかない。商品が交換される場合、彼らは象徴、意味作用、サーヴィス、情報を同時に交換する。個々の商品は対象を限定できないさまざまなサーヴィスの中核とみなされなければならないが、これらのサーヴィスが商品に社会的性格を与えている」というF・ペルーの言葉はたしかに正しい。ところが、このことは、裏を返せば、われわれの社会ではいかなる交換も給付も「無償」ではなく、最も無欲にみえる交換をも含めて、すべての交換にいつも金銭がからんでいることを意味する。あらゆるものが売買の対象となっているのだが、商人的社会はこの事実を原理的にも法的にも認めるわけにはいかないのだ。だからこそ、再分配という「社会的」様式がイデオロギー的にきわめて重要になるのであり、再分配は人びとの心理のなかに、個人への「サーヴィス」と福祉に努力する社会秩序という神話を植えつけるのである。[44]

## 微笑へのパトス

しかしながら、経済的・政治的諸制度以上にここでとくにわれわれの関心を引くのは、もっと非公式《インフォーマル》な、したがって制度化されていない社会関係のまったく別のシステムのほうである。日常

43 フランスの国民所得の二〇％。

44 経済的過程としてみれば、広告自体も、社会的労働によって費用をまかなわれ、なんの引き換えもなしに万人に与えられるようにみえる、いわば集団的心づけを装う無償の祭りと考えることができる。

的消費のなかに入りこんでいる「個人化」されたコミュニケーションのネットワークがそれだ。たしかにここでは、消費が問題になっている。人間関係、連帯、助けあい、温かさ、そしてサーヴィスのかたちで規格化された社会的参加などが消費されているのである。つまり、気づかいと真心と思いやりの絶えざる消費が行われていることになる。もちろんここで消費されるのはこの気づかいの記号にすぎないが、個人間の社会的距離と社会関係の冷酷さを客観的な掟とするシステムのなかでは、こうした気づかいは個人にとって三度の食事よりずっと重要なのである。

人間関係（自然発生的・相互的・象徴的人間関係）の喪失は、われわれの社会の基本的特徴である。この事実にもとづいて、人間関係が——記号のかたちで——社会的回路に再投入され、記号化された人間関係と人間的温かさが消費されるという現象が生じている。案内嬢、婦人民生委員、PRの専門家、宣伝用のピンナップ・ガールなど、すべての公僕的使徒たちは心づけ、つまり制度化された微笑による社会関係の円滑化を現世的使命としている。身近で親密で個人的なコミュニケーションの形態を、広告がいたるところで模倣しているのを見るがよい。主婦に対してはお向かいの主婦の言葉で、管理職や女性秘書に対しては社長や同僚のように、そしてわれわれのひとりひとりに対しては友だちや超自我あるいは懺悔の時の内面の声をまねて話しかけるのである。こうして広告は、人びと同士のあいだや人びとと商品のあいだなど、実際には親しさが存在しない場所に真のシミュレーション過程に従って親しさをつくりだす。広告のなかでとくに（そして最初に）消費されるのは、この親しさなのだ。

グループ・ダイナミックスおよびそれに類する研究も広告の場合と同じ（政治的）目標や（生

存のための）必要にもとづいて行われている。だからこそ、一流の社会心理学者が企業の不透明な人間関係に連帯と活気とコミュニケーションを再注入するために高給で雇われるのである。

したがって、第三次産業（サーヴィス業）においては、人間関係の条件づけやマーケティングや販売促進のためのあらゆる部門（商店主、銀行員、女性店員、代理業者、市場調査員、販売促進員など。もちろん職業柄他人との「接触」、「参加」、「心理学的関わりあい」を行うことが要求される社会学者やインタヴューアー、興業主やセールスマンも忘れてはならない）で、助けあいや温かさという共示が職務の計画と遂行に含まれている。昇進、就職、給与の査定などの場合、この共示を行っているかどうかが決め手になる。「人間的に優れている」、「人づきあいがうまい」、「思いやりがある」等々。こうして偽りの自発性、仮面をつけたパーソナリティーの言説、仕組まれた優しさと個人的関係が氾濫する。

●「微笑を絶やすな！」「思いやりを忘れずに！」

●ソフィテル・リヨンの微笑、それは当ホテルに到着したときあなたの唇に浮かぶ微笑。ソフィテル・チェーンのホテルのよさを知ったすべてのお客様があなたと同じ微笑を浮かべました……微笑、それはソフィテルのホテル哲学そのものです。

●友情のグラス作戦……演劇、映画、スポーツ、ジャーナリズムで活躍する有名人のサイン入り〝友情のグラス〟は、フランス医学研究財団への寄付を予定している多くの会社の製品につけられる景品です……〝友情のグラス〟にサインした方々の一部をご紹介しましょう。自動車レーサーJ・-P・ベルトワーズ、自転車レーサールイゾン・ボベ、騎手イヴ・サン＝

マルタン、ブールヴィル、モーリス・シュヴァリエ、ベルナール・ビュッフェ、ジャン・マレー、探検家ポール＝エミール・ヴィクトール。

●ＴＷＡ航空──「お客様へのサーヴィスにいちばん気を配っている当社の従業員に総額一〇〇万ドルの特別手当を出します！ 誰がこの幸運を手に入れるかはお客様次第、本当に行き届いたサーヴィスをしたＴＷＡの従業員にご投票ください。

あらゆる方面に触手をのばしているこの上部構造は社会的交換の機能を担うだけで満足するどころか、現代のテクノクラシー的社会の「哲学」そのものであり、価値体系ともなっているのである。

映画「プレイタイム」、またはサーヴィスのパロディ

気づかいのこの巨大なシステムは完全な矛盾の上に成り立っている。このシステムは商人的社会の鉄則や社会関係についての客観的事実（都市化および産業集中に伴う競争の激化や社会的距離の拡大）、さらには日常生活や最も個人的な関係の内部でさえ交換価値の抽象化が一般化されるという現実を覆い隠せないだけではない。それ自体がコミュニケーションとサーヴィスの人間関係を生産するひとつの生産システムなのである。気づかいのシステムは社交性を生産するが、生産システムである以上物質的財の生産様式に関する法則に従わないわけにはいかないので、自ら克服しよう

としている社会関係までも同時に再生産せざるをえない。気づかいを生みだすはずなのに、社会的距離、コミュニケーション不能の状態、人間関係の不透明性と残虐性を生産かつ再生産してしまうのである。

この基本的矛盾は機能的になった人間関係のあらゆる領域に見出される。このような新しい社会性、「あふれんばかり」の気づかい、温かい「雰囲気」が自然発生的なものでなく制度的かつ産業的につくられたものである以上、それらの社会的・経済的本質がそれらの基本性格そのもののうちに現れないほうがおかしいのだ。いたるところで目につくのがこのひずみである。この気づかいの官僚制はいたるところで攻撃性や皮肉や巧まざる（ブラック）ユーモアによって歪められ、麻痺させられていて、サーヴィスが行われる場合にはいつでもサーヴィス精神が欲求不満とパロディに微妙に結びついている。この心づけのシステムがこうした矛盾ゆえに脆弱であり、今にも調子が狂って崩壊しようとしている（事実、そうなることが時々ある）ことはいたるところで認められる現象である。

結局、これはいわゆる豊かな社会の深刻な矛盾のひとつであり、封建時代に端を発する伝統的「奉仕《サーヴィス》」の概念と現在支配的な民主的諸価値との矛盾である。農奴あるいは封建的・伝統的な従僕は、全身全霊、誠意をこめて奉仕するのだが、この奉仕のシステムはスウィフトが『召使心得』〔一七四五年、スウィフト最後の作品、未完〕のなかで先取りしていたような重大な危機に見舞われることになる。この作品では、召使いたちが主人たちの社会の外に、完全に連帯的な自分たちだけの社会、寄生的で冷笑的でパロディ的な社会をつくる。これは誠意ある「奉仕《サーヴィス》」を基盤とする社会の風俗面での崩壊を意味する。この社会は、形式的には変化しなかった価値体系の陰に隠れて、悪どい偽善や隠蔽された破廉恥な階級闘争、主人と召使いの臆面のない相互搾取が行われる事態に到達するのである。

民主的価値が支配的になった今日では、「奉仕《サーヴィス》」は各人の形式的平等と両立しなくなっているので、解決不可能な矛盾が生まれることになる。この矛盾を解決する唯一の方法が社会的遊びの一般化なのだ（今日、各人は私生活においてばかりでなく、社会的・職業的活動においてもサーヴィスを受けたり、他人にサーヴィスしたりしなければならないのだから、誰もが多かれ少なかれ他者を対象とする「第三次産業」に従事しているわけだ）。官僚制社会における人間関係のこの社会的遊びは、スウィフトが描いたような召使いたちの悪どい偽善とは異なり、現実には存在しない助けあいの関係の巨大なシミュレーション・モデルであって、もはや隠蔽などではなく機能的偽装なのである。必要不可欠な最小限の社会的コミュニケーションでさえ、われわれひとりひとりを巻きこむこの人間関係の「強制（forcing）」と引き換えでなければ保証されなくなってしまった。人びとのあいだに存在する敵意と距離の客観的関係を和らげるための見事なだまし絵ではある。

われわれの「奉仕《サーヴィス》」の世界は依然としてかなりスウィフト的世界である。役人たちの無愛想で攻撃的な態度は、スウィフト的発想にもとづく古風な態度だし、女性客を相手にする男性美容師のへつらいやセールスマンの厚顔無恥な強引さは、すべて奉仕《サーヴィス》の暴力的・強制的・戯画的形態である。つまり、スウィフトの主人と召使いのように人格的関係の疎外された形態が透けて見えるへつらいのレトリックなのである。銀行員、ホテルのボーイ、郵便局の女性事務員といった人びとは、お客に対してとげとげしくするか、あるいは馬鹿丁寧な態度をとり、あなたのためにではなく給料のために奉仕《サーヴィス》しているのだとお客に感じさせるものだが、実はこの態度こそが彼らの人間性と人格の表現であり、システムに還元できない部分でもある。粗野で横柄な、あるいは取りすました態度をみせたり、故意に仕事のスピードを落としたり、あからさまに攻撃的になったりすること、さもなければ逆に丁重になりすぎたりすることは、金のためにしているだけの紋切り型の献身をもっともらしくみせなければならないという矛盾に対する彼らの抵抗を表現している。陰険なやり方で今にもわれわれに襲いかかりかねないあの「奉仕《サーヴィス》」の交換のいやらしい雰囲気はここから生まれる。ここでは生身の人間が交換の機能的「個性化《ペルソナリザシオン》」〔仮面をつけたパーソナリティー化〕に抵抗しているのである。

だが、そうした現象は古い時代の残滓にすぎない。今日では、真に機能的な関係が人びとのあいだの一切の緊張を解きほぐしたようだ。「機能的」サーヴィスの関係はもはや暴力的でも偽善的でもサド・マゾ的でもなく、公然たる温かみをもち、自発的に個人化され、決定的なまでにとげとげしさを失っている。空港のアナウンスやテレビの女性アナウンサーの極端に没個性的な口調がそうなのだが、それは「真面目」で計算ずくのしらけた微笑にも通じるものである（もっとも実際にはこの微笑は「真面目」でも計算ずくでもない。真面目なのか皮肉なのかはもはや問題ではなく、「機能化された」人間関係——各人の性格や心理を一切取り除き、現実の情感あふれるハーモニーを放棄して、理想的関係という計算された響きにもとづいて再構成される人間関係が問題なのだ。要するに、存在の本質とその外観のむきだしの倫理的弁証法から完全に解放され、関係のシステムの機能性だけを担わされた人間関係が出現しているのである）。

サーヴィスが消費の対象となる現代社会においても、われわれはまだこれらふたつの領域の交差する地点にいるわけだが、ジャック・タチの映画「プレイタイム」はこの状況を実によく表現していた。昔ながらの図々しいサボタージュ、さまざまなサーヴィスの辛辣なパロディ（高級ナイトクラブを舞台にしたエピソード――テーブルからテーブルへと冷めた魚料理がまわされたり、機械の調子が狂ったり、お客を迎える態勢が混乱したりで、超モダンな世界がぶち壊しになってしまう）、あるいは肘掛け椅子と観葉植物のある会社の応接室やガラス張りの正面玄関に代表されるなんの役にも立たない道具のような機能性（無数のガジェットと非の打ちどころのない雰囲気が生みだす冷やかな気づかいのなかでは真のコミュニケーションは成立しない）をタチは巧みに映像化していたのである。

## 広告と贈与のイデオロギー

広告の社会的機能は、贈与、無償性、サーヴィス等のイデオロギーと同じ経済的遠近法にもとづいて把握されなければならない。なぜなら、広告は単に販売促進や経済的目的の暗示を目標としているだけではないのだから。それらはおそらく広告の第一の使命でさえないだろう（広告の経済的効用は最近ますます疑問視されている）。広告の言説の特性は、無償性の力を借りて商品交換に伴う経済的合理性を否定することなのである[45]。

この無償性は経済的にはあまり重要ではないが、割引品、特価品、会社からのプレゼント、おまけとして提供されるミニ・ガジェットなどのことを思い浮かべればよい。景品やクイズや懸賞や特別セールの氾濫は販売促進の前座の段階であり、現在では販売促進はこうした姿で一般の主婦たちの前に現れる。彼女たちの一日をモンタージュ写真風にスケッチしてみよう。

朝、消費者である主婦はフロラリーヌ社の大懸賞で幸運にも手に入れたマイホームの鎧戸《よろいど》を開ける。それから、トリコット社のケーキについていたシール五枚に九・九フラン足して送ってもらったペルシャ模様のすばらしいモーニング・カップでお茶を飲み、3J社製の特売品（二割引だった）のかわいいワンピースを着てスーパーマーケット・プリズニックへ出かける。現金なしで買物ができるクレジット・カードも忘れてはいない……昼食のおかずは何にしよう？　プリズニックでやっていたヴィトーニ社の〝幻燈ゲーム〟に挑戦して勝ったので、中華風トリ肉のうま煮の缶詰（五・九フラン）を〇・四フラン安く買うことができた。息子のためには教養をというわけで、ホーホ〔一七世紀オランダの風俗画家〕の絵の複製がついているペルシィ洗剤を買うことにする。そういえば息子は、ケロッグ社のコーン・フレークを買って模型の飛行場を組み立てていたっけ……午後、ブランデンブルグ協奏曲を聞いてくつろぐ。このLPレコードはトリ・サン・ペレグリーノ社のアペリチフのシールに八フラン足して送ってもらったものだ。今夜はとっても楽しみなことがある。フィリップス社から届いたカラー

45 『引き立て役《フェール・ヴァロワール》』のなかでG・ラニョーはこう書いている。「広告とは、擁護しがたい経済的論理をよりよく作用させるために、この論理を、それを否定する無償性の発散する無数の魅力で包みこんだものである」

テレビが見られるのだ。三日間の無料試用期間のあとで気に入らなければ送り返してもよいシステムになっている（〝お申し込み次第お届けし、購入義務はありません〟）……。

「最近では洗剤よりも販売促進用の景品のほうをたくさん扱うようになりました」とある洗剤メーカーの営業部長は嘆く。

こうした傾向は、ＰＲ活動全体からみれば取るに足らない、下らないことにすぎないかもしれないが、あらゆる広告はこの「ちょっとしたおまけ」を導きだすための巨大な過程であることを理解しておく必要がある。日常的な取るに足らない心づけが、広告のなかでは全面的に社会的な事実としての広がりをもつことになる。広告は一種の「施し」、つまり万人に対して、また万人のために絶えず無償で提供される贈与である。豊かさの魅惑的なイメージといってもよいが、むしろ無償の施しという潜在的奇蹟の繰り返し示される証拠というべきだろう。広告の社会的機能はしたがってＰＲ活動の一部門としての機能なのである。この活動がどのようにして行われているかはよく知られている。たとえば工場見学もその一種だが、サン・ゴバン社〔フランス最大のガラス製品製造会社〕の場合には、ルイ一三世時代の城で行われる管理職の再教育、工場長の写真うつりのよい微笑、工場内に置かれた美術品、グループ・ダイナミックスの実際などが次々に紹介される（「ＰＲマンの任務は、一般大衆と経営者の利害関係の調和を維持することである」）。こんな具合に、あらゆる形態の広告の機能は、昔の貴族が人民のために祭りを催してやったように、「おまけ」を提供する気前のよい超・擁護者や超・領主集団（大企業）の庇護のもとにイデオロギー的に統一された社会組織を整備することである。それ自体がすでにひとつの社会的サーヴィスである広告を通じて、あらゆる製品はやはりサーヴィスのかたちをとって提供され、現実のあらゆる経済的過程が贈与や個人的誠実さや親愛の情にもとづく関係の結果であるかのように演出され、しかも社会的にはそのようなものとして解釈されている。専制君主にふさわしいこの気前のよさは、実は利潤の一部の機能的再分配以上のものではないのだが、そんなことは大した問題ではない。広告のずるさ、それはいたるところで市場の論理を《カーゴ》(貨物船)の魔術(未開人が夢見る完璧で奇蹟的な豊かさ)ですりかえることにほかならない。

すべての広告活動がこの方向で行われるので、どんな広告でも、控え目で目立たず、寛大で公平なふりをしていることに気がつくはずだ。一分間のスポット広告のための一時間のラジオ番組、四頁もの詩的な文章の最後の一頁の下段に登場する恥ずかし気な(⁉)会社のマーク。控え目な広告と「反広告」的パロディを追求する傾向がますます強くなっている。一〇〇万台目のフォルクスワーゲンの広告のための白紙の頁がいい例だ。「この車はお見せできません。今、売れたところなのです」。広告用レトリックの歴史に残るかもしれないこれらの例は、広告が経済的拘束から解放され、遊びや祭り、慈善的制度や公平な社会的サーヴィスなどの虚構を維持するための必要から必然的に生まれたものだ。公平で無私無欲であることの顕示は、富の社会的機能(ヴェブレン)として、また社会統合の要因として作用する。極端な場合には、消費者に対して攻撃的になったり、反語的表現を用いたりさえするのである。売れ行きをよくするためというよりはむしろ、コンセンサスや共犯と共謀の関係を取り戻すために、要するにここでもまた社会の関係と統一性とコミュニケーションをつくりだすために、すべてが可能で、すべてがよしとされる。たしかに広告によってもたらされたコンセンサスは、次にはモノへの執着や購買行動、さらには〝消費せよ〟という経済的至上命令への暗黙の服従へと転化するわけだが、それは本質的な問題ではない。いずれにせよ、広告のこの経済的機能は広告の社会的全機能の結果として生じたものなのだから、経済的機能だけを保証することは絶対にできないのだ。[46]

## ショーウィンドウ

広告とともに都市におけるわれわれの消費活動の流れの中心となっているショーウィンドウは、流行の論理（誰の目にも明らかな無言の論理）を毎日絶えず受け入れることで全社会が均質化される「コンセンサス作戦」、コミュニケーションと価値交換が行われる場である。ショーウィンドウという店の内でも外でもなく、私的な場所でも公共の場所でもない特殊な空間、すでに街頭の一部になってはいるが、その透明なガラスのうしろで商品の不透明な地位やわれわれとの隔たりを維持するのに役立ってもいる空間はまた、特殊な社会関係の場でもある。ウィンドウ・ショッピング、つまり絶えざる欲求不満を生みだすあのショーウィンドウに映る計算ずくの夢幻劇ともいえるためらいのワルツは、交換が実現する前に財を讃えるために行われるカナカ人〔ニューカレドニアの原住民〕の踊りだ。ショーウィンドウにはさまざまなモノと製品が華やかに演出されて、神聖な品々ででもあるかのように並べられている（広告の場合と同じで、単に品物を見せるだけの目的でこうした陳列がなされるのではなく、G・ラニョーのいうように〝引き立て役〟の効果を狙っているのである）。演出されて並べられたモノによって暗示される象徴的贈与、ショーウィンドウのなかのモノと人びとの視線のあいだの象徴的な無言の交換は、もちろん店のなかでの実際の経済的交換に発展する可能性を秘めてはいるが、必ずそうなるとはいえない。いずれにしても、ショーウィンドウのレベルで成立するコミュニケーションは、個人とモノのあいだのコミュニケーションというよりはむしろ個人同士のあいだに普遍化されるコミュニケーションであって、それは人びとが同じモノを見つめることによってではなく、同じモノのなかに同じ記号体系と価値のヒエラルキーのコードを読みとり、認識することを通じて実現するのである。街頭やビルの壁面や地下鉄の連絡通路や看板やネオンサインなどいたるところでひっきりなしに行われているのが、この文化変容のための訓練なのだ。したがって、ショーウィンドウは価値形成の社会的過程が誰の目にも明らかになる場所だということができる。われわれはショーウィンドウをのぞくことによって絶えず変化への適応性と社会への順応度をテストされ、誘導された自己投影能力を試されている。デパートはこの都市に固有な過程のいわば頂点であり、真の実験室、社会のるつぼであって、そこでは「集団が祭りや見世物の場合同様、自分たちの凝集力を強化する」（デュルケム『宗教生活の原初形態』）のである。

46　この問題については「フランス社会学雑誌」（第一〇巻第三号、一九六九年）所載のJ・マルキュス＝ステーフとP・カンドの論文を参照のこと。

治療する社会

いつもあなたの世話をやいてくれる社会のイデオロギーは、あなたを潜在的病人とみなして看護しようとする社会のイデオロギーにおいて頂点に達する。たしかに、専門家やモラリストぶった精神分析医、新聞や雑誌などがいたるところで「治療」について語っているので、社会全体が本当に病んでおり、消費者である市民たちが心身ともに衰弱して今にも卒倒したり発狂したりしかねないような気がしてくるほどだ。

ブルーステン=ブランシェ――「医者が精神分析やレントゲン撮影を患者に施すように、広告業者は世論調査という必要不可欠な測定手段を利用すべきである」

ある広告業者――「顧客は安心を求めている。安心させてもらうこと、世話をやいてもらうことを必要としているのだ。彼にとって広告業者のあなたは、ある時は父や母であり、ある時は息子でもある……」、「われわれの仕事は医術に近い」、「われわれは軍医みたいなもので、忠告はするが強制はしない」、「医者同様、私も一種の聖職者だ」

建築家、広告業者、都市計画家、デザイナーなどはみな、社会関係と環境の創造者、いやむしろ魔術師を自任している。「人びとは醜悪な現実のなかで生活している」のだから、この現実を治療しなければならないというわけだ。心理=社会学者もまた、人間的・社会的コミュニケーションの臨床医を自任しているし、実業家でさえ福祉と社会全体の繁栄を使命とする伝道師のふりをしている。「社会は病んでいる」――この言葉は権力の座にある慈悲深いすべての人びとのライトモチーフである。消費社会は癌細胞のようなものだ。だから「この社会に魂を補ってやらなければならない」（シャバン＝デルマス元仏首相）。現代の呪術師である知識人たちも、現実の諸矛盾の分析を一切排除してしまう「病める社会」という大がかりな神話の創出にひと役買っていることを忘れてはなるまい。もっとも、彼らは社会の病巣がどこにあるのかを根本的につきとめようとする傾向があるので、将来に対して悲観的である。ところが企業や官庁の専門家たちは概して「病める社会」の神話を器質的にではなく（この立場からすれば、社会は不治の病いにかかっている）、交換と新陳代謝のレベルで機能的に維持しようとする傾向が強い。ここから、彼らのダイナミックな楽天主義が生まれる。彼らは、病める社会を治すには交換の機能性を回復させ、新陳代謝をスピードアップする（つまり、またしてもコミュニケーション、関係、接触、人間的バランス、温かさ、効率、管理された微笑などを注入する）だけで十分だと考え、そのためにかいがいしく働き、その結果、利潤を上げさえするのである。

## 気づかいの曖昧さとテロリズム

これまでみてきたようなさまざまな気づかいの儀式が、すべて非常に曖昧な性格をもっていることを強調しておかなければならない。この曖昧さは気づかい（sollicitude）の動詞形（solliciter）が次の二重の意味をもつことに由来するのである。

（一）この動詞が名詞形に〈sollicitude〉（気づかい）をとる場合は、世話をやく、恩恵を施す、母親のように面倒をみる、等々の意味になる（これがこの語の最も明白で最も一般的な意味で、贈与の同義語である）。

（二）名詞形に〈sollicitation〉（懇請）をとる場合は、依頼する（回答を求める）、要請する、徴集するなど、（一）とは反対の意味になる（極端な場合には「私は……するようそそのかされた」といった使い方がある）。この意味は「数字を歪める、事実を歪める」といった現代的表現において、いっそうはっきりしてくる。つまり、自分の利益になるように方向を変えさせるとか誘惑するとかいうことであって、まさに気づかいの反対である。

ところで、われわれのまわりでその数を増しつつあるPRや広告などの気づかいの機構（制度化されたものも制度化されないものも含めて）は例外なしに、恩恵を施し満足させると同時に、こっそりと自分の利益になるように誘惑し、方向を変えさせることを機能としている。平均的消費者は常にこの二重の企ての対象となっていて、言葉のあらゆる意味において〈solliciter〉されている。したがって〈sollicitude〉（気づかい）によって媒介される贈与のイデオロギーは〈sollicitation〉（懇請）[47]による現実の条件づけに格好の口実を与えているのである。

その特別な優しさで豊かな消費社会を特徴づけている気づかいの魔術的レトリックは、次のような明確な社会的機能を担っている。

（一）技術的・社会的分業によって、また消費行動の同じく全面的で官僚主義的な技術的・社会的分割によって、官僚制社会で孤立してしまった人びとに優しさについての再教育を行うこと。（二）無能な政治制度を補足し、その代わりさえできるような社会の形式的統合のための政治戦略を決定すること。普通選挙、国民投票、議会制度は国民の形式的参加による社会的コンセンサスの実現を目的としているが、それらと同じように広告、流行、人間関係、PR活動なども一種の恒常的国民投票とみなすことができる。この場合、消費者である市民はある一定の価値コードに同意を示し、このコードを暗黙のうちに承認するよう絶えず懇請されることになる。彼らの同意をとりつけるためのこうした非公式なシステムは、事実上〈ノン〉と答えることを許さないので、いっそう確実である（国民投票制度も〈ウイ〉といわせるための民主的演出だ）。現在すべての国で、社会統制の暴力的過程（国家機構と警察機構による抑圧と拘束の過程）に、「国民参加方式」にもとづく社会統合の形態——まず議会と選挙という形態、次いで例の「懇請」の非公式な過程——が取ってかわりつつある。ブッソワ社〔フランス第二のガラス製品製造会社〕によるサン・ゴバン社の株の公開買付というあの社会学的大事件でピュブリシス社とサン・ゴバン社が展開したPR作戦を、この視点から分析してみれば面白いことになるだろう。この作戦では、世論が証人役として動員

47　同義語であるドイツ語の werben には求婚する、求愛するなどの恋愛的気づかいの意味と、競争する、宣伝する、広告による勧誘などの意味がある。

され、操作され、「心理的株主」となるよう要請された。「民主的」情報の提供を口実に一般大衆が一資本主義企業の再編をめぐる騒動に陪審員として組みこまれ、サン・ゴバン社の象徴的株主グループ、つまり当事者として操作されたのである。この例からは、最も広い意味での広告活動がどのように社会過程全体を規定するか、心理的動員と心理的コントロールにおいてどのように日常的に（しかもおそらくより有効に）選挙制度に取ってかわりうるか、がわかる。このレベルで、独占資本の生産至上主義と「テクノストラクチュア」の客観的発達と時を同じくして、まったく新しい政治戦略が生まれつつある。

（三）〈sollicitation〉（懇請）と〈sollicitude〉（気づかい）による「政治的」コントロールは、動機づけそのものに対するより内面的コントロールを伴う。動詞〈solliciter〉はこの点で二重の語意をもつのだし、あらゆる気づかいはこの意味で本質的に恐怖政治的（テロル的）である。「若い女性が〝フロイトが大好きなの〟といったら、〝漫画が大好きなの〟という意味に理解すべきです」という言葉で始まる広告コピーがあったが、これなどはいい例だ。「若い女性は矛盾だらけの〝小さな野獣〟です。これらの矛盾に惑わされず、若い女性を、そしてわれわれが語りかけようと思っているすべての人びとを理解すること、それがわれわれ広告マンの任務なのです」。人びとには自分自身を理解し、自分が何ものであるか、何を望んでいるかを知る能力がないが、わ
れわれがついているからご安心を、われわれはあなたがたについてあなたがたよりずっとよく知っている、というわけだ。これは家父長的な精神分析医の抑圧的態度にほかならない。この「より優れた理解」の目的は明らかである。「われわれを理解してもらうために人びとを理解し、こ

ちらのいうことを聞いてもらうために彼らに語りかけるすべをマスターし、彼らの関心を引くために彼らに気に入られるようにすること。要するに、あなたの会社の製品を人びとに売りつけるすべをマスターすること、これこそわれわれのいう〝コミュニケーション〟なのです」。セールスのコツとでもいおうか。だが、それだけではなさそうだ。この広告コピーに登場する若い女性にはフロイトを好む権利がないことになる。彼女は勘違いしている、だからこちらで彼女のためを思って、彼女がひそかに好んでいるものを与えてやろうというわけで、これはまさに社会的審問、心理的抑圧そのものである。広告全体からみれば、これほどあからさまに本音を吐くことはまずないのだが、どんな広告でもこれと同じような慈善的かつ抑圧的コントロールのメカニズムを絶えず作動させているのである。

　ここでまたＴＷＡ航空の「わが社はあなたを理解する会社です」という広告コピーを取り上げることにしよう。この会社があなたをどのように理解しているのかがわかろうというものだ。「ホテルの一室でテレビのリモコンをいらいらしながら操作しているあなたの姿を想像するのは、わが社には耐えられないことです……次回の商用旅行には奥様をご同伴できますよう、わが社は家族特別割引などできるかぎりの便宜をおはかりいたします。奥様がおそばにいれば、チャンネルを変えるのにも張りあいがでてきます。それが愛情というものです……」

　ひとりでいてはならない。あなたにはひとりでいる権利がない。「わが社には耐えられないことです」というのだ。この調子でいけば、あなたが幸福がどんなものか知らなければお教えしましょうということになるだろう。ついでにセックスの仕方も。あなたのベター・ハーフ（よき妻）はあなたのエロティックな「第二チャンネル」だということも、まだ知らないようでしたらお教えしましょう、なぜならあなたを理解することが「わが社」の役目なのですから……。

### 計量社会学的《ソシオメトリー》融通性

社交性、つまり「接触をつくりだし」、関係を維持し、交換を促進し、社会的新陳代謝を強化する能力が、現代社会では「パーソナリティー」のしるしとなる。消費、支出、流行などの活動、およびそれらを通じての他者とのコミュニケーションが、『孤独な群衆』のなかでD・リースマンが描いてみせたような現代の計量社会学的《ソシオメトリー》パーソナリティーの中心となる。心づけと気づかいの全システムは、実は個人の地位を全面的に変えてしまう人間関係のシステムの一部をなす機能化された優しさの表現にすぎない。消費と流行のサイクルに入りこむことは、自分の好みに合うモノやサーヴィスに取り囲まれるようになることばかりでなく、自分自身の存在の意味そのものを変えることでもある。それは、自我のもつ自律性・性格・固有の価値にもとづいた個人的原理から、個人の価値を合理的に減少させ、変動させるコードに従って行われる、ルシクラージュの原理への不断の移行を意味している。このコードが「個性化《ペルソナリザシオン》」のコードであって、これをはじめから身につけている者はいないが、他者との明示的関係においては誰もがこれに頼らざるをえない。ここでは決定の審級としての人格が消滅し、個性化原理が支配的になる。その結果、個人はもはや自律的価値の中心ではなく、流動的相互関係の過程における多様な関係の一項にすぎなくなる。「他人指向型の人間は、ある意味で、あらゆる場所で健在でありうる。あるいは、逆の言い方をすれば、安住の地がどこにもないということもできる。彼は、だれに対してでも、すばやく反応する能力をもちあわせているのだ。もっとも時として、その親しさは、皮相的なものであるけれども」〔リースマン『孤独な群衆』前掲訳書、二〇頁〕。たしかに、この型の人間は一種の計量社会学的グラフのなかに引きずりこまれ、奇妙な蜘蛛の巣を思わせるグラフ〔積極的または消極的、一方的または相互的関係の網の目のなかで個人A、B、C、D、Eを結びつけるあの糸のような線〕の上で、自分の位置を絶えず規定しなおされている。要するに、彼は計量社会学的存在、他者との交叉点に位置する存在なのである。

これは単なる理念的モデルではない。この自己への他者の内在化と他者への自己の内在化は、際限のない相互関係の過程に従って、社会的地位に関するあらゆる行動〔つまり消費の全領域〕を支配している。ここには、厳密にいえば、個人的「自由」をもった主体もサルトル的な意味での「他者」も存在せず、人間関係の各項がその差異の可動性によってのみ意味をもつ「雰囲気」が一般的になっている。この傾向は、要素としてのモノやモダンなインテリアのなかでのそれらのモノの組み合わせの場合に認められるのと同じ傾向である。したがって、この新しいタイプの社会統合においては、「順応主義《コンフォルミスム》」か「反順応主義《ノン・コンフォルミスム》」かというテーマは問題にならない〔ジャーナリズムはこれらの用語を相変わらず用いているが、それらはもともと伝統的市民社会の言葉なのだ〕。われわれにとって問題なのは、むしろ最適社会性、つまり他人や多様な社会的立場や職業とできるかぎり摩擦を起こさないこと〔ルシクラージュ、なんにでも適応できる能力〕、あらゆるレベルでの社会的移動に順応できることのほうである。どんな場所にも「移動でき」、信頼され、どんな状況にも適応できる能力こそは、ヒューマン・エンジニアリング（人間工学）時代の「教養」である。こうして、分子と化した人間たちはさまざまな原子価をもつ原子で構成されているようなものなので、時には分解して組成を変えたり、構造の複雑な大きい分子になったりする……。この適応力は、「伝統」的な成り上がり者や裸一貫から身を起こした男（セルフメイド・メン）の昇進とは異質の社会的移動に対応している。ここでは、自己流の生き方に従って他人との絆を断ち切ることもなければ、自分の属する階級と訣別して新しい道を切り開くこともなく、異例のスピード出世をすることもない。みなと一緒に移動し、記号が整然と配列されているヒエラルキーのコード化された階段を登りさえすればよいのだ。

もちろん、移動しないでいるわけにはいかない。移動する能力をもつことが、一種の人物証明書の役割を果たしている。したがって、それはまた絶えざる「動員」の強制でもある。しかも、あらゆる瞬間に試されるこの融通性《コンパティビリテ》は、そのひとが計量化されうること（コンタビリテ）を常に意味している。いいかえれば、自分を取り巻く関係の総和、自分のもつ「原子価」の総和として規定される個人はまた、そのようなものとして常に計量化されうることを意味している。彼は計算の一単位となり、計量社会学的（または政治的）プログラミングのなかに自ら進んで入りこむのである。

## 自己確証と同意（Werbung und Bewährung）

もはや絶対的価値をもたず、機能的融通性だけで成り立っているようなこの不安な関係の網の目のなかでは、「自分を押し出すことや面目を発揮すること」（自分の力量の証明〈Bewährung〉）は大して重要ではない。むしろ他人に接触や同意を求めたり、判断や積極的つきあいを懇請したりすることが問題になっている。この同意への盲信がいたるところで自己確証への盲信に取ってかわろうとしている。伝統的個人の超越的自己実現という目的が（右に定義した〈Werbung〔勧誘、広告〕〉の意味での）相互的懇請《ソリシタシオン》の過程に圧倒されている。今や、誰もが懇請すると同時に懇請され、操作すると同時に操作される事態が生じたのだ。

この事態こそは、新しいモラル、つまり個人主義的またはイデオロギー的諸価値の代わりに一種の一般化された相対的関係、他人に対する反応や賛同、不安に満ちたコミュニケーションが優勢になるようなモラルの基盤である。他人たちがあなたに話しかけ、あなたについて語り、あなたを愛し、あなたを取り囲まなければならない。あなたは情報を提供すること（要するにあなたをだますこと）よりも「あなたに話しかけ、あなたについて語る」ことに努める広告のなかに、われわれはこうしたモラルの大がかりな表現を見た。「ジョニーが砂遊びより模型のトラックで遊ぶほうが好きかどうかは重要ではない。どんな遊びをしようと、彼がビルと仲良くしているかどうかがいちばん大切なことだ」と、リースマンは述べている。こうして集団が何を生産するかについてよりもその集団内部での人間関係についてのほうに、大きな関心が払われるようになる。この意味では、集団のなすべき重要な仕事はいわば関係を生産し、それらの関係を次々と消費することだといってもよい。極端な場合には、ある集団の性格はその外面的目標とは無関係に、この過程だけによって決定されることもある。「雰囲気」の概念は、こうした状況をかなりよく要約している。「雰囲気」とは、人びとの集団によって生産・消費されるさまざまな関係の漠然とした総和、つまり集団の現実の姿そのもののことだ。このような雰囲気が存在しなければ、プログラミングして産業的に生産することもできる。実際、この方法が最も一般的である。

通常の意味をはるかに越えた最も広義の雰囲気の概念は、消費社会特有の概念であって、それによれば消費社会は次のように規定される。

(一)「目標」と超越性の価値(目的論的・イデオロギー的価値)が、関係の成立と同時に消滅する「消費される」雰囲気の価値(関係的、内在的で目標をもたない価値)に取ってかわられる社会が消費社会である。

(二)消費社会はまた財の生産および関係の加速度的生産の社会でもある。

消費社会を特徴づけるのは、この第二の側面のほうであって、関係の生産は、共同主観的レベルまたは一次集団のレベルでは依然として手工業的だが、次第に物質的財の生産様式、つまり一般化された産業的生産様式に追従するようになる。そうなると同様の論理に従い、この関係の生産はそれを専門にする（私的または国営）企業によって（独占的にとはいわないまでも）行われるのである。これらの企業にとっては、関係の生産こそが社会的かつ商業的目的なのだ。こうした事態の展開が何をもたらすのかは、まだ予想しにくい。モノを生産するように（人間的・社会的・政治的）関係を生産したり、こうして生産された関係がモノと同じ資格で直ちに消費対象となるといったことは一般にはなかなか認めてもらえないからである。とはいえ、このことは厳然たる事実である。長期間にわたって続けられるであろう新しい過程がようやく始まったばかりなのだ。[48]

## 「誠実さ」信仰——機能的寛容

物質的財や労働力と同じように、また同じ論理に従って、関係は生産・消費されるために「解放」されなければならない。すなわち、伝統的な因襲や儀礼から解放されなければならない。これは現在、一般的になった機能的関係とは両立しない礼儀作法やエチケットの終焉を前提とする。

48 一例を挙げれば、ある販売促進の専門家はこういっている。「実は、ジスカールデスタン〔当時大蔵大臣〕の構想が、サン・ゴバン事件で功を奏した方法に従ってピュブリシス社のような広告会社の手でかたちを整えられてから世論の前に示されたなら、おそらくフランス国民は彼に賛成しただろうが、そうではなかったので彼らはあの構想を拒否したのである」。そしてこう付け加える。「新しい化粧石鹸を売りだすときには、われわれは視覚と聴覚に訴えるあらゆる現代的手段を用いて大衆に気に入られようと苦労するのに、政府が何十億フランも必要とする経済・財政計画をフランス国民に売るために、旧態依然たる方法を用いているとは、まったくあきれた話だ」

しかし、礼儀作法が廃れたからといって、すぐに自発的関係が生まれるというわけではない。関係そのものは産業的生産と流行のシステムに支配され、自発性をもつどころではないが、自発性の反対物だからこそ、やむをえず自発性に関するあらゆる記号をもたされることになる。これこそ「誠実さ信仰」についての描写のなかでリースマンが指摘したことであり、われわれがすでに触れた「温かさ」と「気づかい」への盲信や不在のコミュニケーションの全記号と強制的儀礼への信仰と同種の信仰である。

「かれら（一般大衆）が誠実さを求めるのは、かれらが日常生活の中では自分自身に対して、また他人に対してほとんど信頼の念をもっていないということの現れであることも明らかである」〔リースマン『孤独な群衆』前掲訳書、一七九頁〕

親密なつきあい、「直撃インタヴュー」、なんとかして「対話」を成立させようとするあの強制などにつきまとっているのは、実は失われた誠実さの亡霊なのだ。本当の人間関係は消滅した。だからこそ誠実さ万歳というわけだ。もっと「社会学的」視点からこの現象を考察してみよう。「良心的お値段」、スポーツの世界だけでなく、恋愛や政治におけるフェアプレー、「お偉方」たちの飾り気のなさ、映画などのスターの「赤裸々な告白」、望遠レンズでとらえた各国王室の日常生活などが異常なほど人びとの関心を引くという事実の背後には、つまり誠実さへの気違いじみた要求（それは現代建築におけるむきだしの素材への需要に似ている）のなかには、おそらく文化変容を受けた階級の伝統的文化と儀礼に対する深い不信感と反動が存在している。伝統的文化と儀礼とはいかなる形態をとろうとも、常に社会的距離を強調する役割を果たしていたのである。したがって、「誠実さ信仰」という大衆文化全体を貫く巨大な強迫観念は、文化的に落ちこぼれた人びとの階級的意思表示であって、記号によって欺かれ操作されてきたという強迫観念（事実彼らは幾世紀にもわたってそうした状態におかれてきた）、あるいは高尚で格式を重んじる文化に対する恐怖または拒否（「気取りのない《ナチュレル》」文化や直接的コミュニケーションの神話のなかに追いこまれてはいるが）といってもよい。

いずれにしても、産業主義的な誠実さの文化において消費されるのは、やはり誠実さの記号である。このような誠実さは、存在と外観の関係のように臆面のなさや偽善に対立するものではない。機能的関係の場では、厚顔無恥と誠実さが記号の操作だけによって、なんの矛盾もなしに交替しているのである。もちろん、誠実さは善で作為は悪だといった道徳的図式が依然として働いているが、それはもはや現実的特質を共示せずに、誠実さの記号と作為の記号のあいだの差異だけを共示するにすぎない。

「寛容」の問題（自由主義、放任主義、「寛大な社会」など）も誠実さと同じやり方で提起される。今日ではかつての不倶戴天《ふぐたいてん》の敵同士が語りあい、最も激しく対立しているイデオロギーのあいだで「対話」が行われ、あらゆるレベルで一種の平和共存が定着し、世の中の風潮もソフトになってきたようだが、こうした事実は人間関係のヒューマニスティックな進歩とか社会問題に対する理解が深まったとかいったたわごとを意味するものではまったくない。イデオロギー、世論、美徳と悪徳などが極端にいえばもはや交換と消費の用具にすぎず、あらゆる矛盾した事柄が記号の組み合わせのなかで等価物となることを意味しているだけのことだ。こう考えれば、寛容はもはや心理的特性でも美徳でもなく、システムそのもののひとつの様態だということがわかる。それはモードのはやりすたりのようなもので、ロング・スカートとミニ・スカートが「互いに許容しあう」のと同じことである（ロング・スカートとミニ・スカートといっても、結局ロングあってのミニ、ミニあってのロングなのだ）。

寛容が倫理的な意味でひそかに意味しているのは、機能（関数）／記号、モノ／記号、存在／記号、関係／記号、理念／記号などの一般的相対性である。実は、誠実といってもごまかしと対比される誠実のことではなかったのと同じように、寛容といっても狂信と対比される寛容が問題になっているわけではない。「道徳的」寛容自体は以前と少しも変わりはない。ただシステムが変化し、機能的融通性の時代がやって来ただけのことなのである。

## 5　豊かな社会のアノミー

### 暴力

消費社会、それは気づかいの社会であると同時に抑圧の社会であり、平和な社会であると同時に暴力の社会である。「平穏無事な」日常が消費の対象としての「暗示的」暴力（三面記事、殺人、革命、核戦争や細菌戦争の恐怖など、マス・メディアのまきちらす黙示録的内容）を糧として成り立っていることをわれわれはすでに見たし、また安全で安定した生活という強迫観念と暴力との類似が決して偶然でないこと、「見世物的な」暴力と日常主義の安全とがともに抽象的概念にすぎず、神話と記号に支えられているという点で同質のものであることも指摘しておいた。そこで現代の暴力とは、この平穏無事な生活の現実のもろさという亡霊を祓いのけるべく類似療法に必要な分量だけ日常生活に接種されたワクチン、つまり宿命を祓いのけるためのワクチンだということもできそうである。豊かな文明社会にとりついているのはもはや稀少性の亡霊ではなく、もろさの亡霊だからだ。個人と集団の構造の安定そのものに関わるだけにいっそう恐ろしく、いかなる犠牲を払ってでも祓いのけなければならないこの亡霊は、実は消費され条件づけられ均質化された暴力という遠まわしの表現をとることによって、真の亡霊となる。ところがこの種の暴力は、新聞の第一面をにぎわすような流血事件やセックスが社会的・倫理的秩序にとってちっとも危険ではないように、危険なものではない（暴力やセックスが危険きわまりないものだと信じこんだ検閲官たちは、われわれにもそう信じこませようとやっきになっている）。暴力やセックスの氾濫は、社会の均衡が不安定であり現在の秩序が矛盾によって成り立っていることを証明しているにすぎない。

暴力に関する本当の問題は別の次元で提起される。それは、豊かさと安全が一定の段階に到達したときににじみでてくる統御不能な現実の暴力の問題である。社会に組みこまれ、他のモノと一緒に消費される暴力ではなく、日常生活の安定が達成された瞬間ににじみでてくる統御不能な暴力――この暴力の特徴は（先に定義したような深い意味での消費とまったく同様に）目的も対象ももたないということである。[49] ストックホルムの若者グループの事件、モントリオールの騒擾、ロス・アンジェルスの集団殺人事件などにみられる暴力の爆発は突発的で不可解な現象であり、社会の進歩や豊かさとは矛盾しているようにみえるが、それは、われわれが依然として、日常生活の安定を合理的活動とみなす伝統的観念にしがみついているからなのだ。また、このような暴力が不快でばかげていて悪魔的にみえるのは、あらゆるものが意識的合目的性に従うとか、個人や集団の選択は基本的には合理的であるとかいった道徳的な幻想にわれわれが惑わされているからなのだ(価値体系全体が、消費者の内部にはもともと自分を優先的目的へと導く絶対的本能が存在するという幻想の上に成り立っている。これは、人間は生まれつき美と善をめざすものだとする理想主義的〔観念論的〕神話を全面的に継承する消費の道徳的神話だ)。おそらく、こうした暴力は次のことを意味しているにすぎない――われわれの社会を正当化する(正当化したつもりになる)、というよりはむしろ意識的合理性の規範をこの社会に押しつけるあの欲求の充足と生活の安定という意識的目標からはみだした何かが存在しているということだ。この意味では、不可解な暴力の出現は豊かさについてわれわれが抱いている既成の観念をすべて再検討することをわれわれに命じている。豊かさと暴力は切り離せないものなのだから、一緒に分析されなければならない。

「対象をもたない」この暴力は、いくつかの国ではまだ散発的だが、高度に発達した(あるいは発達しすぎた)すべての国ではほとんど風土病化している。この種の暴力についてのもっと一般的な問題は、単に豊かさに関する社会学的バラツキの問題ではなく、豊かさそのものの根本的矛盾の問題である。社会的・政治的諸制度の合理性との関連でいえば、デュルケムのいうアノミー(無秩序状態)の諸形態、正常という体験的明証との関連でいえば、アノマリー(異常)の諸形態の問題ということができる。それは破壊的行動(暴力や犯罪)から集団の逃避的行動(麻薬、ヒッピー、非暴力）を経て伝染性のうつ状態（疲労、自殺、ノイローゼ）にまで及んでいる。「豊かな社会」や「寛容な社会」を特徴づけるこれらの側面はすべて、それなりのかたちで根本的不均衡の存在という問題を提起している。

ガルブレイスや「欲望の戦略家たち」はいう。「豊かさに順応することは容易ではない」、「われわれの諸観念は、過去の時代の貧困と不平等と経済的危機に根をおろしている」（あるいは人間が幸福に暮らす習慣を失ったあの幾世紀にもわたるピューリタニズムの支配にとらわれているといってもよい）。豊かさのなかで生きることのむずかしさだけをとっても、安楽な生活への「当然の」欲求なるものがそれほど当然でも自然でもないことがわかる。この欲求が自然のものだとしたら、人びとは大した苦労もせずに豊かさに順応し、なんのためらいもなく豊かさのなかに跳びこむはずだ。したがって、消費には安楽な生活とはまったく異質なもの、おそらくその反対物でさえある何か――そのために人びとを教育し訓練し飼いならす必要がある何か――が存在していると考えられる。この何かとは、実は自由の支配とはまったく関係のない倫理的かつ心理的強制の新しいシステムなのである。欲望について語るネオ哲学者たちの言葉は、この点で意味深長である。彼らにとっては、どうしたら幸福になれるか、幸福に身を委ねられるかを人びとに教えこみ、幸福に対する条件反射を彼らの内部に起こさせることだけが問題なのだ。だから豊かさは楽園、つまり道徳を跳び越えて夢にまで見た不道徳なぜいたくを手に入れることではなく、新しい道徳に支配される

49　「対象のない渇望《クレイヴィング》」に「対象のない狂乱《レイヴィング》」が対応する。

客観的状況ということになる。客観的にいって、豊かさとは進歩ではない。進歩とはまったく別の何ものかである。

したがって、豊かさは常に幸福の神話（心理的葛藤から生じる緊張の解消と、歴史や道徳を超越した幸福の神話）として体験されると同時に、新しい型の行動、集団的強制、規範への多かれ少なかれ無理強いされた適応の過程として耐え忍ばれるという曖昧な性格をもっている。「豊かさの革命」は理想社会の出発点とならずに、別の型の社会をもたらすにすぎない。

例のモラリストたちは、この社会の型の問題を「メンタリティ」の問題に還元させたがっているようだ。彼らにとっては、本質、つまり現実の豊かさがすでに存在するのだから、貧困のメンタリティから豊かさのメンタリティへと移行しさえすればよいのだし、この移行がいかに困難であるかを歎き、豊かさに対する抵抗が出現するのをみてうろたえていればよいわけである。ところが、豊かさそのもの（豊かさそのものさえも、というべきだ）が新しい型の強制のシステムにすぎないという仮説を少しでも認めるなら、この新しい社会的強制（多かれ少なかれ無意識的な強制）には新しい型の解放の要求しか対応できないことがすぐにわかるはずである。今のところ、この要求は、無差別的暴力の形態（物質的・文化的財の「盲目的」破壊）、または非暴力的で逃避的な形態（生産や消費への投資の拒否）をとった消費社会に対する拒否となっている。もし豊かさが自由を意味するなら、こうした暴力の発生はとうてい考えられないが、豊かさ（経済成長）が強制だとすれば、この暴力もおのずと理解できるし、豊かさの論理的帰結とみなすこともできる。暴力が野蛮で無対象で非公式《インフォーマル》なものであるのは、それによって否認される強制自体がやはり不明確で、無意識的で、漠然としているからである。これらの強制は、「自由」の強制、管理された幸福を手に入れることの強制、豊かさの全体主義的倫理の強制とさえいうことができる。

以上のような社会学的解釈は、「富裕な」社会の一見常軌を逸したこれらの現象の精神分析学的解釈に取ってかわられようとしているが、もともとふたつの解釈は深く結びついているのである。例のモラリストたちは、心理学者のつもりでもいるらしいが、そのせいか誰もが罪の意識について語っている。彼らによれば、それはピューリタン時代に生まれ、今や当然の成り行きとして消滅の一途をたどっている罪の意識の残滓である。「われわれは幸福を受け入れられるほど成熟していない」、「さまざまな偏見がわれわれをひどく苦しめている」。ところが、この罪の意識(この言葉は採用してもよい)は、消滅するどころか豊かさとともに深まるばかりなのだ。苦悩と罪の意識と拒否の巨大な本源的蓄積過程が、経済発展と欲求充足の過程に平行して進行している。これらふたつの過程の軋轢《あつれき》こそが幸福の秩序そのものに対する暴力的で衝動的な破壊行為や殺人の〝実演〟を助長しているのだから、幸福にも耐えられない弱い人間たちを豊かさの真っ只中で反目させ、機会があれば豊かさに反逆して立ち上がらせるのは、過去でも伝統でもないし、原罪の烙印《らくいん》でもないことは明らかだ。たとえそうしたものが今なお重くのしかかっているとしても、それはもはや本質的なものではない。罪の意識、「漠然とした不安」、根深い異和感などは現在のシステムそのものの中心部に位置しており、システムの論理的発展につれて生みだされるのである。

アンビヴァランス(両義性)の一項である欲望(デジール)の否定的全側面が、欲求(ブズワン)

の原則と効用の原則（経済的現実に関する原則）に、つまりなんらかの生産物（モノ、財、サーヴィス）と欲求充足とのあいだの常に完全で肯定的な相関関係に適応することを強いられ、一方的で常に肯定的な計画的合目的性に従わされるという現実がある。したがって、この否定的側面が欲求の充足そのもの（享受ではない。享受は両義的だ）によって無視され、検閲されることになる。その結果、欲望《デジール》の否定的側面はもはや投資＝備給の対象とならず、苦悩の巨大な潜在力として結晶する（経済学者と心理学者は等価性と合理性にしがみつき、主体が欲求に駆られて積極的に対象に向かうことですべてが完結する、と考える。欲求が満たされればよいので、それ以上何もいうことはないというわけだ。だが彼らは、肯定的側面しかないようなところには「満たされた欲求」つまり完結したものなどありえないことを忘れている。実際には肯定的側面しかもたないものは存在しない。われわれの前には欲望だけが存在する。そしてこの欲望は両義的なのである）。

豊かな社会における暴力という重要な問題（間接的にはアノマリーやうつ状態や逃避などのあらゆる徴候の問題も含めて）は、こうして解明される。貧困と窮乏化と搾取が生みだす暴力とは本質的に異なるこの暴力は、欲望のまったく肯定的側面によって排除され、隠蔽され、検閲された欲望の否定性の顕在的出現としての行為である。欲求《ブズワン》が満たされることによって、人間とその環境がめでたく等価性をもつようになる過程の真っ只中に出現した両義性の否定的側面といってもよい。生産性と消費性の至上命令に立ちむかう破壊性（死の衝動）の出現としての暴力を引き受けられる官僚機構はさすがに存在しないだろう。なぜなら、仮にそんな機構が存在したとしても、それは計画的欲求充足の過程、つまり実利的制度のシステムとなるほかはないからである。[50] とはいえ、消費のモデルが存在しているように、社会は「暴力のモデル」を提案し、実際に作成し、このモデルを通じて爆発的な力を吸収し、管理し、マス・メディアで包囲しようとする。

こうして、欲望の両義的論理の破綻、つまり象徴機能の喪失ゆえに蓄積される苦悩の潜在力がアノミー的で統御不能な暴力に転化するのを防ぐために、社会は次のふたつのレベルでの働きかけを行う。

（一）社会は気づかいの審級を増加させることによって（集団を対象とする役割・職務・サーヴィスを無数に増やすことによって）、この苦悩を吸収しようと試みる。いたるところで苦痛や罪の意識を和らげ、微笑をふりまき、心理的摩擦を少なくするための手段が（まるで汚れを落とすための洗剤のように）講じられている。苦悩を食いつくす酵素を注入するかのように、実際にあらゆる種類の鎮静剤、麻薬、治療法が売られている。なんとむなしい仕事だろう。欲求の限りない充足を生み出だす豊かな社会は、この充足から生まれた苦悩を和らげようとして全力を使い果たしてしまうのである。豊かさという秘蹟を受けた人びとが欲求の充足に不安をもたないようにするために、ますます多くの予算が計上されているが、この種の支出は、経済成長のもたらす公害（汚染、施設や設

50 したがって、「自殺者専用モーテル」という理にかなったアメリカ的アイディアが生まれてもおかしくない。そこでは、すべての社会的給付と同様、保険付きの（もっとも社会保障による払い戻しはないが）「自殺サーヴィス」が廉価で死の最高条件を保証し、微笑をたたえながら安楽に自殺できるようにとりはからってくれる。

備の加速度的老朽化、人口の過密、自然財の稀少化）による経済的損失（その大きさを数字で表すことはできないが）と同じ性格をもっている。それが後者の損失をはるかにしのぐものであることは明らかだ。（二）社会はこの苦悩を消費促進の刺激剤として利用したり、罪の意識と暴力を商品や消費財、あるいは文化的差異表示記号として利用したりすることが可能だし、事実大がかりなやり方でそうした試みを実行している。そこである種の集団を特徴づける罪の意識という知的ぜいたく、つまり「交換価値としての罪の意識」が出現する。あるいは「文明病」が他の消費財とともに消費の対象となり、精神的糧、集団的快楽の対象としてふたたび社会化される。だが、この文化的メタ消費は新たな検閲を意味し、検閲の過程を延長するものである以上、苦悩はむしろ深まらざるをえないのである。いずれにしても、暴力と罪の意識は文化的モデルに媒介されて、この章の冒頭で触れたような消費の対象としての暴力となる。

これら二種類の調整機構は強力に作用しているものの、臨界点に到達した豊かさが突如として破壊的暴力に変化するという過程を阻止することはできない。あらゆる傾向の評論家たちがやっているように、暴力の「宿命」や「連鎖反応」とその道徳的・社会的見地からの予防策について、あるいは反対に家父長的立場からの放任主義（「若者たちは本能を解放する必要がある」）についてあれこれと論じたり嘆いたりしてもなんの役にも立ちはしないのだ。「暴力が意味をもっていた」時代を懐かしむ人びともいるだろう。戦争と愛国主義と激情に結びついた本質的には合理的な古き良き時代の暴力、なんらかの目的や原因によって正当化される暴力やイデオロギー的暴力、あるいは個人的耽美《たんび》主義の領域に属し、ある種の芸術的行為とみなすことができた孤独な反逆者の暴力を懐かしむ人びともいるだろう。誰もが新しい暴力をそのような過去の暴力のモデルに還元し、既知の治療法を用いて癒そうと試みるだろう。だが、厳密にいってもはや歴史的でも神聖でも儀礼的でもイデオロギー的でもないが、かといって純粋な行為でも個人の奇行でもないこの暴力が、豊かさそのものと構造的に結びついていることを見落としてはならない。だからこそこの暴力は不可逆的でいつでも爆発する危険があり、すべての人びとの内部にひそんでいながら誰にもコントロールできないのである。つまり、今やわれわれがひとり残らず引っぱりこまれている経済成長と増殖する欲求充足の過程そのものに、現代の暴力は深く根をおろしているのである。時おり消費対象となった暴力と平穏に満ちたわれわれの閉ざされた世界の真っ只中にこの新しい暴力が出現し、失われた象徴機能の一部を万人の目の前で引き受けることになるが、それも束の間で、この暴力さえもがたちまち消費対象となってしまう。

- 映画評論家セルジュ・レンツの証言（「逃亡地帯」〔一九六六年〕を見て）
——ラストシーンがあまりにも残酷だったので、私は生まれてはじめて手を震わせながら試写室を出た。現在この作品を上映中のニューヨークの映画館では、同じシーンが異常な反応を引き起こしている。マーロン・ブランドが相手の男に飛びかかって打ちのめすところで、興奮した観客が総立ちになり「殺せ！　殺せ！」と叫ぶのだ。
- 一九六六年七月。リチャード・スペックと称する男がシカゴ南部の看護婦寮に忍びこみ、二〇歳前後の女性八名を縛り上げ、猿ぐつわをかませた。男は娘たちをひとりずつナイフで突き刺したり首を絞めたりして殺してしまった。

●一九六六年八月。テキサス大学オースティン校建築科の学生チャールズ・J・ホイットマンが一二丁もの小銃をもって同大学のキャンパスにある高さ一〇〇メートルの塔の頂上に陣取り、発砲した。死者一三名、負傷者三〇名。

●一九六六年六月、アムステルダム。戦後はじめて市の中心部に未曾有の暴動が発生。暴動は数日間にわたって続けられ、電報局のビルが襲撃され、トラックが焼かれ、ショーウィンドウや看板がメチャメチャに壊された。数千名のデモ隊が荒れ狂い、被害総額は数百万フローリンに達した。死者一名、負傷者数十名。いわゆる〝プロヴォ（挑発者）〟の暴動である。

●一九六九年一〇月、モントリオール。火曜日、警察官と消防士のストライキに続いて大規模な騒擾が発生。二〇〇名のタクシー運転手たちがある運送会社の事務所を襲った。銃撃戦による死者二名。この襲撃のあと、千名におよぶ若者たちがショーウィンドウを叩き割り、店々を略奪しながら市の中心部へ向かった。銀行襲撃一〇件、凶器を用いた暴行一九件、爆弾騒ぎ三件、強盗事件は数えきれない。この重大事態に対処するため、政府は軍隊を警戒態勢に入らせ、非常事態を宣言して警官を動員した……。

ポランスキー別荘殺人事件〔一九六九年八月〕。サディスティックで幻想的な作品を手がけてきた映画監督ポランスキーの妻〔シャロン・テート〕を含む有名人五名がロス・アンジェルス郊外の別荘で殺された。犠牲者たちを売り出し有名にすることになった映画の一場面を狂信的ともいうべきアイロニーによって細部まで再現したこの演出された殺人劇は、典型的な偶像破壊的殺人である。残虐である（非合理的ではっきりした目的がない）と同時に儀式的である（ポランスキー自身の映画というマス・メディアの提供する見世物的モデルに依拠している）という点で、新しい型の暴力の逆説を絵にかいたようなこの殺人事件はわれわれにとってとくに興味深い。オースティンの殺人と同じで、色恋や金銭のからまない、法律の規制とも伝統的責任感とも無縁の殺人。計画的ではない《イレフレッシ》が、マス・メディアの提供するモデルによって（細部にいたるまで驚くほど刻明に）あらかじめ「反映《レフレッシ》」され、しかも映画の殺人場面や現実の類似した殺人事件のなかに再現されることになる殺人（焼身自殺もそうだ）。こうした殺人は次のように規定するほかないだろう――それは映画やルポルタージュの台本でも書くときのようにある日突然思いつくという意味で新聞の三面記事的な見世物的性格を帯び、また暴力の限りをつくして「取り返しのつかない」行為であろうとし、マス・メディア化した秩序に背を向けこれを破壊しようとする絶望的な試みでもある、と。もっともこれらの殺人は、実際には反社会的であるという点においてさえこの秩序の共犯者となっているのである。

## 非暴力のサブ・カルチャー

以上のような新型の暴力現象と密接に結びついているのが（形式的には正反対だが）、非暴力という現代的現象である。ＬＳＤ、フラワー・パワー、サイケデリック、ヒッピー、禅、ポップ・ミュージックなどはみな、生活の安定と利潤の追求を目標とする社会を拒否する点で共通している。つまり豊かさ、社会的成功、ガジェットなどに代表される現代社会での儀礼を拒否するのである。暴力的か非暴力的かを問わず、この拒否は常に成長社会の直接行動主義と新たな抑圧的秩序としての安楽な生活の強制（forcing）とに対する拒否となる。この意味で、暴力と非暴力はあらゆるアノミー的現象と同じように、隠された病巣を暴露する役割を果たしている。ビート族やロック族からヒッピーにいたる若者たちの出現は、異常なほど活動的であると同時に平穏無事でもある現代社会の本質的特徴が、実はその反対に受動性と暴力にほかならないことを暴露しているのだ。ビート族やロック族は現代社会の深部にひそむ暴力を引っぱりだし、一挙に爆発させることで社会に反抗する。ヒッピーのほうはこの社会の異常なほどの活動性の背後に巧妙に隠された受動性を徹底させて、逃避とまったく反社会的な行動にふけり、こうして社会そのものをその固有の論理に従って自己否定へと向わせる。

キリスト教、仏教、ラマ教などの説く愛や目覚めや地上の楽園のテーマ、ヒンズー教の連禱やあらゆるものに対する寛容などは、さしあたりわれわれには関係がない。むしろ問題は次のように提起されるべきだろう。ヒッピーと彼らのコミューンは、経済成長と消費の過程に真に取ってかわることができるだろうか。それはこの過程を補完する逆転されたイメージではないのか。社会秩序全体をやがて転覆するであろう「反社会」なのか、それとも秩序の頽廃的徒花にすぎないのか。あるいはまた、地上の楽園の建設をめざして世捨て人となったエピファニア派の一変種なのか。秩序が姿を変えただけのものを、秩序の破壊と取り違える過ちをここでも犯してはなるまい。

生きて愛するための時間を僕らはもちたい。花、あごひげ、長髪、麻薬、そんなものは僕らの本質ではない。〝ヒッピー〟であること、それは何よりもまず人間を愛することだ。差別意識のない新鮮なまなざしで世界を見つめようとする者。生命を尊重し、愛することのできる非暴力主義者。権威より自由を、生産より創造を、競争より協力を優先させる、真の価値と真の基準をわがものとした人びと。ひとことでいえば、他人に危害を加えない、心の広い優しい人間。それが僕らの本当の姿だ。

原則として、世間がなんといおうと自分が正しいと思うことをいつでもどこでも行うのがヒッピーだ。ただし、絶対に他人を傷つけてはならない。

西欧世界では、ヒッピーは早速人びとの話題の中心となった。未開社会が大好きな消費社会は、彼らを風変わりで無害な植物群として消費社会のフォークロアに仕立てあげてしまった。だが社会学的視点に立てば、彼らも結局のところ富裕な社会のぜいたく品のひとつにすぎないのではないだろうか。東洋的精神主義と幻覚剤の常用を通じて現代社会の一面を強調することしかできないはみだし人間《マルジノー》ではないだろうか。

彼らは消費社会の基本的メカニズムによって条件づけられている。彼らの反社会性は共同体的《コミューン》かつ部族的であって、マクルーハンのいう「部族主義《トライバリズム》」を思わせる。印刷された書物に代表される視覚的・活字的メディアの時代以前の古い文化に属する口承的・触覚的・音楽的形式のコミュニケーションが、マス・メディアを媒介として全地球的規模で復活したのだ。彼らは競争と防衛のシステム、自我の諸機能などの廃絶を唱えているが、実はリースマンが「他人指向性」としてすでに描写した性格――自我と超自我を中心に組織された性格の個人的構造から、他者を中心に集中と拡散が行われる集団的「雰囲気」への客観的移行――を多かれ少なかれ神秘的な言葉で表現しているにすぎない。ヒッピーの無邪気で見えすいた優しさは、同輩集団に固有の誠実さ、率直さ、「温かさ」などの至上命令を思い起こさせるし、彼らのコミューンの純真で華々しい魅力の源泉である退行性と小児性は、いうまでもなく、現代社会が各個人に押しつける無責任と子どもっぽさの讃歌とその反映である。要するに、生産至上主義的社会と安定した生活という強迫観念によって追いつめられた人間性が、ヒッピーの出現によって感傷的な復活をとげたことになる。彼らは一見まったくアノミー的なようだが、実はすべてを様式化してしまう現代社会に支配的なあらゆる構造的特徴を保存しているのである。

リースマンはマーガレット・ミード〔『孤独な群衆』(前掲訳書、二〇九頁)ではルース・ベネディクト。ボードリヤールの思い違いか〕が定義した文化の諸様式を参考にして、アメリカの若者を「クワキウトル型」と「プエブロ型」〔いずれも北米インディアンの部族〕に分類した。クワキウトル族は気性が荒く、闘いと競争を好み、裕福で、ポトラッチにおいて気違いじみた消費をする。プエブロ族のほうは柔和かつ友好的で、つつましい生活に満足している。われわれの生活は、暴力的で競争的な文化、つまり気違いじみた儀礼的・画一的消費（クワキウトル族のポトラッチ）という支配的文化とヒッピー（プエブロ型の集団）の放任主義的・多幸症的・逃避的サブ・カルチャーとが形式的に対立している社会ということができる。しかしこの社会をよく観察すれば、暴力が「暴力のモデル」のなかで消滅するように、これらふたつの文化の対立も機能的共存関係というかたちをとって姿を消すだろうと考えられる。社会への参加も社会の拒否も、つきつめればメビウスの環のようにひとひねりするだけで結びついてしまうのだから、クワキウトル型もプエブロ型も、結局、同じ社会秩序を中心軸とする同心円の延長上に発展することになる。この点についてジョン＝スチュアート・ミルは次のような厳しいいい方をした。「今日では、反順応主義《ノン・コンフォルミスム》〔具体的には反国教会主義〕の例を示すこと、つまり慣習に屈服するのを拒否することでさえも、やはり一種のサーヴィスとなっている」

## 疲労

現在、飢えが世界的問題であるのと同じように、今後は疲労が世界的問題となる。逆説的なようだが、これらは互いに排除しあう問題である。なぜなら慢性的で管理できない疲労は、先に触れた管理できない暴力と並んで豊かな社会にはつきものであり、とりわけ飢えと慢性的貧困が克服された結果生まれたものだからだ。前産業化社会では、それらは今なお深刻な問題である。したがって、疲労は脱産業化社会に共通の症候群として、極度の異常現象《アノマリー》や安楽な生活の「機能障害」と同じ領域に属しているわけである。「新たな世紀病」である疲労を、われわれはその他のアノミー現象と関連させて分析しなければならない。これらのさまざまな異常現象は、解決の条件がすっかり整っているにもかかわらず、絶えず再発を繰り返している。

新しい型の暴力に対象がないのと同じように、現代の疲労には原因がない。それは筋肉の疲労や体力の消耗とは無関係だし、肉体の酷使のせいで生じるわけでもない。もちろん精神的消耗やうつ状態や心理的原因による全身疲労などがいつも話題になっているのはたしかで、この種の説明は今や大衆文化の一部となり、どの新聞にも（そしてどの会議でも）取り上げられている。誰もが新発見の事実だといわんばかりにこの説明を楯にとり、自分の神経という罠にかかっていることを喜んでいるかのようだ。気の滅入るような喜びではあるが。いずれにしても、この疲労が暴力や非暴力と同じ暴露的機能をもち、少なくとも次の事実を意味していることはたしかだ。努力の放棄、緊張の解消、便利で自動化された生活などへ向かって絶えず進歩しているはずのこの社会は、実は欲求の充足を総決算してみるとプラス面よりマイナス面のほうがどんどん大きくなってゆく社会であり、個人と集団の均衡状態を実現する技術的条件が増すにつれてこの均衡そのものがいっそう危険にさらされる社会、つまりストレスと緊張とドーピングに満ちた社会なのである。

消費社会の主役たちは疲れきっている。彼らの疲労については、心理＝社会学的立場からさまざまな解釈を試みることができる。消費過程は、機会を均等化したり社会的（経済的または地位をめぐる）競争を緩和したりするどころか、あらゆる形態の競争を激化させる。消費することによって、われわれはついに競争状態が普遍化され、全体主義化される社会に生きるようになる。この社会では、経済、知識、欲望、肉体、記号、衝動などあらゆるレベルで競争原理が貫徹し、今後はすべてのものが差異化と超差異化の絶え間ない過程において交換価値として生産されるのである。

消費社会は〝渇望〟と〝欲求とその充足〟を組み合わせているつもりになっているが、実際にはそうではなくて、競争と社会的上昇の強制および個人的快楽の最大化という、今後極度に内面化されるであろう至上命令との葛藤に悩む人びと（社会階層といってもよい）の内部に、ますます増大するひずみを生じさせる。これはションバール・ド・ローヴの見解だが、われわれも彼に同意してよいだろう。無数の相反する強制を加えられると、個人は自己の統一性を失ってしまう。欲求《ブズワン》と渇望《アスピラシオン》のあいだの内面的ひずみに不平等のもたらす社会的ひずみが重なり、この社会はますます敵対関係に満ちた、バラバラで居心地の悪い社会となる。疲労（または無力症）は、このような生存条件に対する現代人の反応、それを受動的に拒否するかたちをとった反応と解釈できるだろう。と同時に、この「受動的拒否」が実は潜在的暴力であり、そうした意味で公然たる暴力がそうであるように、考えられるいくつかの反応のひとつにすぎないことを見落としてはならない。ここでもまた、両義性の原則の再構築が必要である。疲労、うつ状態、ノイローゼと公然たる暴力とは絶えず互いに転換しあう。脱工業化社会に生きる市民の疲労は、工場労働者の潜在的ストライキ（作業の休止やスピード・ダウン）、学校の生徒たちの「退屈」と同じ性質のものだ。これらはみな、「肉に食いこむ爪《アンカルネ》」という意味で「肉体化された《アンカルネ》」、つまり肉体の深部に入りこむ受動的抵抗の表現にほかならない。

疲労に関するあらゆる単純素朴な見解を退けておくことにしよう。疲労は外面的な社会活動の過多に対置されるような受動性ではなく、現在の社会関係にみられる一般的な受動性の強制に一定の条件下で対抗しうる唯一の活動形態である。疲れた生徒とは教師の話を受動的に聞いている生徒のことだし、疲れた労働者や官吏とは仕事上の責任を一切取り上げられた労働者や官吏のことだ。現代市民のカタトニー〔分裂症（統合失調症）の特徴である無気力状態〕とでもいうべき政治的無関心にしても、真の決定権をまったくもたされず、お笑いぐさの選挙権だけを与えられた人びとの無関心なのだ。こうした現象がベルト・コンベアーによる流れ作業やデスク・ワークの肉体的・精神的単調さと、強いられた立ち作業、座り作業、ステレオタイプ化した動作など、現代社会における慢性的運動不足の筋肉・血管・内臓のカタレプシー〔強硬症〕に起因することはたしかだ。だが、これは本質的問題ではない。単純な専門医たちのいうように「病理的」疲労をスポーツやウェイト・トレーニングで癒すことができないのも、そのためである（精神安定剤や興奮剤についても同じことがいえる）。疲労とは潜在的異議申し立て《コンテスタシオン》なのである。自分自身に向かうほかはない、自分の肉体に「深く食いこむ」異議申し立て、それが疲労だ。なぜなら、すべてを取り上げられた人びとにとって、肉体は一定の条件下で彼らが攻撃できる唯一のものだからである。それはアメリカの都市で暴動を起こす黒人たちがまず自分の住む街に火を放つのに似ている。真の受動性は、システムへの自発的同調のうちに見出される。休む暇さえない、仕事に打ちこんでいる「精力的な」管理職たちはみな眼光鋭く、がっしりした体格で、バイタリティに満ちている。ところで、疲労とは慢性的かつ無意識的反抗という意味でひとつの活動なのである。こうして疲労の機能が明らかになる。あらゆる形態の「スピード・ダウン」は、ノイローゼと同じで、本物の完全な「故障」を避けるための唯一の手段なのだ。一九六八年の五月革命が示してみせたように、疲労は（潜在的な）活動だからこそ、ある日突然、公然たる暴力に転換することになる。五月革命の運動が導火線を走る火花のようにたちまち世界中に広がっていったという事実も、こう考えなければ理解できはしない。無気力状態、漠然とした不満、一般化された受動性などとみなされていたものは、実はあきらめや疲労や運動の後退においてさえ活動的であるために直ちに動員可能な潜在的エネルギーだった。だから奇蹟が起こったわけではなかったのだ。五月革命以後の運動の退潮にしても、社会過程の不可解な「逆転」ではなく、公然たる反抗という形態から潜在的異議申し立てという形態への転換だったのである（「異議申し立て」という言葉は、厳密には後者の形態についてのみ用いられるべきである。なぜなら、それは根本的な変革をめざす活動が一時的に中断されたときに現れるさまざまな形態の拒否を指す言葉だからである）。

したがって、疲労の真の意味を把握するためには、心理＝社会学的解釈で満足することなく、疲労をうつ状態の一般的構造のなかに位置づける必要がある。不眠症、偏頭痛、慢性頭痛、病的肥満と食欲不振、無力症と強迫的活動過多症などの症候は形式的には互いに異なり対立しているが、実際には互いに交換され、交替しあっている。身体的「転換《コンヴェルシオン》」があらゆる症候の潜在的「転換可能性」を常に伴い、かつそれによって規定されさえするからだ。だが最も重要なのは、このうつ状態の論理（症候がもはや器質的疾患や現実の機能障害に結びつかないで、「ぶらつく」ようになること）が、消費の論理そのもの（欲求とその充足がもはやモノの客観的機能と結びつかないで、次から次へと互いに指示・交替しあい、本質的な満足が得られないこと）を反映しているという事実である。欲求の昂進とうつ的症候群の「流動性」を調整しているのは、とらえがたく限界がないという同じ性格、同じ体系的転換可能性なのだ。消費のシステムと解除反応／身体化のシステム（疲労はその一面にすぎない）とが構造的にみて完全に結びついていることを示すために、ここでもわれわれは両義性の原則に立ち戻ることになろう。われわれの社会に存在するあらゆる過程は、欲望《デジール》の両義性を解体し分裂させる方向にむかう。享受と象徴機能において統一されていた欲望の両義性は、同じ論理に従って二方向に分裂する。欲望の肯定性はすべて欲求〔必要〕とその充足の連鎖のなかに移行し、そのなかで一定の目的へと導かれつつ姿を消す。欲望の否定性はすべて統御不能な身体化、あるいは暴力行為のなかに移行する。こうして欲望の全過程の深い統一性が明らかになる。豊かさ、暴力、多幸症、うつ病など多種多様な現象の出現は、この欲望の両義性を理解しておかなければ説明がつかない。これらの現象は一体となって消費社会を特徴づけており、それらが必然的に関連しあっていることは誰もが感じている。しかし、それらを貫く論理を解明することは、古典的な人間学の遠近法では不可能だ。

この問題をより深く理解するには（もっともここでは深入りするわけにはいかないが）、次の二種類の手続きが必要となるだろう。

（一）消費を「転換《コンヴェルシオン》」の総合的過程として分析すること。つまり、部分的なモノとして次々に投資＝備給される一連のモノ／意味するもの《シニフィアン》のなかになんらかの欠如を「象徴的に」転移させる過程として分析すること。

（二）現代的システムにおける肉体そのものおよびモノとしての肉体の地位に関する理論にもとづいて、部分的なモノの理論を身体化の過程（これもやはり象徴的転移と投資＝備給の過程だ）にまで一般化すること。すでにみたように、この肉体に関する理論は消費に関する理論に不可欠である。なぜなら、肉体はあらゆる両義的過程の集中的表現であって、性的気づかいの対象として自己陶酔的に投資＝備給されると同時に、不安と攻撃性の対象として純粋に身体的に投資＝備給されるからだ。

精神身体医もこんなことをいっている。「これは昔から知られている事実です。あなたは自分を苦しめているのが頭痛だと思いこんでいる。でも、とくに頭痛でなくとも、なんでもいいのかもしれません。たとえば結腸炎、不眠症、痒《かゆ》み、湿疹、性的悩み、肥満、呼吸器、消化器、循環器系の障害……あるいは単なる慢性疲労。これが原因となっていることがいちばん多いのです」

うつ状態が、労働の強制が終わり、充足の時間が始まる（と考えられる）瞬間にやって来るのは決して偶然ではない（金曜の晩から月曜の朝まで続く社長族の偏頭痛、定年退職者の自殺や突然の病死など）。また、今や制度化し儀礼化した「余暇のための時間」に対する要求の背後で、労働や活動に対する要求、つまり「何かを行い」、「行動する」ことへの強迫観念的欲求が増大していることも周知の事実である。この事実のなかにわが敬虔なるモラリスト諸氏はすぐさま労働が人間の生まれながらの使命であることの証拠を見出そうとした。だが、労働に対するこうした非経済的要求のうちに表現されているのは、むしろ欲求の充足や余暇のなかでは決して満たされることのない攻撃性そのものだと考えるべきである。もっとも、この攻撃性は労働に対する要求によって解消されはしないだろう。なぜなら、それは欲望の両義性の深部から出てきたものなので、ふたたび労働に対する要求や「欲求」となり、こうしてさまざまな欲求のサイクルの一環として組みこまれてしまうからである。よく知られているように、欲求のサイクルは、欲望にとってはいったん入りこんだら二度と外には出られない危険な場所なのである。

治安をよくするために暴力が内面化されるのと同じように、疲労とノイローゼも差異を表示するための文化的特性となることができる。とりわけ知識人や特権階級の人びとのあいだでは、疲労と欲求充足に関するあらゆる形態の儀礼が行われている（この文化的「アリバイ」は他の階級のあいだに急速に広がってゆく）。この段階に入ると、疲労はもはやアノミーではないし、これまで述べてきたことも、この種の「ぜひとも必要とされる」疲労に対してはなんの意味ももたない。この疲労は「消費される」疲労であり、交換ないしは生活程度の社会的儀礼の一部となるのである。

結論

# 現代の疎外、または悪魔との契約の終わり

## 「プラハの大学生」

「プラハの大学生」〔一九一三年にパウル・ヴェゲナー（「巨人ゴーレム」の監督）が製作した映画。この作品についてはクラカウアーの『カリガリからヒトラーへ』（邦訳みすず書房）に詳しい〕はドイツ表現主義の流れをくむ一九三〇年代の無声映画〔三〇年代に再上映された〕で、貧しいが野心家で、豊かな生活を夢見る学生の物語である。プラハの街はずれの居酒屋で学生が仲間と一杯やっている。ちょうど同じころ、付近の森では上流階級の人びとが狩猟を楽しんでいる。ところが、彼らの背後で糸をひいている男がいた。獲物と狩人の動きを思いのままにあやつるこの男は、シルクハットに手袋、握りのついたステッキといういでたちで、すでに相当の年配である。腹を少しばかりつきだし、今世紀初頭に流行した山羊ひげをたくわえ、見たところまわりの紳士たちと少しも変わらない。この男が悪魔である。悪魔は狩りに来ていた女性たちのひとりを道に迷わせ、学生と出会うようにしむける。学生はたちまち恋に落ちるが、彼女をものにすることはできない。金持ちの彼女は、貧乏学生には高嶺《たかね》の花だ。下宿に戻った学生は、今や性的なかたちをとった野心と欲求不満とに苛まれる。

その時突然、悪魔が学生の部屋に姿を現す。本と姿見だけのみすぼらしい部屋である。悪魔は学生に、山ほどの金をやるから鏡のなかのお前の姿をこちらによこさないかともちかける。取引が成立すると、悪魔は鏡に映った学生の姿を版画かカーボン紙のように引き剝がし、ぐるぐる巻いてポケットにしまいこむ。すると悪魔はいかにもそれらしい愛想笑いと冷やかな笑いを残して部屋を立ち去る。映画が本題に入るのはここからだ。悪魔のくれた金のおかげで、学生はどこへ行っても成功をおさめる。あいにく彼の出入りする社交界はいたるところ鏡に囲まれていたが、猫のように鏡の前は努めて横切らないようにすればよい。はじめのうちは大して気にならなかったし、自分の姿を見られなくなったことも苦痛ではなかったのだが、ある日ついに自分の分身に出会うことになる。分身は同じ社交界に出入りし、彼に露骨な関心を示してしつこくつきまとい、休む間も与えないほどだ。もちろん、それは悪魔に売り渡した彼自身の姿である。悪魔が生命を吹きこんで巷《ちまた》に放ったのだ。鏡のなかにいたときは忠実だったが、今では横暴になって、自由に歩きまわり、どこにでもついてくる。一緒にいるところを見られでもしたら大変なことになる、そう思うと学生は気が気ではない。ちょっとした不祥事が幾度か起こる。分身を避けるために社交界から逃れても、分身は彼の代役をつとめ、彼がするはずの行為をやりとげ、しかもそれを犯罪にしてしまう。ある日、学生は決闘を申しこまれる。謝罪するつもりで翌朝指定の場所に到着したときにはもう手遅れで、分身が先を越して相手の男を殺してしまっていた。身を隠さなければばならない。だが分身は学生を追いかける。悪魔に売られたことに対する復讐だろうか。どこまでもつきまとい、墓地の片隅で墓石の陰から姿を現したりする。もう社会生活を送ることは不可能だ。学生は生きた心地がしない。絶望のあまり、ある少女の寄せる純愛さえも受け入れることができない。あいつを片づければいいんだ、そう気づいた彼はついに分身を殺す計画を立てる。

　ある晩、分身が部屋までついてくる。激しい口論の最中に、分身があの鏡の前を歩く。こいつはあそこから出てきたんだ、学生の目の前を最初の光景がよぎる。こいつのためにおれはこんなに苦しんでいる、怒りと失った自分の姿への郷愁が重なり、殺意を抑えきれなくなった彼は、分身めがけて発砲する。鏡が粉々に砕け散り、分身はかつてのような幻となって消え失せる。ところが、分身が姿を消すと同時に、学生が床に倒れる。死ぬのは彼のほうだ。鏡のなかの自分の姿を抹殺するつもりが、実は自分を殺してしまったのだ。鏡から抜けだした自分の姿が生きた実在となり、気がつかないうちに自分に取ってかわっていたわけである。断末魔の苦しみのなかで、学生は床に散らばった鏡の破片のひとつを拾い上げる。そしてまた以前のように自分の姿を映すことができるのに気づく。彼は肉体を失った。しかし、肉体と引き換えに自分の正常な姿を死の間際にふたたび見出すのである。

　この映画の主人公の鏡に映った像は、われわれの行為の意味を象徴的に表現している。われわれは行為によって自分のまわりにわれわれの姿に似せた世界をつくり上げる。個人と鏡に映った彼の忠実な像との関係は、世界とわれわれの関係のこの透明性をなかなか巧妙に表している。つまり、この像の忠実さは、こういってよければ、世界とわれわれとの現実的な相互関係について証言してくれる。したがって象徴的にいえば、この像を失うことは、世界が不透明になり、われわれの行為がわれわれから離れてしまうことを意味する。そうなれば、われわれは自分自身についての遠近法さえ失ってしまう。この遠近法がなければ、もはやいかなる自己証明《アイデンティティ》も不可能だ――私は私自身にとってひとりの他者となる、つまり疎外される。

これが「プラハの大学生」の第一主題である。もっとも、この映画は一般的な寓意に満足せず、状況の意味をすぐさま具体的に表現する。学生の像は偶然失われたり破壊されたりするのではなく、売られるのだ。商品の領域に属するようになるといってもよいが、これこそ具体的な社会的疎外の意味そのものである。悪魔がこの像をひとつのモノとしてポケットにしまいこむという場面も、商品が物神化される現実的過程の幻想的描写となっている。われわれの労働と行為は、生産された瞬間にわれわれの手を離れて客体化し、文字通り悪魔の手に渡ってしまうのである。シャミッソー〔一七八一―一八三八。フランス出身のドイツ作家〕の『ペーター・シュレミール、影をなくした男』〔一八一四年〕でも、影が呪いによって人間から引き離され、家にうっかり置き忘れられたり、ひどく寒い日には脱ぎ捨てられたまま凍りついてしまう外套《がいとう》のような純然たるモノとなる。影をなくしたシュレミールは、画家に別の影を描かせて連れ歩こうと考えたりする。エジプトの伝説によれば、ワニは自分のそばを通る影が大好物なので、あまり水の近くを歩いてはいけないとされている。結局ふたつの作品の寓意は同じであって、鏡のなかの像にしても影にしても、それが破壊されるときには、自分自身および世界とのわれわれの関係の透明性が破壊され、したがって生そのものも意味を失うということになる。だが、『シュレミール』と「プラハの大学生」が寓意において他の悪魔との契約譚《たん》より優れているのは、金を（金だけを）つまり商品と交換価値の論理を疎外の中心に据えているからである。

とはいえ、ふたつの寓話は悪魔と契約を結んでからはまったく異なる展開をたどる。『シュレミール』は、シャミッソーが影からモノへの変容の過程をぎりぎりのところまで押し進めなかったので、中途半端になった。その代わりに、陽光のさんさんと降りそそぐ荒野で主人をもたずにさまよう影を自分の影かもしれないと思って追いかける話や、悪魔が試しに影を持ち主に数時間だけ返してやる話など、幻想的なあるいは荒唐無稽なエピソードが随所に散りばめられている。けれどもシュレミールは影を奪われたこと自体を悩んでいるのではない。影をなくしたことに対する人びとの非難だけが彼の悩みの種なのである。だから影が彼から離れたからといって、それだけでは彼が存在そのものを失うことにはならない。シュレミールは孤独を余儀なくされるが、彼自身は少しも変わらない。意識も生命も奪われず、社会生活だけが取り上げられる。だからこそ、魂をよこせば影を返してやるという悪魔の第二の取引を毅然《きぜん》として拒絶できるのである。こうして彼は影を失うが、魂を救う。

「プラハの大学生」ははるかに徹底している。自分の像を、つまり自分自身の一部を悪魔に売った直後から、学生は実生活のなかでほかならぬこの像に追いまわされ、結局死んでしまう。ここには疎外過程の赤裸々な実相が表現されている。われわれの内部の何かが疎外されたとしても、それはわれわれとは無縁な「外の世界」に入りこむわけではない。われわれは外の世界に拘束されはしないのだから、何かを失っても「財産」の一部が減るだけで、私的空間における自由を失ったことにはならず、基本的にはわれわれ自身は無傷でいられるのだ――こんな考え方をする人もあるだろうが、それは「魂は現実世界と無関係だ」とする「良心の裁き」についての気休めのつくり話にすぎない。疎外はそんななまやさしいものではない。われわれから離れたわれわれの一部分は、われわれに絶えずつきまとうことになる。モノ（モノとなった魂、影、われわれの労働の生産物）は復讐を行う。奪いとられたものはすべてわれわれに否定的な意味で結びつく、つまり妄想となって取りつく。売られ、忘れられたわれわれのこの部分は、依然としてわれわれそのもの、いやむしろわれわれの戯画、われわれを追いまわし拘束し復讐する亡霊なのである。

この主客転倒的状況、つまり同一の存在に他者性を付与するこの魔術的で不気味な雰囲気は、「その男は影のように彼につきまとっていた」というごく普通の表現のなかにも、死者に対してわれわれが行う儀式（永久に疎外されてしまったのでそこからは悪いことしか期待できないようなかつてわれわれの一部分であったものに対する贖罪《しょくざい》の儀式）のなかにも見出される。ところで、それとは別に、われわれが例外なしに取りつかれている、われわれの生きた部分というものが存在している。売られることによって商品の社会的循環過程に組みこまれ、まわりまわってふたたびわれわれのところに戻ってきて、労働の意味そのものを奪ってしまう社会的労働力がそれだ。もちろん悪魔ではなく社会が行う操作を通じて、労働の成果に対する具体的な障害物となった労働力のことである。「プラハの大学生」に描かれた、主人公に敵意を抱く生きた像が突然出現し、自分を売り渡した主人公にいわば緩慢な自殺を強いるという物語に象徴されているのも、この労働力なのだ。

この物語がわれわれに示している最も重要なことは、疎外された人間とは、衰弱し貧しくなったが本質までは犯されていない人間ではなく、自分自身に対する悪となり敵に変えられた人間だという事実である。別の視点からみれば、フロイトが描写した抑圧の過程、つまり抑圧の対象となったものが抑圧を生じさせる審級を通じてふたたび姿を現す過程が疎外だ。女のからだとなって、純潔を誓った修道僧に取りつく十字架上のキリストの屍体《したい》。疎外においては、存在から離れて客体化した諸力が、絶えず存在そのものを犠牲にして存在に成り変わり、存在を死に導く。

シュレミールは、結局自分の生涯にひとつの相対的意味を与え、金持ちだったころに建てさせた慈善病院で大往生をとげる。まるでアメリカの孤独な大実業家のように。彼は悪魔との第二の取引を拒絶して自分の魂を救った。この分裂した行動は思想の曖昧さの必然的結果であって、そのために寓話としての一貫性が失われてしまった。

「プラハの大学生」の場合には、第二の取引がなく、第一の取引の論理的帰結としての冷酷な死を余儀なくされるのである。この違いからわかるように、シャミッソーにとっては自分の影を売っても、つまり個々の行為において疎外されても、魂を救うことが可能なのだ。疎外は社会的外観をめぐる葛藤をもたらすだけであり、シュレミールは社会的に孤立することでこの葛藤を抽象的に克服することができる。ところが「プラハの大学生」は疎外の客観的論理を徹底させて、死以外には疎外を逃れる方法のないことを示すのである。疎外を観念的に克服しようとするあらゆる試みは挫折せざるをえない。疎外の克服は不可能なのだ。なぜなら疎外は悪魔との取引の構造そのもの、商品社会の構造そのものだからである。

## 超越性の終わり

「プラハの大学生」は、疎外過程つまり商品の論理に支配される個人的・社会的生活の全体像を見事に描写していたが、ヨーロッパでは中世初期以来、悪魔との契約譚は自然を支配する歴史的・技術的過程が始まった社会の中心的神話なのである（この過程は必ず性行動の管理の過程を伴う）。西欧の「魔法使いの弟子」は、進歩、昇華、労働、合理性、能率などのピューリタン的・プロメテウス的企てに結びついた罪の意識を、悪魔に代表される悪の力において主題化しつづけてきた。抑圧の対象となったものがふたたび姿を現し、主人公につきまとい、魂を売り渡すという中世的テーマ（ただし、初期ブルジョア社会に出現した取引の反映としての悪魔との「契約」）が産業革命時代の開始とともにロマン主義者たちによって蘇ったのもそのためである。それ以来、このテーマは「技術の奇蹟」のテーマ同様、技術の宿命という神話の背後に存在しつづけており、今日では、核戦争による地球の破滅（技術の発達がもたらす文明の自滅）の危機や、人類の技術的進歩と社会道徳との宿命的落差という、うんざりするほど聞かされてきたテーマのかたちで小説や日常生活の神話のなかに浸透している。

したがって、資本主義の下で生産性が加速度的に上昇する歴史的過程全体の到達点ともいうべき消費の時代は、根源的な疎外の時代でもあるのだ。商品の論理が一般化し、今や労働過程や物質的生産物だけでなく、文化全体、性行動、人間関係、幻覚、個人的衝動までを支配している。

すべてがこの論理に従属させられているわけだが、それは単にすべての機能と欲求が客体化され、利潤との関係において操作されるという意味ばかりでなく、すべてが見世物化される、つまり消費可能なイメージや記号やモデルとして喚起・誘発・編成されるというもっと深い意味をもつ事実なのである。

そこで問題は次のように提起される。個人が分裂した自らのイメージともう二度と対決させられることのないような状況においても、同一なるものの他者性（人間の疎外され歪められた本質）を中心に据えた疎外の図式（あるいは観念）が依然として有効だといえるだろうか。悪魔との契約や魔法使いの弟子の神話は、あくまで造物主的神話、取引と金と生産の神話であって、それらの超越的目的が人間に敵対するようになるのだが、消費のほうはプロメテウス的でなく、快楽主義的かつ退行的性格をもっている。消費過程はもはや労働過程でも止揚《しよう》の過程でもなく、記号を吸収し、記号によって吸収される過程である。だからマルクーゼもいうように、消費を特徴づけるものは超越性が終わりを告げたという事実なのである。消費の一般的過程では、魂も影も分身も鏡に映った像も失われてしまった。存在そのものの矛盾も、存在と外観の対立もない。記号の発信と受信があるばかりだ。そして個としての存在は記号の組み合わせと計算のなかで消滅する……消費的人間は自分自身の欲求と自分の労働の生産物を直視することもなければ、自分自身の像と向かいあうこともない。彼は自分で並べた記号の内部に存在するのである。超越性も目的性も目標ももはや存在しなくなったこの社会の特徴は、「反省」の不在、自分自身についての遠近法の不在だ。したがって、富と栄光を手に入れるためにファウスト的契約を交わすべき相手である悪魔のような不吉な審級も存在しない。なぜなら、それらは母性的で幸福な雰囲気つまり豊かな社会そのものによってはじめから与えられているのだから。あるいはまた、社会《ソシエテ》全体が有限責任の株式会社《ソシエテ・アノニム》となって悪魔と契約を交わし、豊かさと引き換えに一切の超越性と目的性を売り渡してしまったので、今や目的の不在に悩まされていると考えるべきだろう。

消費という特殊な様式のなかでは、超越性（商品のもつ物神的超越性をも含めて）が失われてしまい、すべては記号秩序に包まれて存在している。意味するものと意味されるもののあいだには存在論的分裂ではなく論理的関係があるように、人間存在とその神的または悪魔的分身（人間存在の影、魂、理想）とのあいだにも存在論的分裂が失われ、記号の論理的計算と記号システムへの吸収の過程があるばかりだ。幸福なときにも不幸なときにも人間が自分の像と向かいあう場所であった鏡は、現代的秩序から姿を消し、その代わりにショーウィンドウが出現した。そこでは個人が自分自身を映して見ることはなく、大量の記号化されたモノを見つめるだけであり、見つめることによって彼は社会的地位などを意味する記号の秩序のなかへ吸いこまれてしまう。だからショーウィンドウは消費そのものの描く軌跡を映しだす場所であって、個人を映しだすどころか吸収して解体してしまう。消費の主体は個人ではなくて、記号の秩序なのである。これを構造論的にコードの審級と規定しようが、経験論的にモノがかもしだす一般的雰囲気と規定しようが、大した違いはないが、いずれにしてもここで主体というのは、哲学的・マルクス主義的意味での疎外された本質、いいかえれば疎外する審級によって捕捉され、自らに対して他者となった本質のことではない。なぜなら厳密にいえば、「同一なるもの《メーム》」や「同一なるものとしての主体」はもはや存在せず、したがって同一なるものの他者性も本来の意味での疎外も存在しなくなっているからだ。この状況は、寝る前に鏡に映った自分の像にくちづけする子どもに似ていないこともない。子どもはそれが自分の像であることを識別したのだから、像を自分自身と混同しているとはいえないが、この像は自分と無関係な分身でもない。子どもは自分自身と他者の中間に位置する鏡のなかの像と「戯れる」。消費者にしても同じことで、項目や記号を次々と変えて自分を個性化する過程を「演じている」。子どもとその像のあいだには共謀と秩序だった関わりあいの関係があって、絶対的対立関係がないように、記号同士のあいだにはなんの矛盾も生まれない。消費者は自分がもっているモデルのセットとその選び方によって、つまりこのセットと自分とを組み合わせることによって自己規定を行う。この意味で、消費は遊び的であり、消費の遊び性が自己証明（アイデンティティ）の悲劇性に徐々に取ってかわったということができる。

## 亡霊から亡霊へ

悪魔との契約または魔法使いの弟子の神話は、存在とその分身とのあいだの宿命的矛盾を主題にしていたが、われわれはこれに相当するような現代の神話——各人の「個性的」モデルの内容を規定する各項目が互換性をもちながら平和的に共存している現実から生まれた神話をもたない。状況主義者《シチュアシオニスト》たち〔新左翼の一派。一九五七年、状況主義インターを結成。ランボーの「生活を変えよう」をスローガンに五月革命で活躍した〕が今なお「見世物《スペクタクル》」、「見世物的社会」、根源的疎外などの概念によって継承している悲劇的二元性は、人間の本質とそれを喪失する宿命、存在とその亡霊に結びついた偉大なる神話をもっていた。だが、遊び的なやり方で人間を記号とモノと微妙な差異の亡霊に変貌させる新たな過程（消費過程の基盤となり個人を疎外された存在としてではなく、流動的差異として根底的に規定しなおす過程）には神話がない。人格《ペルソンヌ》とか人格の他者性といった言葉（なんと曖昧な言葉だろう！もはや「人格《ペルソンヌ》」など存在しないのに〔もう誰もいない、の意もある〕）では分析できないこの過程は、生産の領域での分身と疎外の神話に相当するような神話、消費の形而上学を物語ってくれるような神話を見つけだせなかった。もっとも、これは決して偶然ではない。話し、考え、書き写す能力と同じで、神話は超越性そのものと密接に結びついている。だから超越性が終わりを告げると、神話もまた姿を消すのである。

## 消費の消費

消費社会が以前の社会とは違って、もはや神話を生みださなくなったのはなぜだろうか。消費社会そのものが消費社会についての神話となっているからである。魂と引き換えに金と富をもたらした悪魔にむきだしの豊かさが、そして悪魔との契約に豊かさの約束が取ってかわったのだ。悪魔の最も悪魔的なところは悪魔が実際に存在していることでは決してなく、そう信じこませることだったのと同じように、豊かさは現実には存在していないのだが、この豊かさが有効な神話となるためにはその存在を信じこませさえすればよいのである。

消費はひとつの神話である。現代社会が自らについてもつ言葉《パロール》、われわれの社会が自らを語る語り口、それが消費だ。いってみれば、消費に関する唯一の客観的現実は消費という観念だけである。この反省的・言説的な配置構造が、日常的言説と知的言説によって幾度となく取り上げられたために常識としての力をもつようになったのである。

われわれは自分たちの社会を消費社会とみなし、そのようなものとして語っている。少なくとも、われわれの社会が消費を行う場合には、消費社会としての自己規定にもとづいて自らをその分だけ観念的に消費している。広告はこの消費の観念に捧げられた勝利の歌なのだ。

こうした状況は補足的な次元ではなく、基本的な次元、つまり神話の次元に属している。もし人びとが文字通り消費する（買いつくし、食いつくし、消化する）だけだとしたら、消費は神話になりはしないだろう。ここで神話というのは社会が自分についてもっている自己予言的言説、社会全体の状況を解釈するシステム、社会が自分の姿だけを映して楽しむ鏡、社会の未来を先取り的に反映したユートピアなどを指すが、この意味で豊かさと消費（もちろん物質的財、生産物、サーヴィスの消費ではなく、消費のイメージの消費）は、われわれの新しい部族的神話、現代社会のモラルとなっていることはたしかだ。

「集団意識」のなかで、享受がこのように先取りされたり反射的に潜在化されたりしないとしたら、消費は文字通り消費することにすぎず、現在のように社会を統合する力をもたないだろう。そうなれば、消費はこれまでより豊かで潤沢で多様化したひとつの生存様式にすぎなくなるだろうが、その場合にはこの形態が消費と呼ばれることもないだろう。現代社会が始まるまでは消費には呼び名がなかったのである。生活様式（衣食住）あるいは特権階級のぜいたくな支出（装身具、城、宝石）などを社会的価値や準拠用の神話として指し示すための呼び名も少し前までは存在していなかった。草の根をかじることも祭りを催すことも、〝消費する〟とは呼ばれなかった。われわれの時代は、食料品のための日常的支出も、「威信を示すための」支出も、ともに消費と呼ばれる時代、それも万人の合意にもとづいてそう呼ばれる最初の時代である。歴史的にみれば、二〇世紀における消費の神話の出現は、それよりずっと前の時代にさかのぼる経済的考察や経済学の分野での専門的概念としての消費の出現とはまったく別のものである。消費という語が日常的に用いられるようになったという事実は、歴史そのものを変える新しい社会的現実の出現を象徴している。正確にいえば、消費という語が風俗習慣の一部となったときはじめて消費そのものも存在するようになるのである。分析に用いようのない「反概念」であり、人びとを戸惑わせるこの語は、しかしながら、あらゆる価値のイデオロギー的再編成が行われたことをわれわれに知らせてくれる。だから、現代社会が消費社会としての生命を生きているのだという認識こそが、客観的分析の出発点でなければならない。

この「豊かな」社会がそれ自体われわれの社会の神話となっているというのは、この社会がすでにみた驚嘆すべき広告コピー「あなたが夢見る肉体、それはあなた自身のからだです」を全面的に採用しているという意味なのである。あのコピーは消費社会の入口に刻まれるべき言葉かもしれない。いわば巨大な集団的ナルシシズムに導かれて、社会は自分で自分自身に与えたイメージと混ざりあい、自分で自分の罪を取り消し、広告が人びとに自分の肉体と威信を確信させるように自分で自分の存在を確かめる。要するに先に述べたように「自己予言」を行う。[51] ブーアスティンはアメリカに例をとって、自己証明的同語反復の巨大な過程が存在することを示した。アメリカでは社会が予言のかたちで自分自身について語るが、この予言の内容は未来の理想や超越性の英雄たちではなく、社会自体を反映した内在性であるという。この種の予言こそは広告の真の機能である。あの剽軽《ひょうきん》なオイレンシュピーゲル〔ドイツ一四世紀の民話の有名ないたずら者。阿部謹也『中世を旅する人びと』（平凡社）参照〕の鏡をのぞきこむような具合に、消費者はそこに絶えず自分の姿と願望を読みとり、同時にそれらを手に入れることができる。存在論的な距離も分裂もなく、現実とその神話が直ちに縫いあわされてしまう。世論調査や市場調査など、世論という神託を告げる巨大なピュティア〔古代ギリシャでアポロン神の神託を告げた巫子〕の口を開かせ、うわごとをいわせるためのあらゆる行為についても同じことで、それらは社会的・政治的出来事を予言し、モンタージュ写真が実物に取ってかわるように現実の出来事に取ってかわる。現実はもはや予言の反映にすぎない。こうして「世論はかつては大衆の意見の表明であったが、今日では、ますます人々がそれに自分の意見を適合させるイメージになっている。世論は、前からそこにあったもので満たされるようになっている。世論とは、鏡のなかをのぞき込んでいる人々のことである」〔ブーアスティン『幻影の時代』前掲訳書、二四九頁〕。有名人、スター、そして「消費の英雄たち」についても同じことがいえる。

英雄は客観的な基準を表わしていた。しかし有名人は同語反復である……われわれは、有名人が有名であるがゆえに有名なのだということを忘れがちである……しかし、彼らは通常、広く宣伝されたわれわれの姿以上のものではない。真似をすることによって、彼らと同じように着たり、しゃべったり、身振りをしたり、考えたりしようと努力することによって、われわれは自分自身の真似をしているのにすぎない……同語反復の真似をすることによってわれわれ自身同語反復となり、われわれがすでに表わしていることを表わすようになり……われわれは模倣すべきモデルを捜し、そしてわれわれ自身のイメージを見ることになる〔ブーアスティン、前掲訳書、八四頁〕。

テレビ――「われわれはテレビが映しだす幸福な家庭のイメージに、自分の家庭生活を一致させようと試みる。だが、テレビに登場する家庭というのは、われわれすべての家庭の滑稽な総合以外のものではないのだ」

その名に恥じないあらゆる偉大な神話と同じように、「消費」の神話は独自の言説と反言説を

51 すべての神話と同様、この神話もまた原初的な出来事に根拠を求める。この場合には、ルネッサンス、宗教改革、産業革命およびいくつかの政治革命に引きつづいて起こった西欧人による最も新しい革命、いわゆる「豊かさの革命」、「福祉の歴史的革命」がそれだ。こうして、消費は最後の新時代、すなわちユートピアの実現と歴史の終末の時代の幕開けを自称するのである。

もっている。すなわち、豊かさを礼讃する言説はいたるところで、消費社会の弊害とこの社会が文明全体に必ずもたらすであろう悲劇的結末を批判する陰気で道徳的な反言説をあわせもつことになる。この反言説は、「低次元の価値」と「物質的満足」を軽蔑することで他人に差をつけようとする知識人的言説ばかりか、今日では「大衆文化」のなかにさえ読みとることができる。広告のテクニックにも反広告が取り入れられ、広告はますますパロディ化している。「フランス・ソワール」〔フランス最大の大衆紙〕、「パリ・マッチ」〔フランス最大の写真入り報道誌〕、ラジオ、テレビ、そして大臣たちの演説も、日常生活の享楽と引き換えに価値観も理想もイデオロギーも失われてしまった「消費社会」の現状を嘆いてみせるのが恒例となっている。シャバン=デルマス元仏首相の名セリフ「消費社会に魂を補って、この社会をコントロールしなければならない（！）」を人びとは容易に忘れはしないだろう。

　消費社会に対するこの種の絶えざる非難は、消費社会の神話の一部であり、批判の幻影、寓話の仕上げをする反寓話である。消費のフレーズと反フレーズが一体となって神話ができあがる。だから神話がつくられる過程では、「批判的」言説と道徳的異議申し立て《コンテスタシオン》が果たしている真の役割を正しく把握しなければならない。この絶えざる非難が、「モノの文明」の神話的・予言的目的論のなかにわれわれを決定的に封じこめる。良識や標準的消費者という観念によってではなく、モノによって幻惑されているのに、モノを素直に礼讃せずに、神話的かつ幻想的なやり方でモノを批判してみせるのも、この種の非難の特徴である。〔一九六八年の〕五月革命の反体制派たちはこの罠にかかってしまった。モノと消費に悪魔的価値を与え、悪魔的なものとして告発し、決定的審級に仕立てあげることによって、実はそれらを超モノとしてしまうことに彼らは気がつかなかったのである。これこそは真の神話作用だ。疎外の告発や疎外についての言説、ポップや反芸術による嘲弄がすべてあれほどたやすく「回収」されるのは、それらが神話の一部であり、本書の冒頭で触れたモノの形式的儀礼のなかで対位旋律《コントルシャ》となって神話を完成させるからである——それも消費のもつさまざまな価値を直ちに承認するのではなく、たぶんもっと邪悪な手段を用いて。

以上のことから、われわれは次の結論に達する。いかなる現実的距離ももたらさないこの消費に関する反言説は、他の諸側面と同様、消費社会自体に内在するものである。消費を非難してみせるこの言説は知識人の逃げ口上にすぎない。中世社会が神と悪魔の上で均衡を保っていたように、われわれの社会は消費とその告発の上で均衡を保っている。悪魔のまわりにはさまざまな異端とさまざまな黒魔術の流派が組織されえたが、われわれの魔術は白く、豊かさのなかには異端はもはや存在しえない。それは飽和状態に達した社会、眩暈も歴史もない社会、自ら以外に神話をもたない社会の予防衛生的な白さなのである。

だが、われわれもモノとその見せかけの豊かさの罠にかかって、陰気で予言的な言説にたどりついてしまった。しかし、われわれはモノ（ＯＢＪＥＴ）が無であることを知っている。モノの背後には、虚ろな人間関係があり、膨大な規模で動員された生産力と社会的力が物象化されて浮きぼりにされる。ある日突然氾濫と解体の過程が始まり、一九六八年五月と同じように予測はできないが確実なやり方で、黒ミサならぬこの白いミサをぶち壊すのを待つことにしよう。

# 訳者あとがき――解説に代えて

## 1　新装版刊行をめぐって

本書の著者ジャン・ボードリヤールは、一九二九年七月二七日フランス東部の古都ランスで生まれ、二〇〇七年三月六日パリのモンパルナスに近い自宅で、七七歳で没した。ソルボンヌ（パリ大学）で学び、哲学者・社会学者アンリ・ルフェーヴル（一九〇一～九一）の助手をしながら一九六八年に『物の体系』で博士号を取得、新設されたばかりのパリ大学ナンテール校で社会学を教えはじめたボードリヤールが『消費社会の神話と構造』を刊行したのは七〇年、四一歳の時だった。われわれの邦訳が紀伊國屋書店からハードカバーで出版されたのはそれから一〇年近くあとの一九七九年だが、それでも九八年の英語訳（*The Consumer Society, Myths and Structures*, SAGE Publications）、あるいは二一世紀に入ってからの二〇〇九年スペイン語訳（*La Sociedad de Consumo. Sus Mitos, Sus Estructuras*. Ed. Siglo XXI）、一五年ドイツ語訳（*Die Konsumgesellschaft, Ihre Mythen, Ihre Strukturen*, Springer）などに比べて相当早く、完訳としては世界に先駆けた訳書だったことになる。

一九七九年の邦訳書は、幸いにも刊行当初から「分析は鋭く、素材も記述も多彩豪華である」（毎日新聞）、「消費文明のもつ人間疎外的な性格をえぐり出している」（朝日新聞）、「我々消費人間にとって、必読の書である」（読売新聞）などの好評を得ることができ、長年にわたって多くの読者をもったので、九五年にはソフトカバーの普及版に改めて、さらに版を重ねることになった。その間、ボードリヤール自身も数度来日し、とりわけ一九九五年二月には吉本隆明（一九二四〜二〇一二）との公開討論「世紀末を語る／あるいは消費社会の行方について」（東京新宿の紀伊國屋ホール）が開催されるなど、日本は原著者にとってなじみ深い国となった（最後の来日は二〇〇三年一〇月）。

ところで『消費社会の神話と構造』原書出版には知られざるエピソードがあった。というのも、一九七〇年の初版はパリのS・G・P・P社（現存せず）から「現代の論点」シリーズの第四巻として刊行されたのだが、この版には当時の消費社会の諸相を写した都市や郊外の写真、車から下着までの広告、それにボードリヤール自身による構成写真など、数十枚の写真が挿入されていた。ところが、一九七〇年代に版元が大手出版社ガリマール書店に移ったために以後の版からは写真がすべて削除され、七〇年の初版は幻の書物になってしまったのである。邦訳初版も普及版も底本はガリマール版だったから（各国語版も同じ）、当然写真は一枚も掲載されなかった。訳者（塚原史）自身は早くから初版本を入手していたので一九九五年に東京でボードリヤール本人に見せたところ大変驚いた様子で、これらの写真にはとても愛着があり、いつか写真入り新版を出したいものだと語っていた。

ボードリヤールは本書第三部「マス・メディア、セックス、余暇」で、すでに消費社会のメディアやマスカルチャー、現代アートなどを詳細に論じており（上記英語訳の副題も「消費社会の理論、社会、文化」となっている）、一九八〇年代後半以降は現代文化・芸術批評家、写真家としても国際的に活動し、ヴェネツィア・ビエンナーレやカッセル・ドクメンタにも参加、九七年には東京で写真展「消滅の技法《アート》」（渋谷パルコギャラリー）を開催したほどである。また二〇世紀末には、論集『芸術の陰謀』で「現代アートは無価値・無内容だ」と言い放ってアーティストと消費社会の奥深い「共犯関係」を指摘し、世界的な注目を集めた。没後も二〇一三年にパリのポンピドー・センター（国立近代美術館を含む総合的文化センターで、ボードリヤールはそのアドバイザー的存在だった）から『ボードリヤールとポンピドー・センター――知的伝記』が刊行され、最近は北京やストックホルムなどでボードリヤール写真展が開催されている。

こうしたボードリヤールの越境的で幅広い多彩な仕事の展開は、社会学者としての彼の理論構築（モノの差異表示記号化の段階としての消費社会論の提案）を前提としながら「社会学者」という枠組みにおさまりきらないものであり、アメリカのボードリヤール研究を代表するダグラス・ケルナーUCLA教授は、二〇〇五年に「スタンフォード哲学百科事典」で「フランスの理論家ジャン・ボードリヤールは現在最も重要な知識人のひとりであり、その仕事は哲学、社会理論、そして現代の諸現象の主要な出来事を反映した特異な（idiosyncratic）文化論によって構成されている」と書いたが、ボードリヤール没後もこの記述が維持されている（*Stanford Encyclopedia of Philosophy, online edition, 2005 - 2007*）。

このような他に例をみない現代思想家としてのボードリヤールのユニークな消費社会論の射程を新たに実感するためにも、訳者は以前から原書初版の「幻の写真」を邦訳書に反映したいと考えていたが、今回の新装版では、ボードリヤール夫人、マリーヌ・デュピュイ・ボードリヤールさんの許諾を得て、著者ボードリヤール自身による構成写真を原書初版と同じ箇所に二枚挿入できることになった。それらは、①超高層ビルと交通標識とゴミ箱の写真（原書初版「ドストエフスキーの引用」の直前、本書六頁）、②ミロのヴィーナスを思わせる石膏の胸像とコーラの空き缶やフィルムの空き箱などのゴミの山の写真（原書初版第二部「消費の理論」の直前、本書九四頁）であり、消費社会の限界を知らない繁栄の危うさ①と、はかなさ②が同時に暗示されているように感じられる。というわけで、今回の邦訳新装版は原書初版以後、原書続版・各国語版を通じて最初の写真入り『消費社会の神話と構造』であることを、ひとまず強調しておきたい。

新装版では、写真を新たに加えたばかりでなく、普及版刊行の際にはほとんど変更しなかった訳語・訳文・訳注（〔 〕内は訳者による補足・注釈）なども若干修正・追加して、いっそう広汎な読者に読みやすいヴァージョンとなるよう努めたが、初版の訳文がすでにロングセラーのテクストとして定着しており、その文章表現はやや難解ながら故今村仁司の個性が表れている箇所も少なくないので、訂正は必要最小限の範囲にとどめた。また、新たにこれまでの版にはなかった索引を付したので、ご利用いただきたい。

## 2　本書の基本的性格について——邦訳初版「訳者あとがき」に触れて

これまで「訳者」と書いてきたが、一九七〇年代に紀伊國屋書店出版部から邦訳を引き受けたのは同時代の日本現代思想を代表する社会哲学者として著名な故今村仁司（一九四二〜二〇〇七）であり、塚原は二〇代後半のパリ第三大学留学中に今村の依頼を受けて共訳者となった。私事に渉るが、一九七七年春ごろグラン・パレの地下にあった理学部学生食堂（現存せず）で当時東京経済大学在外研究員だった三〇代半ばの今村とはじめて出会って、ボードリヤールの話をしたことが思い出される。今村他界後八年を経た新装版なので故人に敬意を表して、現在では入手しがたい一九七九年邦訳書に付された今村仁司の「訳者あとがき」から、本書の基本的な性格についての記述を少しだけ引用しておきたい。

今村は、メイヤーによる本書序文冒頭の評価——「ジャン・ボードリヤール著『消費社会』は、現代社会学への大いなる貢献である。本書は疑いなく、デュルケムの『社会的分業論』、ヴェブレンの『有閑階級の理論』、デイヴィッド・リースマンの『孤独な群衆』といった著作の系列中に位置を占めている」——を援用して「本書は、リースマンの有名な著作に次ぐ西欧で最も傑出した大衆社会論だといえよう」と述べる。その上で、そこに挙げられた三人の著作では取り上げられなかった重要な社会的事実に、ボードリヤールがはじめて注目したことを指摘する。

ボードリヤールは、モノが単なる物理的対象ではなくてモノ＝記号として現われるという事実に着眼するわけだが、モノ＝記号という定式の背後には、マルクスの価値形態論（商品論）がひかえていることはすぐに見てとれる。そしてマルクスの価値形態論とソシュールの記号論とを結合して社会現象の分析用具に仕上げたところに、ボードリヤールの創意があったであろう。だがもっとも重要なことは、マルクスが生産圏内のモノに限定したモノ＝記号論を、社会の全現象に拡張すること、ここにボードリヤールの理論的冒険がある。生産圏だけにしか眼を向けない経済学者流のモノ観を否定し、社会内の森羅万象はモノ＝記号化すること、そしてそのことがボードリヤールのいう「消費」概念を構成すること、ここにかれの主張の要点がある。生産中心の社会観は、消費という人間社会にとって決定的に重要な現象を分析できない。否むしろその現象の理解を自らに禁じてしまっている。

ボードリヤールの消費社会論とソシュールの記号論との具体的関連についてひとこと付け加えれば、ボードリヤール自身が本書で述べたとおり「差異化された記号としてのモノの流通・購買・販売・取得は今日ではわれわれの言語活動であり、コードであって、それによって社会全体が伝達しあい語りあっている。これが消費の構造でありその言語《ラング》」なのである。こうして、消費社会ではあらゆるモノやサーヴィスが商品化されると同時に、消費者相互間の微妙な差異を表示する言語記号となり、消費者は日々の消費行動を通じて、全社会規模の差異のネットワーク上で際限のないコミュニケーションから逃れられなくなってしまう。だからこそ、消費は現代社会に生きるわれわれにとって「決定的に重要な現象」となるのだ。

*

本書のこうした基本的位置づけ自体は今なお変わってはいないが、そのことを確認した上で、あらためて注意を促しておきたいひとつの事実がある。それは「消費社会」という、現在ではほとんどなんの特別な抵抗も引き起こさない表現が、少なくとも原書初版刊行時（一九七〇年）の西欧社会では、ある特殊な意思表示と結びつくものとみなされていたという事実だ。というのも、後期資本主義社会を「脱工業化社会」などではなくて「消費社会」としてとらえようとするという発想のきっかけは、一九六八年パリの学生反乱に端を発したあのフランス五月革命のキーワードである「異議申し立て」（コンテスタシオン）の思想だったのである。

『消費社会の神話と構造』原書初版の巻頭には、ボードリヤール自身、または彼の意を受けた当時の編集部によって書かれたと思われる匿名の序文が付されていた。このテクストは、前述のとおり、その後版元がガリマール書店に移ったために、トクヴィル研究者として著名なJ・P・メイヤーによる簡潔で的を射た序文（前述）に置きかえられることになって、もはや人目につく機会は失われてしまったのだが、この最初の序文を読むとそうした事情がよくわかるので、その一部をここに訳出しておく。

大多数のフランス人は、自分たちが「消費」社会に生きていることを知るために一九六八年五月〔革命〕を待たなければならなかった。アメリカ人はそれより一〇年以上も前からこの社会を体験していたのに、当時はガルブレイスのような学者の分析が、せいぜいごく少数のエリートに知られていただけだった。消費社会がもっと一般的なかたちでふたたび問いなおされて〔…〕、批判的に意識されるようになるためには、ある種の政治的出来事（とりわけヴェトナム戦争）が起こる必要があった。この〔消費社会という〕現象の輪郭をはっきりさせることが困難であり、それは現実に存在しているのか、あるいは異議申し立て《コンテスタシオン》の欲求からつくりだされたものではないのか、としばしば疑問に思えてくるのはこのためである。

車や家電製品やパソコンから緑の自然や健康なからだや海外旅行まで、あらゆる財とサーヴィスが消費対象＝モノ（OBJET）として人びとの目の前に立ちあらわれるためには、それらがあらゆる社会階級にとって「無差別的に接近可能な記号」となったという認識が共有されていなければならない。かつては階級的秩序の象徴であった拘束された記号がこうして解放されることが「消費社会」の成立要件なのだ。ところが、この社会が決して真に解放された社会ではないことは、無差別に接近可能となったはずのモノたちが今度は差異表示記号として機能しはじめるという事実によって明らかになる。その結果、「消費」が社会全体を均質化するようにみえて、先ほども触れたとおり、消費を通じて社会の内側に差異のシステムが構築され、誰もが差異のコードに自分自身を記号化して書きこまないわけにはいかなくなるという状況がもたらされるのである。

逆にいえば、現代社会をこのような方向から批判的にみようとしないかぎり、「消費社会」という発想は生まれてこなかっただろう。それが、この種の「書きこみ」に対するおそらく最初の意識的な反抗であった一九六八年五月革命の学生反乱とその世界化やヴェトナム戦争後のアメリカのカウンター・カルチャーの出現と結びついた現象であることは、ボードリヤールによる消費社会論が、マルクス主義的階級闘争史観とも実存主義的人間疎外論とも異なる、よりアクチュアルでラディカルな異議申し立ての思想を伴っていたことを暗示している。その後の消費社会の世界規模での巨大な増殖によって、ボードリヤールが本書の末尾で予告したとおり、あらゆる種類の反社会的言説、消費社会に対する批判的言説さえもが、消費対象として記号化され「回収」されてしまったかに思える今日、そして欧米消費社会をしのぐとも思える集団的消費社会(帰属集団と同じモノを消費しつづけないと誰もが不安になる社会)を実現し、批判的で反抗的な精神が無力化されつつある現在の日本においてこそ、本書のこの「異議申し立て」的性格をふたたび強調しておきたい。

## 3　ボードリヤールの思想の展開、その後

一九六八年の『物の体系』によって、五月革命直後のフランス思想界に登場したボードリヤールの二一世紀初頭の最晩年にいたるまでの思惟の展開を高速度でプレイバックするとき、われわれはそこにおよそ三つの段階をみとめることができる。

第一の段階は『物の体系』、『消費社会の神話と構造』(本書)、『記号の経済学批判』(一九七二

年）の三部作によって代表される記号論的社会分析に力点がおかれた時期である。西欧思想に支配的な生産中心主義への批判を明らかに意識しつつ、記号＝モノの発信と受信のシステムとして、「つまり言語活動として」規定された消費の概念を中核に据えて、彼は現代社会の諸現象への独自の接近を持続的に試みていた（前項参照）。とはいえ、彼の切り口のユニークさは、単に記号論的アプローチのあざやかさだけによるのではなく、消費社会の表層的変化のうちに超越的なもの、批判的なもの、否定的なものの終焉を読みとっていることにある。

第二段階の、『象徴交換と死』（一九七六年）、『誘惑について』（一九七九年）、『シミュラークルとシミュレーション』（一九八一年）などの著作を中心とする時期に強調されるのは、「否定的な現実」がオリジナルな現実不在のシミュラークルの出現を通じて消去される社会へと向かう傾向である。一九世紀から二〇世紀前半にかけて産業資本主義を導いた生産と労働の原理が、二〇世紀後半以降、社会構成の新たな変化にもはや対応できなくなったことを指摘したボードリヤールは、現代社会がオリジナルとコピーの対立を超えるシミュレーション原理にもとづく巨大なシステムとして決定的な転換をとげる過程を描きだす。現実の記号化と情報化の操作に支配されるこの段階では、あらゆる現実をデータとプログラムに還元するシミュレーションの操作を通じてシミュラークルが氾濫し、現実（という知覚や認識）そのものが現実より「リアル」なハイパー現実のうちに吸収されてしまうのだ。ポストモダン論議の流行とともにボードリヤールの過激な言説がメディアを騒がせたのも、この段階だった。

こうして、生産は終わった、革命は終わった、歴史は終わったとボードリヤールは繰り返し主張していた。ところが、彼の予想に反して、世界は新たな激動を経験することになった。ベルリンの壁の崩壊から湾岸戦争を経てソ連と東欧社会主義の解体へといたる歴史の「極端な現象」の続出である。現実世界のこの変化に対応してしたたかな思想的シフトを企てるのが、第三段階のボードリヤールだ。

『透きとおった悪』(一九九〇年)、『湾岸戦争は起こらなかった』(一九九一年)、『終末の幻想』(一九九二年、未邦訳)などの著作で、彼はまず否定性を追放して自己免疫性を失ったわれわれの文明の現状を、エイズやコンピュータ・ウイルスのイメージに代表される「透きとおった悪」が不可視の膜のように覆いはじめた状況と規定し、そこに同化も根絶も不可能な「ラディカルな他者(性)」の侵入をみてとる。理性的主体としての普遍的人間という近代の神話を脅かすこれらの他者の諸相を、たとえば『世紀末の他者たち』(一九九四年)で提示しながら、彼はこの終末論的アポカリプスの時代を超えて生き残るきっかけを、むしろ悪と他者性による善と自己同一性の侵犯のうちに求めようとするのである。

*

ここから先は、第三段階の後半あるいは第四段階ということになるが、前世紀末一九九九年の論集『不可能な交換』で、ボードリヤールは二〇〇一年九・一一の北米同時多発テロを予想していたかのように、この種の「悪と他者性」の突出を通じて、社会全体が、因果関係と合目的性の原則が機能しなくなる不確実な段階に到達すると、近代的経済原則としての等価交換が事実上不可能となり、この時「何ものかと交換されることを欲するすべてのものは、結局不可能な交換の壁にぶつかるほかはない」と書き、さらにマンハッタンのあのカタストロフの直後には「実行したのは彼らだが、望んだのはわれわれのほうだ」と言いきったのだった（「テロリズムの精神」、『パワー・インフェルノ』に収録）。

こうした非妥協的な思索の最終段階として、死の二年前の二〇〇五年に、ボードリヤールは論集『悪の知性』（塚原史・久保昭博訳、ＮＴＴ出版）を刊行するが、ここで「悪の知性」とは「悪しき知性」でも「悪人の知性」でもなく、「暴力と混同される悪を故意に実践する者は間違いなく悪の知性をもたない」から、「悪の知性という場合、知性をもつのは悪のほうであり、悪がわれわれのことを考えているのだという意味に理解しなくてはならない」と言い放つ。つまり、「悪の知性」とは、テクノロジーとシステムによる支配と管理を通じて世界の現状を「改善」し、人間たちに究極の進歩と繁栄をもたらすと自称する「善の知性」に対抗して、「現在と過去のありのままの世界」としての「悪」を「明晰に考察する」知性なのであり、人間＝主体＝「善」の三位一体が覆い隠そうとしている世界＝客体（モノ）＝「悪」の枢軸に新たな光を照射する知性こそは、ボードリヤールが最晩年にたどりついたと信じた思想だったのではないだろうか――「人間が世界のことを考えているのではない。世界のほうが人間のことを考えているのだ」（ボードリヤール『パスワード』、二〇〇〇年）。

最後になってしまったが、今回の新装版出版にあたっては、原書初版掲載写真の転載を快諾してくださった故ジャン・ボードリヤール氏夫人、マリーヌ・デュピュイ・ボードリヤールさん（Madame Marine Dupuis Baudrillard）に、この場を借りて心からの謝意を表したい。また、デザイナーの鈴木成一さんには、世界的ロングセラー邦訳の新装版にふさわしく、オノデラユキさんの写真をモチーフに魅力的な装丁をクリエートしていただくことができた。さらに、紀伊國屋書店出版部の有馬由起子さんと大井由紀子さんには企画・編集・校正から索引作成まで、すべての場面でご尽力いただき、大変お世話になった。あわせて厚く御礼申し上げたい。

二〇一五年七月　　　　塚原　史

本書新装版も刊行から七年目、幸いにも多くの読者に受け入れられていることに感謝したい。最近では、二〇二〇年から続くコロナ禍の錯綜した状況下でボードリヤールの思想、とりわけ消費社会・情報化社会における現実概念変容の理論があらためて国際的に注目され、たとえばロチェスター大学（ＮＹ）のウェブサイトでは「今ほどボードリヤールを読むべき時代はない」（Baudrillard in the Time of COVID 2020/07/29）と評されたほどである。消費社会の「予防衛生的な白さ」に突然「氾濫と解体の過程」（三四七頁）が始まることを半世紀以上前に警告した本書は、現代社会論の古典として今後も読み継がれることだろう。

二〇二二年二月　　　　塚原　史

## ワ行

## マ行



## ヤ行



## ラ行

## ハ行

## タ行



## ナ行

# 索引

## 凡例

・本書は『消費社会の神話と構造』（一九七九年一〇月三一日発行）の新装版である。定本はJean Baudrillard: *La Société de Consommation, Ses Mythes, Ses Structures, Gallimard, Idées,* 1974を用い、その前身のS・G・P・P社版も参照したが、テキストの部分に異同は認められなかった。新装版刊行にあたり、新たに人名と事項の索引を付した。

・なお、本書6頁と94頁の図版は一九七〇年の原書初版（S・G・P・P社刊）中のボードリヤールによる写真を転載したものであり、クレジットは以下のとおり。©Jean Baudrillard, courtesy of Madame Marine Baudrillard.

著者略歴

ジャン・ボードリヤール　Jean Baudrillard

一九二九年生まれ。元パリ大学教授(社会学)。マルクスの経済理論の批判的乗り越えを企て、ソシュールの記号論、フロイトの精神分析、モースの文化人類学などを大胆に導入、現代消費社会を読み解く独自の視点を提示して世界的注目を浴びた。その後オリジナルとコピーの対立を逆転させるシミュレーションと現実のデータ化・メディア化によるハイパーリアルの時代の社会文化論を大胆に提案、九・一一以降は他者性の側から根源的な社会批判を展開した。写真家としても著名。二〇〇七年没。著書に『物の体系』『記号の経済学批判』『シミュラークルとシミュレーション』(以上、法政大学出版局)、『象徴交換と死』(ちくま学芸文庫)、『透きとおった悪』『湾岸戦争は起こらなかった』『不可能な交換』(以上、紀伊國屋書店)、『パワー・インフェルノ』『暴力とグローバリゼーション』『芸術の陰謀』(以上、NTT出版)、ほか多数。

訳者略歴

今村仁司　いまむら・ひとし

一九四二年生まれ。京都大学経済学部卒業。同大学院修了。元東京経済大学教授。専攻は社会哲学・社会思想史。二〇〇七年没。著書に『暴力のオントロギー』(勁草書房)、『排除の構造』(ちくま学芸文庫)、『近代性の構造』(講談社)、『社会性の哲学』(岩波書店)、ほか多数。

塚原 史　つかはら・ふみ

一九四九年生まれ。早稲田大学政治経済学部卒業。パリ第3大学博士課程中退。早稲田大学名誉教授。専攻はフランス思想・文学、表象文化論。著書に『ボードリヤールという生きかた』(NTT出版)、『アヴァンギャルドの時代』(未來社)、『記号と反抗』(人文書院)、『ダダ・シュルレアリスムの時代』『20世紀思想を読み解く』(以上、ちくま学芸文庫)、『反逆する美学』『切断する美学』『模索する美学』(以上、論創社)、『ダダイズム』(岩波書店)、ほか多数。

# 消費社会の神話と構造　新装版

二〇一五年　九月一六日　第一刷発行
二〇二五年　六月二〇日　第一二刷発行

著者　ジャン・ボードリヤール
訳者　今村仁司、塚原史
ブックデザイン　鈴木成一デザイン室
本文組版　後田泰輔（desmo）
発行所　株式会社紀伊國屋書店
東京都新宿区新宿三－一七－七
出版部（編集）電話〇三－六九一〇－〇五〇八
ホールセール部（営業）電話〇三－六九一〇－〇五一九
〒一五三－八五〇四　東京都目黒区下目黒三－七－一〇
印刷・製本　シナノパブリッシングプレス

 ISBN978-4-314-01116-7　C0030　Printed in Japan
定価は外装に表示してあります